**투자자의
인문학 서재**

# 투자자의 인문학 서재

## 투자의 고수는 무엇을 공부하며 어디에서 답을 찾는가

서준식 지음

한스미디어

**추천의 글**

# 투자자의 눈으로 해설하는
# 제대로 된 경제 강의

경제학 교수들이 쓴 투자 서적은 차고 넘친다. 반면에 펀드
매니저가 쓴 경제 서적은 거의 찾아볼 수가 없다. 그런데도 펀
드매니저가 투자 서적이 아니라 경제 서적을 쓴 이유는 무엇
일까? 서문에서 그 답을 찾을 수 있었다. 저자는 성공적인 투
자를 위해서는 경제사에 관심을 가져야 한다고 강변한다. 역
사를 '경제', '돈'의 관점에서 관찰하고 해석하는 습관, 즉 경제
사관經濟史觀을 가지면 자신의 부를 증가시킬 수 있을 뿐 아니
라, 사회 현상의 앞을 내다보는 혜안을 가질 수 있기 때문이라
는 것이다.

사실 세상의 사건치고 돈과 관련이 없는 일은 거의 없을

것이다. 잔인한 살인 사건도 범죄 동기를 찾으면 결국 돈이 문제였고, 흔히 성격 차이라고 평계를 대는 이혼도 내막은 돈이 문제인 경우가 일쑤고, 신을 위해 싸운다는 십자군 전쟁도 알고 보면 사실은 돈 문제가 아니던가? 재화는 가치를 지닌 물품을 의미하고, 용역은 가치를 지닌 서비스를 의미한다고 할 때, 돈이 어떻게 흘러갔는지를 파악하면 역으로 물품과 서비스의 흐름도 알 수 있다. 그러면 돈이 왜 그렇게 흘러야만 하는지 본질을 찾을 수 있을 것이다.

저자는 경제학을 '가치를 다루는 학문'이라고 정의하고 있다. 콩국수를 예로 들면, 콩국수의 실제 가격은 교환가치, 소비를 통해 얻는 효용은 사용가치, 만드는 데 드는 비용은 생산요소가치로 나누어 볼 수 있다. 이때 가격이 비용과 효용 사이에 위치하고, 충분한 갭이 존재하여 공급자나 소비자 모두가 만족할 수 있어야, 경제가 활성화된다고 설명한다.

가치투자를 지향하는 사람으로서 '가치'라는 단어가 반갑지 않을 수 없다. 앞의 내용을 주식 투자로 바꾸어 보면, 주주의 입장에서 주주의 돈인 자기자본(BPS)은 비용이 되고, 주주가 지불하는 매수가격(Price)은 가격이 되며, 주주가 얻는 내재가치(Value)는 효용이 될 것이다. 그러므로 내재가치에 비해 낮은 가격으로 매수할수록, 안전마진이 확보되면서 투자에 성공할 확률은 높아질 것이다.

이 책은 의외의 보너스도 제공한다. 저자의 경제사관을 통해 몇 가지 한국의 사례를 볼 수 있다. 경제를 살리겠다는 명목으로 막대한 재정을 쏟아부었지만 하얀 코끼리가 되어 버린 한국의 수많은 정부 사업들, 운칠기삼運七技三의 한국판 케인스주의 정책인 새마을운동, 한국에 약 주고 병을 준 플라자 합의 등이 그것이다. 듣고 보면 무릎을 탁 칠 정도로 참신한 해석이다.

마지막으로 저자는 금리를 알아야 투자에 성공할 수 있다고 말한다. 물론 저자가 채권 전문가라서 할 수 있는 말일지도 모른다. 금리는 돈의 가격이다. 돈의 흐름을 알려면 돈의 가격을 아는 것부터 시작해야 한다. 채권의 가격은 채권수익률이다. 마찬가지로 주식의 가격은 주식수익률이라고 할 수 있다. 다시 말해서 주식은 만기가 길고 이자가 불확실한 채권의 일종이라고 볼 수도 있다. 주식 투자를 이렇게 이해할 때 성공 투자의 길이 보인다.

채권 투자를 하듯이 주식에 투자하는 방법이 바로 가치투자다. 저자는 채권성 주식에 투자하라고 권하고 있다. 채권도 아니고 주식도 아닌 애매한 성격의 주식 관련 사채 등 메자닌을 말하는 것이 아니다. 이런 것은 자금난에 처한 기업이 발행하는 불량 채권일 뿐이다. 저자가 말하는 채권성 주식이란 기대수익률은 다른 주식처럼 높은데, 위험은 채권 수준으로 낮은 그런 주식을 말한다. 그런 주식이 있다면 투자를 안 할 이유가 있을까? 잘 찾아보면 발견할 수 있다.

역사상 주식 투자로 성공한 경제학자는 거의 없다. 굳이 찾아본다면 케인스Keynes와 리카도Ricardo를 꼽을 수 있다. 열 손가락을 채우지 못할 정도다. 세상의 경제가 어떻게 돌아가고 있는지에 대해 그토록 정통한 박사님들이 실제로는 주식 투자를 잘하지 못하는 이유는 도대체 무엇일까? 선수로 뛰어본 적도 없으면서, 이론적으로 해설만 하기 때문은 아닐까? 나심 탈렙Nassim Taleb은 《스킨 인 더 게임Skin in the Game》에서 "자신의 피부에 상처가 날 정도로 현장에서 뛰어보지 않은 사람의 말은 진정성이 없다"고 일갈했다.

반대로 선수로 뛰어본 사람이 해설을 한다면 어떨까? 전쟁을 치러본 지휘관이 직접 훈련을 시키면 어떨까? 기업을 성공적으로 경영했던 CEO가 대학에서 경영학을 가르치면 어떨까? 경제를 잘 안다고 하는 사람이 투자에 성공하기는 힘들겠지만, 반대로 투자를 잘하는 사람이야말로 경제를 제대로 알고 있는 게 아닐까? 그런 의미에서 이 책은 성공한 투자자가 제대로 짚어주는 경제 강의라고 할 수 있다. 경제가 세상을 어떻게 움직여왔는지 알고 싶은 사람, 경제를 통해 돈을 어떻게 벌어야 하는지 알고 싶은 사람에게 꼭 필요한 책이다.

신진오(밸류리더스 회장)

**추천의 글**

# 금융·경제 지식이 쌓이는 것은 물론
# 책 읽는 즐거움까지

서준식 작가의 새 책을 미리 읽으면서 감탄을 금할 수 없었다. 원래 글을 잘 쓰는 것은 알고 있었지만 이렇게 흥미진진한 글쓰기를 할 수 있을 줄은 꿈에도 몰랐기 때문이다. 가장 대표적인 게 아래 대목이다.

"다음에 IMF 사태 같은 상황이 한 번만 더 오면, 돈을 엄청 많이 벌 수 있을 건데."

2000년대 중반, 오랜 친구 K가 입버릇처럼 하던 얘기다. 주식, 채권, 부동산, 심지어 골프회원권 등 IMF 사태 당시에는 모든 자산들의 가격이 폭락하였다. 경제위기가 왔을 때 무엇이든 적극적으로 사두었으면 큰돈을 벌었을 테니 다시 한 번 그런 기회가 오면 놓치지 않겠다는 뜻이었다.

하지만 몇 년 후 금융위기라는 경제위기가 다시 찾아왔고, 주식 가격이 불과 1년 전의 반 토막이 나는 상황이 발생하였지만, K는 수년 전의 장담처럼 가격이 폭락하고 있는 자산들을 쉽사리 매수하지 못했다. 세상의 모든 뉴스가 앞으로 전 세계 경제지표가 크게 악화될 것이라고 떠들었고, 유명 파워블로거의 비관적인 경제 전망에 주가는 거센 풍랑 속의 조각배처럼 위태로웠다. 하지만 그다음 해부터 주가는 이들의 전망을 비웃으며 큰 폭으로 반등했다.

- 187~188쪽

2008년 이전, 필자도 이 비슷한 이야기를 정말 많이 들었다. 강남을 대표하는 아파트 값이 3억 원대까지 떨어지고, 삼성전자 주가가 3만 원 대에서 움직이던 시절을 거론하면서 다시 그때가 오기를 기다리는 사람들이 얼마나 많았는가? (액면분할 이전 가격임을 기억하라!) 그러나 대부분의 투자자들은 2008년 글로벌 금융위기가 터졌을 때, 주식이나 부동산을 매집하기는커녕 최악의 상황에서 보유하던 주식이나 부동산을 팔아치우기 바빴다.

왜 그랬을까?

그 이유는 경제가 끝없이 악화되며, 지속적인 불황에 늪에 빠져들 것처럼 보였기 때문이다. 그러나 이런 예상과 달리 세계경제는 바로 회복되었으며 특히 미국 주식시장은 이 책이 발간되는 시점까지 10년 넘게 상승장을 이어가고 있다.

이상과 같은 자본시장의 붐이 나타난 이유는 어디에 있을까? 그것은 서준식 작가가 책의 3부에서 지적하듯, 세계의 정책 당국자들이 1929년 대공황의 교훈을 잘 활용했기 때문이다. 금융기관이 연쇄적인 도산의 위험에 빠져들 때 과감하게 공적 자금을 투입하며, 사람들의 심리를 일거에 바꿀 정도로 단호하게 통화 및 재정정책을 시행한 것. 이 필승의 방책을 잘 수행했기에, 10년 넘게 호황을 이어갈 수 있었다.

그러나 같은 기간 동안 한국 주식시장은 10년 넘게 어려움을 벗어나지 못하고 있다. 대체 왜 우리 주식시장은 미국과 같은 장기 강세장을 이어가지 못하는 것일까? 이에 대해 서준식 작가는 매우 흥미로운 분석을 제공한다.

금융위기 이후 펼쳐진 세입정책 중 의도와는 다르게 진행된 것도 있다. 한국의 주식시장으로 흘러가는 양질의 자금 물길을 앗아 간 일련의 정책들이 소위 '코리아 디스카운트 현상(전 세계 주식에 비하여 유독 한국의 주식들이 가치 대비 가격이 낮은 현상)'에 크게 일조하여 자본시장에 종사하는 필자를 안타깝게 한 일이 있었다.

주식을 장기 투자하는 경우 배당에 대한 세금을 면제해주는 세제 혜택이 슬그머니 사라지고, 이후 금융소득종합과세 기준이 4,000만 원에서 2,000만 원으로 하락된 것이다. 반면 부동산 관련 세금을 전폭적으로 인하해주자 배당을 목적으로 주식을 장기 투자하던 건전한 양질의 자금들이 대거 주식시장에서 빠져나가 부동산시장 또는 해외 금융시장으로 이동해버렸다.

- 138쪽


물론, 정부가 이런 정책을 취한 이유는 충분히 이해된다. 부족한 세금을 보충하기 위해서는 증세가 불가피했고, 이 과정에서 담뱃세 등을 공격적으로 인상하는 과정에서 '서민 증세'에 대한 반발이 커졌던 것을 충분히 인지하기 때문이다. 그러나, 이 정책이 역설적으로 부동산시장으로의 유동성 집중을 불러왔다는 서준식 작가의 지적은 당국자들이 충분히 인지할 가치가 있다는 생각이 든다.

마지막으로 책의 내용을 조금만 인용하고자 한다. 어려운 말로 쓰여진 책이 독자들의 지식 향상에 도움이 되지 않듯, 잘못된 금융상품에 대한 설명이 치명적인 위험을 낳을 수 있다는 내용이니 꼭 읽어보자.

 

필자가 오래전부터 주장해온 위험 분류 방식을 하나 소개해보고
자 한다. 소위 '주사위 방식'으로 명명된 이 방식은, 어느 금융상
품의 이론적인 기대수익률과 위험을 직관적으로 잘 파악할 수 있
게 표기하고자 노력한다.

예컨대, 어떤 일이 있어도 1년 후 2%의 이자를 지급해주는 정기
예금의 경우, 주사위의 여섯 면에 모두 2%라는 숫자로 상품을 나
타낼 수 있다. 이 경우 고객이 주사위를 어떻게 던져도 평균적인
기대수익률인 2%를 벗어날 가능성이 없기에 위험이 없다고 할
수 있다. 변동성, 즉 위험이 큰 주식 상품의 경우 시장의 약세·강
세 여부에 따라 -20%, -10%, 0%, 10%, 20%, 30% 등으로 상품
을 표기하는 방식이다. 채권 상품의 경우 -1%, 0%, 1%, 2%, 3%,
4%로 표기하는 것이다. 이렇게 한다면 평균 기대수익률은 1.5%
수준인데, 평소 안전하다고 인식되는 채권이라도 금리가 상승하
는 약세장일 경우에는 마이너스 수익의 가능성이 있다는 사실을
투자자들이 한눈에 인식할 수 있을 것이다.

금번에 문제가 된 DLS의 경우도 마찬가지다. '위험등급 1등급'이
라는 막막한 표기보다 '이 상품 주사위를 100번 던진다면 97번
의 경우 5% 수익률이 나오겠지만, 딱 한 번의 경우 전액 손실, 또

약 두 번 정도의 경우 50%의 손실이 날 수 있습니다'라며 보다 구체적으로 표기해두었다면 어땠을까?

- 259~260쪽

DLS 사태에 대해 이렇게 알기 쉽게 설명한 글은 읽어보지 못한 것 같다. 추천사를 쓰기 위해 책을 읽다 실로 오래간만에 '몰입'할 수 있었다. 부디 많은 독자들이 서준식 작가의 책을 통해 금융 및 경제에 대한 기본적인 지식을 함양하는 것은 물론, 책 읽는 즐거움을 누릴 수 있기를 바라 마지않는다.

홍춘욱(이코노미스트, 《50대 사건으로 보는 돈의 역사》 저자)

## "돈보다 사람을 먼저 떠올리게 하는 글"

보통 펀드매니저라고 하면 으레 숫자에 밝고 돈에 집착하며 대체로 정이라고는 찾아볼 수 없는, 날카로운 인상의 엘리트를 떠올리게 된다. 서준식 부사장은 오랫동안 우리 금융 시장에 영향력 있는 펀드매니저로 활동했고 지금은 그 펀드매니저들의 매니저를 하고 있는 분이지만 인간미가 넘치는 참 따뜻한 분이다. 개성 있는 외모와 말투에서 배어나오는 매력에 더해, 그의 글과 말은 항상 돈보다 사람을 먼저 떠올리게 한다. '경제사'란 묵직한 주제를 투자자로서 바라보며 따뜻한 시각으로 풀어낸 이 책의 마지막 페이지를 넘기며 경제와 금융, 혹은 투자란 건조한 단어들 속에 숨겨진 사람과 행복, 그리고 과거와 미래를 맘껏 즐긴 포만감을 느낀다. '몇 달 안에 몇 억 벌기'에 관한 책이 넘쳐나는 시대에 오랫동안 즐겨 읽을 만한 좋은 책을 만나게 되어 반갑고 감사하다.

－김동환(대안금융경제연구소 소장, 경제 팟캐스트 '신과 함께' 진행자)

## "죽은 경제학자들의 이야기를 살아 숨 쉬는 것처럼 소개한다"

하늘 아래 새로운 것은 없다. 짧은 인생을 살아가기에 한 개인으로서는 처음 겪는 일이 대다수일지 몰라도, 역사적으로 멀리서 보면 비슷한 사건은 과거에도 있었고 앞으로도 반복될 것이다. 역사를 통해 우리는 통찰력을 기를 수 있다. 이 책이 죽은 경제학자들의 아이디어를 살아 숨 쉬는 것처럼 소개할 수 있었던 이유는, 저자가 그들의 생각을 수십 년간 현업에서 적용해온 최고의 투자자이기 때문이다. 경제의 역사라고 어려울 것이라고 넘겨짚지 마시라. 너무 재미있어 속편을 기다리는 '덕후'가 될 테니까.

-정채진(개인 투자자)

## "투자자라면 꼭 읽어야 할 책"

투자의 구루 중 한 명인 존 템플턴John Templeton 경은 일찍이 "세상에서 가장 경계해야 할 한 마디는 '이번에는 다르다(This time it's different)'이다"라고 말했다. 물론 똑같은 역사가 늘 되풀이될 것이라는 뜻으로 이 같은 말을 한 것은 아니다. 역사를 움직이는 인간의 본성이 변하지 않는 한 대체적으로 비슷한 흐름으로 흘러간다는 의미일 것이다. 인간이 만들어 낸 경제라는 활동을 이해하기 위해 경제사를 공부해야 함은 당연할 수밖에 없다. 과거로부터 이어진 기준을 통해 현재를 평가하고, 미래를 예상할 수 있는 혜안을 얻기 때문이다. 대한민국에서 이론과 실전을 통해 이를 가장 쉽게 잘 설명해줄 수 있는 저자 중 한 명이 서준식이다. 베스트셀러였던 전작들을 통해 검증된 그의 이야기꾼으로서의 능력이 독자들로 하여금 경제사에 빠져들 수밖에 없게 한다. 투자자라면 꼭 읽어야 할 책으로 추천한다.

-와이민(투자 부문 파워블로거)

**들어가는 글**

# 유독 금융·경제 분야에 무관심한 대한민국 국민

나는 그리 강한 국가주의자, 민족주의자는 아니다. 하지만 다양한 사람들과 보다 많은 시간을 지내는 동안 우리 국민들이 전 세계에서 가장 우수한 지적 잠재력을 지니고 있다는 사실을 인지하게 되었고 이 사실을 무척 자랑스럽게 여긴다. 대한민국 국민들이 세계에서 가장 IQ가 높은 민족이라는 얘기도 솔깃하다. 국내 유수 기업들이 강대국의 기업들과 어깨를 나란히 하고 있고 젊은이들의 한류 문화가 전 세계에 부각되는 등 많은 분야에서 한국인들의 우수성이 입증되고 있다.

반면 아직 금융·경제 분야에서만큼은 우리의 높은 지적 능력이 전 세계에서 제대로 발휘되고 있지 못하는 것이 사실이다. 이상하게도 다른 분야들에 비해서 이 분야의 지식이나 상식에 대한 국민들의 관심도가 낮기 때문이다. 자신의 삶과는 별 관계가 없다고 생각하는 분들도, 애초에 너무 어렵다 생각하고 기피하는 분들도 많다. 주식 투자를 마치 노름판 도박처럼 생각하여 아예 상종해서도 안 된다며 자녀를 교육시키는 분들도 꽤 있다.

한국 특유의 교육 환경 때문인지 금융·경제를 전공했던 이들도 정작 중요한 개념과 본질을 이해하지 못한 채 수식과 이론만을 외우고 있는 경우가 많다. 채권의 가격과 듀레이션Duration에 대한 공식을 잘 외우고 복잡한 계산을 정확히 잘 하는 전문가들은 많지만, 왜 채권 금리가 하락하면 채권 가격이 상승하는지를 연세가 많은 부모님이 이해할 수 있을 정도로 쉽게 설명할 수 있는 전문가들은 적다. 금융 고객들에게 '주식 투자는 장기 투자'라 설명하면서도 정작 어떤 이유로 장기 투자가 옳은지에 대해서 이론적으로 설명해내는 금융 직원들의 수도 많지 않은 것 같다.

## 투자는 자연과학이 아닌
## 인문학의 범주에 속한다

투자의 세계는 자연과학 분야처럼 원인과 결과가 일정하지 않을 수 있음을 알아야 한다. 같은 상황이나 환경에서도 정반대로 다른 결과가 나올 수 있으며 결과가 그 원인의 또다른 원인이 되는 등 인과관계가 복잡한 분야이다. 제대로 된 투자를 위해서 겉으로 드러나는 현상보다는 현상 속에 숨겨져 있는 본질을 제대로 파악할 수 있어야 하는 이유이다.

투자는 워런 버핏Warren Buffett의 "정확히 틀리는 것보다 대충 맞는 것이 훨씬 낫다"는 명제가 통하고, 어떨 때는 최고가 아닌 차선을 선택하는 것이 정답일 수도 있는, 전혀 과학적이지 않는 범주에 속한다. AI처럼 아무리 정밀한 과학으로도 이런 불안정한 세계에서는 성공하기가 쉽지 않을 것이다.

그런 이유에서인지 주위를 살펴보면 수학이나 통계 프로그램에 달통한 이들보다도 경제 전반에 대한 인문학적인 소양이 높은 투자 전문가들의 투자수익률이 유독 좋은 경우를 많이 목격할 수 있다. 동서고금을 통하여 최고의 투자자로 손꼽히는 워런 버핏과 찰리 멍거Charlie Munger의 인문학적 식견은 실로 놀라울 따름이다. 워런 버핏은 항상 투자에는 미분·

적분 같은 수학 능력은 필요 없으며 사칙연산만 할 줄 알면 충분하다 강조했다. 경영의 분야도 마찬가지이다. 철학을 전공한 후 '애플'을 창립한 스티브 잡스Steve Jobs와 심리학을 전공한 후 '페이스북'을 창립한 마크 저커버그Mark Zuckerberg처럼 전문 분야의 깊은 지식보다는 다양한 분야에서의 상식, 즉 인문학에서 높은 식견을 가진 사람들이 성공가도를 달리는 사례들이 많다.

필자는 인문학적 소양이 높을수록 투자에 대한 혜안을 가지게 되어 보다 성공적인 투자가 가능하다고 믿는다. 그런 이유로, 새로운 투자 기법이나 첨예한 뉴스 또는 정보에 관심을 가지기보다는 평소에 보다 넓은 인문학적 분야를 이해하고자 노력하는 편이다. 그런 노력들이 지금까지 필자가 책임져 왔던 펀드들의 성과, 개인적인 재테크 수익률의 밑거름이 되어왔다고 생각한다. 신입 펀드매니저를 채용하는 면접에서도 금융 전문 지식보다는 역사나 예술 장르와 관련된 질문들을 많이 하는 편이며, 대학 강단에서도 학생들에게 투자 공식이나 통계 프로그램보다는 경제사나 경제철학 분야를 많이 알리려 노력하고 있는 이유이다.

이 책을 통해 올바른 투자를 위해 알고 있으면 좋을 법한 금융·경제 관련 인문학적 상식들과 지식들을 서술하고자 한다. 왜 금리가 오르면 채권 가격이 하락하는지, 왜 주식 투자는 장기 투자가 필요한 것인지 등의 이유를 수학 공식이나 통계 이론이 아닌 상식의 범주에서 이해하는 것은 성공적인 투자를 위해 매우 중요하다. 경제사관의 관점에서 오랜 환율 역사의 맥락을 짚을 수 있다면 보다 편안한 눈으로 환율 투자를 시도해볼 수도 있을 것이다.

오랫동안 쌓인 필자의 얕은 지식들을, 기억을 되살려가며 서술한 것이라 부족한 부분이 많을 것임을 잘 알고 있다. 아무래도 인문학 분야이다 보니 서술된 내용에 동의하지 못하는 독자 분들도 있을 것이다. 독자 분들의 의견이나 반론을 아래의 이메일 주소로 기다린다. 독자 분들이 주시는 의견들과 반론들을 종합하여 계속 이 책의 내용을 발전시켜 나가고 싶은 욕심을 밝힌다.

서준식

(suhjunsik@yahoo.com)

—— 제4장 ——

# 가치를 알면 보이는 성공 투자의 길

251

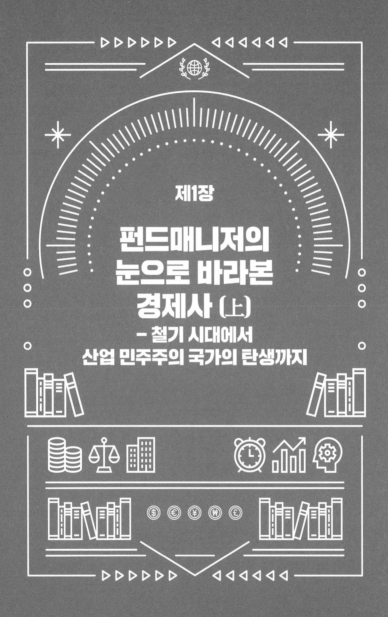

제1장

# 펀드매니저의
# 눈으로 바라본
# 경제사 (上)
## – 철기 시대에서
## 산업 민주주의 국가의 탄생까지

역사의 한 획마다
경제라는 본질이 숨어 있다

"최근 유명 프로 야구선수 A가 Y구단에서 S구단으로 이적하였
다. 모든 경제학 상식과 이론을 이용하여 이 상황에 대해 설명해
보아라."

"노예 해방 이슈가 중요했던 미국의 남북전쟁을 그동안 학습했던
경제학적인 관점에서 이 역사적 사실을 설명해보아라."

"거의 망해가던 독일이 히틀러 집권 이후 어떻게 그 정도의 군사
력을 보유할 정도로 경제력을 키웠는지에 대하여 서술하시오."

경영대학원 진학을 위해 미국으로 건너간 지 얼마 지나지
않아 치르게 된 어느 경제학 평가 시간이었다. 평가 문제를 확

인한 나는 경악했다.

그 과목의 교수는 당시 필라델피아의 어느 투자회사 임원으로 일하며 저녁 시간에는 강의를 하는 겸임교수였다. 대머리였지만 영국배우 '숀 코너리'와 닮은 준수한 외모를 지녔던 것으로 기억한다. 오랜 기간 주입식 교육에 익숙해 있었던 나는 경제학 이론, 공식 하나하나를 실제 사회 현상과 시장 상황에 대입하여 알려주던 그의 수업에 매료되어 있었다. 무슨 의미인지 잘 모른다 하더라도 관련된 수식과 주요 이론을 잘 외운다면 공부를 잘하는 것이라 생각하던 나의 상식을 깨어준 수업이었다.

평가 답안지에 나는 '당시 미국 북부는 많은 산업 생산 노동자가 필요했는데, 노동자를 확보하기 위해 남부의 노예를 지주로부터 사들이는 것보다 전쟁을 치르는 것이 비용이 적었다'는 둥, '노예가 면화밭에서 생산하는 부가가치보다 공장에서 생산하는 부가가치가 훨씬 컸기에 북군을 지지하는 투자금들이 많았을 것'이라는 둥 그동안 상식적으로 알고 있었던 노예 해방이라는 인류애적인 역사관과는 꽤 다른 답안을 적어 내었는데 의외로 나쁘지 않은 성적을 받았던 것으로 기억한다.

언제부터인가 '경제 요인이 역사의 변화를 일으키는 원동력'이라는 '경제사관經濟史觀'이 나의 역사관이 되어왔다. 주변의 많은 금융인들이 모두 같은 생각을 하고 있는 것은 아니기에 단순히 경영학과 경제학을 전공하고 오랜 시간을 자본시장에서 근무해왔다는 이유만으로 그렇게 된 것만은 아닌 듯하다.

경제 발전, 즉 생산력의 증진만이 역사를 결정한다는 극단적인 경제사관론자 칼 마르크스Karl Heinrich Marx(1818~1883)와 경제와 종교라는 두 요소(물론 경제가 더 큰 비중을 차지한다고 함)가 역사를 형성한다는 절충적인 경제사관론자인 알프레드 마셜Alfred Marshall(1842~1924)의 영향을 받았을 수도 있다. 하지만 그보다 나에게 지대한 영향을 끼친 사람은 프로 야구 선수의 이적과 미국 남북전쟁을 경제학적 시각으로 풀어내라 강요하던 그 '숀 코너리' 교수가 아닌가 싶다.

보다 높은 경제적 식견을 얻기 위해서뿐만 아니라, 좋은 투자를 위한 기본 기질을 형성하기 위해 우리는 경제사에 관심을 가져야 한다. 더불어 보다 성공적인 투자를 위해 우리는 수많은 역사적 사회 현상을 '경제', '돈'의 관점에서 관찰하고 해석하는 습관을 가질 필요가 있다. 이런 습관은 자신의 부를 증가시킬 수 있을 뿐 아니라 사회 현상의 앞을 내다보는 혜안을 가지게 할 것이다. 수십 년 전, 투자 전문가였던 필자의 은

사와 마찬가지로 현재 필자가 경제학 강의 시간을 통해 수치를 중심으로 하는 전문 이론보다는 유독 경제사 강의에 더욱 많은 시간을 할애하는 중요한 이유이다.

은사와 함께 필자의 경제사관에 큰 영감을 준《경제학의 역사》의 저자 존 케네스 캘브레이스John Kenneth Galbraith에게도 감사한다.

# 경제사의 시작점,
# 철기 문명

## 새로운 생산 수단은 새로운 신흥 세력을 만든다

경제학적 관점에서 철의 발견이 인류에 끼친 영향은 지대하다. 철은 농기구와 무기로 강력한 수단이 되었다. 청동기의 경우 강도가 약하고 너무 귀한 재료였기에 장식품 기능 이상의 역할이 어려웠다 한다. 때문에 청동기 시대에도 대부분의 농기구는 석기로 만들어졌다.

철기를 생산하면서부터 식량의 대량생산이 가능해졌고, 대량생산으로 생겨난 잉여생산물은 유통시장을 탄생시키며 자급자족 시대를 끝나게 만들었다. 유통시장의 발현은 곧 제대로 된 화폐의 탄생을 의미한다. 철기는 상품의 생산 비용을 효용 대비 어마하게 낮추어주는 역할을 하였고, 교환가치 즉, '가격'의 개념도 만들었다. 사실상 최초로 '보이지 않는 손'이 작동하는 사회를 탄생시키는 데 큰 역할을 한 것이다. 경제사 관의 입장에서는 인류가 비로소 의미 있는 경제활동을 시작한 철기 시대를 역사의 시작으로 보아야 할 것이다.

철제 농기구를 소유한 이들은 그렇지 못한 이들보다 많은 생산을 할 수 있게 되었고 잉여생산물의 판매를 통한 부의 축적은 새로운 계급 관계를 만들어내기 시작했다. 유통시장이 생겨난 이후, 부를 축적한 상인들이 큰 세력을 가지게 된 것이다. 춘추전국시대를 종식시키며 중국을 최초로 통일한 진시황도 막대한 부를 가진 상인이었던 여불위의 금전적 지원 없이는 존재하지 못했을 것이다.

이처럼 철기는 이전의 '국가=왕=신'이라는 공식을 깨며 종교와는 관련 없는 왕국 또는 민주시민국가 등 크고 작은 국가를 만드는 원동력이 되었다. 중국의 제자백가와 그리스의 소피스트들이 경제를 포함한 다양한 철학을 논하게 된 것도 철기 문명을 통해 훨씬 유복해진 국가들이 무대를 제공해준 덕분일 것이다.

## 세계 최초의 경제학자는 누구일까?

통상적으로, 경제학의 아버지 '아담 스미스Adam Smith (1723~1790)'를 세계 최초의 경제학자로 보는 견해가 많다. 아담 스미스는 원래《도덕감정론The Theory of Moral Sentiments》이란 철학 명저를 저술한 신망 높은 철학자였다. 하지만 그의 차기작《국부론The Wealth of Nations》의 내용이 워낙 유별나 책이 출간된 후 사람들은 기존의 철학과 구분하여 처음으로 '정치경제학'이란 이름을 붙여주었다. 즉 아담 스미스는 처음으로 '경제학'이라고 이름 붙여진 책의 저자로 봐야 한다.

만약 '최초의 경제학자'의 정의를 '처음으로 경제에 대하여 이야기했고 그 이야기가 기록으로 남아 있는 자'로 한다면, 분명 이전부터 경제를 논한 자들이 많았기에 그를 최초의 경제학자로 보기는 어려울 것이다. 그런 이유로 일부 서양 경제사학자들은 고대 그리스 철학자 플라톤Platōn(B.C. 427~B.C. 347)이나 아리스토텔레스Aristoteles(B.C. 384~B.C. 322)가 최초의 경제학자들이라 주장한다. 하지만 이 관점에서는 이미 중국에 그들보다 수백 년씩 앞선 경제학자들이 있었다.

제자백가 시대인 기원전 7세기 무렵, 고사성어 '관포지교管鮑之交'의 주인공으로 유명한 관중管仲(?~B.C. 645)은 중국 제나라에서 재상을 지내며 근대 경제학자 못지않은 경제론들을 주장하였다. 그는 '소비가 적절히 있어야 경제가 돌아간다', '잘 먹고 잘 입어야 사람들이 체면과 예절을 알게 된다', '백성이 잘살아야 나라가 부유하고 강해진다'며 서민들의 경제에 관심을 가졌다. 후세에 그를 기리며 썼다는《관자管子》에 따르면, 관중은 소극적인 세금정책을 옹호했다. 농산물에 세금을 많이 매기면 농사를 열심히 짓지 않고, 인두세를 많이 거두면 출산율을 떨어뜨려 경제에 해가 된다는 것이다. 관중은 지속적으로 육성해야 하는 분야에 대해서는 세금을 덜 물려야 한다고 했다. 상업을 장려하려면 상인들에게 세금을 물리지 않는 식이다. 세수가 줄어들어 어려워지는 재정은 소금을 독점 판매해 메우라는 대안도 내놓았다. 풍년이 들어 곡물가격이 하락할 때 나라에서 곡물을 사들여 비축해놓았다가 흉년일 때 곡물을 방출하는 정부의 적극적인 재정정책도 주장하였다.

한편《도덕경道德經》의 노자老子도 세금을 최소화하고 전쟁을 하지 않는 등 자유방임적 경제정책을 펼치는 소극적 정부만이 백성을 풍요롭게 할 수 있다고 주장하였다. 이는《국부론》의 '보이지 않는 손' 주장과도 일치한다. 우리가 잘 아는 공자孔子(B.C. 551~B.C. 479)의 경제관은 어떨까?《논어論語》에서 공자는 "부가 작다고 걱정하기보다는 분배가 고르게 되지 못함을 걱정하고, 가난한 것보다는 불안한 것을 걱정하라"고 하였다. 이렇듯 유교는 부에서 얻는 효용보다 정신적인 부문에서 얻는 효용의 가치를 높게 보았다. 유교는 훗날 상인을 멸시하는 사농공상士農工商 신분제와 근검절약 정신을 올바른 경제사상으로 여기는 조선의 통치 이념이 되었다.

|투자자의 서재 속으로|

## 〈재물의 신, 사랑의 신〉이 말해주던 것

어릴 적 우연히 보게 된 오 헨리O. Henry(1862~1910, 〈마지막 잎새〉로 유명한 미국의 소설가)의 단편소설 〈재물의 신, 사랑의 신〉은 어렸던 나에게 꽤 큰 충격을 주었다. 기억에 남는 소설의 주요 내용은 다음과 같다.

이 소설은 비누회사를 경영하는 재벌 아버지와 사교계의 아이돌 스타를 사랑하는 아들의 대화로 시작된다. 아들은 자신이 사랑하는 여인에게 프로포즈할 수 있는 충분한 시간은 돈으로 살 수 없다며 평소 돈이면 모든 것이 해결된다는 생각을 가진 아버지에게 반발하였다. 역시 돈으로는 사랑이나 행운을 사지 못한다는 생각을 가진 아들의 고모는 그 아들에게 어머니가 유품으로 남긴 행운의 반지를 선물한다. 며칠 후 아버지는 아들이 프로포즈에 성공하여 약혼했다는 얘기를 고모로부터 전해 듣는다.

프로포즈에 성공한 경위는 이러했다. 짝사랑하는 여인이 유럽으로 떠나는 전날, 아들에게 그녀와 단 둘이 있을 수 있는 시간은 그녀를 브로드웨이 극장까지 마차로 데려주는 6~7분에 불과했다. 하지만 마차에서 실수로 떨어진 행운의 반지를 주워 오는 사이, 도로에서는 연쇄적인 접촉 사고가 일어났고 약 2시간 동안 교통 정체로 옴짝달싹하지 못하는 상황이 벌어졌다. 그리고 그 2시간 동안 마차 안에서 두 사람은 애틋한 대화를 나누었고 아들은 프로포즈에 성공한 것이다.

아버지의 돈은 아무 쓸모도 없었지만 어머니가 남긴 행운의 반지 덕분에 프로포즈가 성공했다는 이야기를 끝낸 고모가 밖을 나섰다. 그런데 대뜸 밖에서 기다리고 있던 아버지의 심부름꾼이 들어와서 대금을 청구한다. 당시의 교통 정체를 일으키기 위해 마부들과 경찰 등에게 지불했던 돈과 자신의 수고비를······.

결국 '사랑의 신'은 없었고 '재물의 신'이 사랑을 이루게 해주었다는 씁쓸한 웃음을 짓게 하는 내용으로, 어렸던 나에게는 세상 돌아가는 이치를 조금은 알게 해준 충격적인 반전의 단편작이었다.

# 그리스 천재 철학가들의
# 경제론

## 공산주의의 효시? 플라톤의 경제학

플라톤은 당시 집권하던 민주정이 그의 스승 소크라테스 Socrates(B.C. 470~B.C. 399)를 사형시키는 모습에 충격을 받고 대중은 우매할 수 있으며, 때문에 민주주의는 그릇된 판단을 한다고 생각한 듯하다. 플라톤이 그의 저서 《국가론Poliiteiã》에서 시민의 계급을 농부·수공업자 등 생산주체와 군인 및 정치가로 나누는 분업 체계를 적용하고, 그중 정치가는 철인(철학자)들이 담당해야 한다고 주장한 내용을 보면 공산당에서 정치와 행정을 맡는 공산주의 시스템과 유사해 보인다. 이 외에도 국가 재산의 공동 소유, 자급자족경제 그리고 계획경제에 이르기까지 플라톤이 주장한 내용의 상당 부문이 공산주의 체제의 내용과 유사하여, 실로 플라톤이 마르크스나 레닌 Vladimir Il'Ich(1870~1924) 등에 많은 영향을 준 공산주의 경제학의 효시가 아닐까 추리해본다.

하지만 구舊 소련을 중심으로 한 실제 공산주의 국가들은 플라톤이 경고했던 매우 중요한 부문을 간과했다 생각한다 (물론 이 내용은 공산주의 외 모든 국가에도 적용할 수 있다). 플라톤은 국가의 모든 것을 결정하는 정치가가 부정부패를 일삼게 된다면 국가는 붕괴할 수밖에 없다며, 정치 계급인 철인들에 대해 엄격한 기준을 제시했다. 정치가가 되기 위해선 노인이 될 때까지 엄청난 교육을 받아야 하며, 정치가 계급은 사유재산 축적이 금지되었다. 심지어 정치가들은 가족을 만들 수 없으며, 자신의 자식이 누구인지도 모르게 해야 한다고 주장했다. 정치인들이 사리사욕을 취하면 그 국가는 잘못된 길로 들어선다고 이미 오래전부터 주장한 그의 높은 식견에 감탄한다.

## 인간 중심, 아리스토텔레스의 경제학

인류 역사에 아리스토텔레스가 끼친 영향은 지대하다. 정치학, 논리학, 과학, 윤리학, 시학, 수사학 등 우리가 학교에서 배우고 평가받는 대부분 과목들의 기원은 아리스토텔레스의 저서(실제로는 강의 교재였다)라 해도 무방하다. 현세 대부분 사상가들의 철학들은 모두 아리스토텔레스에 근거한다 해도 무방할 정도이다.

경제 분야에 대하여 밝힌 아리스토텔레스의 견해도 놀랍다. 플라톤의 자급자족 경제론과는 달리 물물교환과 교역을 중요시한 그는 화폐의 적극적인 사용을 주장하였다. "모든 재화는 화폐로 연결될 수 있다"고 서술한 그는 제대로 된 연결을 위해 화폐에다 그 크기, 품질, 무게 등의 가치를 감안하여 표식을 하자고 제안하기도 하였다.

그는 "재산은 개인이 소유해야 한다. 모든 사람이 공동으로 재화를 소유한다는 것은 현실적이지 못하다"며 재산의 공동 소유를 주장한 플라톤과 달리 사유재산을 강하게 주장했다. 또 그는 "왜 철이 금보다 훨씬 유용한데 금의 가격이 높을까?"라며 빵처럼 매우 필요한 물건이 장신구처럼 덜 필요한 물건보다 훨씬 싸게 거래되는 것에도 질문을 던졌다. '한계

효용론'을 제시한 첫 번째 경제학자인 것이다. 아담 스미스의 《국부론》에 있는 "왜 소중한 물보다 다이아몬드의 가격이 높을까?"라는 '물과 다이아몬드의 패러독스' 서술은 한계효용을 설명하기 위해 마치 아리스토텔레스를 오마주한 것처럼 여겨진다. 시장에서 공급자가 한 명일 경우 발생하는 독점의 문제점이 《국부론》보다 수천 년 앞서 언급되었다는 사실도 놀랍다.

　많은 학자들은 아리스토텔레스가 르네상스의 근간이 되었다고 말한다. 그의 인간 중심적 철학들이 유일신 중심의 중세 사회를 변혁시키고 자본주의 시대로 넘어가게 하는 밑바탕 그림이 되어준 것이다. 그의 사상은 암흑기인 중세 시대에서조차 토마스 아퀴나스Thomas Aquinas(1224~1274)를 비롯한 많은 수도승에게 영향을 주었다. 토마스 아퀴나스가 아리스토텔레스에게서 받은 영향으로 자본주의의 씨앗을 심게 되었다는 이야기는 뒤에서 보다 상세히 서술하려 한다. 한편, 아리스토텔레스의 가치와 가격에 대한 견해는 《국부론》에 영향을 주었고, 《국부론》을 통해 전달된 가치와 가격의 논리는 필자의 주요한 투자 철학과 경제사관의 토양이 되어주었다.

# 아리스토텔레스는 플라톤의 수제자인데
# 왜 두 사람의 철학은 그렇게 다를까?

라파엘로Raffaello(1483~1520)의 〈아테네 학당〉이라는 명화를 보면 한 가운데에 손가락으로 하늘을 가리키고 있는 플라톤의 모습과 손바닥을 밑으로 향하고 있는 아리스토텔레스의 모습을 볼 수 있다. 현실을 초월하는 이데아의 세계를 탐구한 플라톤과 이데아를 부정하고 모든 본질은 인간 세상, 즉 현실에 있다고 주장한 아리스토텔레스 철학의 차이를 단적으로 보여주는 그림이다. 본문에서 언급한 것처럼 두 철학가는 사유재산에 대한 의견 등 경제에 대한 시각도 너무나 다르다. 한 번쯤 궁금한 적이 없는가? 아리스토텔레스는 플라톤이 가장 아끼는 수제자였는데, 어떻게 둘의 철학은 그렇게 다른 것일까?

아리스토텔레스는 아테네 시민권자가 아닌 마케도니아 출신의 외국인이었다. 외국인이라는 이유로 플라톤이 사망한 후 '아카데미아Academia(플라톤이 설립한 당시 최대의 학당이었으며 현재 대학교의 전신이라고도 한다)의 차기 원장이 되지 못하자, 아테네를 떠나 한군데에 정착하지 않고 떠돌았으며 이때부터 플라톤을 비판하기 시작하였다고 한다.

이후 마케도니아의 기초를 다진 국왕 필리포스 2세의 삼고초려 끝에 고향인 마케도니아로 돌아갔다. 아리스토텔레스는 왕자였던 알렉산드로스의 가정교사를 맡으며 그의 사상에 큰 영향을 끼치게 된다. 알렉산드로스 대왕이 평소 시인이나 철학자들을 우대한 점, 잔혹한 정복자였으나 정복된 주위 도시 국가나 페르시아에는 융화정책을 펼쳐 헬레니즘 문화의 배경을 제공한 점 등은 스승이었던 아리스토텔레스의 영향을 많이 받았기 때문이 아닐까.

제자 알렉산드로스 대왕이 원정을 떠난 후 아리스토텔레스는 다시 아테네로 돌아가 리케이온Lykeion이라는 학당을 설립했다. 그의 대부분 저서는 이 시절 자신의 학당에서 강의하던 강의자료 또는 교과서로 보아도 될 것이다. 플라톤의 학당에서 물러나게 된 반감은 플라톤에 대한 비판으로 이어지고, 이 비판은 오히려 인간 중심 철학을 더욱 공고히 했을 것으로 여겨진다. 세월이 지난 후 자신이 설립한 학당에서 완성된 그의 철학이 스승인 플라톤의 것과 상반된다는 것은 필연에 가까운 일이었다.

알렉산드로스가 원정길에서 사망하자 아리스토텔레스는 아테네에서 추방되고, 얼마 지나지 않아 사망하였다. 아무리 그의 학식을 존경한다 하더라도 아테네 시민들의 입장에서는 자신의 나라를 정복한 마케도니아인이며 정복자의 스승이었던 아리스토텔레스를 그냥 둘 수 없었던 모양이다.

# 토마스 아퀴나스,
# 중세 시대에 자본주의의
# 씨앗을 심다

## 경제론, 로마 시대에는 전쟁에 잠식되고
## 중세 시대에는 종교에 잠식되다

그리스 시대 이후 로마 시대부터는 경제에 관한 논의가 거의 사라져버리다시피 했다. 전쟁이 경제논리를 장악했기 때문이다.

보다 많은 부가 필요하면 전쟁을 하여 약탈해오면 되었지만 전쟁을 통해 들어온 재물은 소수 상위 계층에만 집중되었다. 농사를 짓던 서민들이 전쟁을 치르느라 돌보지 못한 논밭을 이들은 집중적으로 매입했고 노예들을 이용하여 논밭을 경작하는 바람에 서민들은 일자리를 잃고 피폐해졌다. 로마의 멸망 원인을 도덕성의 타락, 게르만족의 침입, 또는 출산율 저하로 보는 견해까지 있지만 경제사관으로 본다면, 부동산을 통한 '부의 양극화'로 서민경제가 피폐해져 국력이 크게 약해진 것을 원인으로 삼을 수밖에 없다. 전쟁을 통하여 점령지에서 수많은 자금과 자원을 강탈해온 로마와 1500년대 대항해를 통하여 식민지에서 수많은 자금과 자원을 약탈해온 스페인 제국의 엇비슷한 몰락 원인은 시사점이 크다.

로마 시대 이후 중세 시대에 들어서는 종교의 윤리의식이 모든 경제논리를 장악했다. 재물의 축적이나 이윤이 죄악시되었으니 경제에 대한 논의가 있을 수 없던 시대였다. 하지만 그 척박한 토양에도 자본주의의 씨앗을 심은 이가 있었는데, 13세기의 유명한 철학가이자 수도승이었던 토마스 아퀴나스가 그 장본인이다.

### 《신학대전》을 저술한 당대 최고의 종교가, 예외적인 이윤과 이자를 인정하다

토마스 아퀴나스는 자신의 시대에 이르기까지 주요하게 다뤄져오던 모든 서양 사상들을 집대성하는 위대한 업적을 남겼다. 소위 '12세기 르네상스'라고 부르는 문예부흥 운동의 가운데에 있었던 그는 자연스럽게 아리스토텔레스의 경제사상에 영향을 받았다. 그런 영향을 토대로《신학대전Summa Theologiae》등 수많은 저서들을 저술했고 그 저서들은 당시 시대 흐름을 크게 바꾸었다.

'신이 보다 완전한 믿음(자발적인 믿음)을 위해서 인간에게 자유의지를 부여하였다는 주장', 그리고 '자유의지로 신을 믿기에 그 믿음은 더욱 가치가 높다는 주장'은 묻지도 따지지도 말고 무조건 믿어야 한다는 당시의 억압적인 교리에서 벗어난 파격적인 것이었다. 이 '인간의 자유의지' 개념은 이후 아담 스미스와 고전학파 경제학자들의 근원적인 사상인 '이성적인 인간'의 토대가 되기도 하였다.

| 고대 | 중세 | 근대 |
|---|---|---|
| 아리스토텔레스 ── | 토마스 아퀴나스 ── | 아담 스미스 |
| (인간 중심) | (인간의 자유의지) | (이성적인 인간) |

이성에 근거한 이윤과 이자에 대한 그의 주장 역시 오랫동안 억압되어왔던 경제활동의 숨통을 틔워주는 역할을 하였다. 그는 "물건의 가치보다 높은 가격으로 다른 사람에게 물건을 팔아서는 안 된다"며 공정가격의 개념을 도입했다. 판매

상이 폭리를 취하는 것은 죄악으로 여겼지만, 구매자가 지불에 동의할 정도의 적절한 이윤을 남기는 것은 용인했다. 이전의 교리로는 용인되지 않았던 일이다. 이윤이 용인됨으로써 이후 수공업과 상업 활동이 번창할 수 있는 토대가 마련될 수 있었다.

토마스 아퀴나스는 표면적으로는 매우 강하게 이자를 금지해야 한다고 주장했다. 하지만 그 이면을 자세히 들여다보면 그의 주장에는 사실상 어느 정도의 이자를 용인하는 내용이 포함되었다. 돈을 빌려준 측이 다른 기회를 놓치거나 손해의 위험이 발생할 수 있을 때에는 이에 합당한 이자를 받을 수 있다고 예외를 둔 것이다. 그의 주장을 종합해보면 이윤의 경우와 마찬가지로 이자도 고리대금 같은 폭리를 취하지 않는 공정한 수준이라면 허용할 수 있다는 논리가 성립된다. 종교가에 의한 이런 예외적인 이자 허용은 당시로서는 획기적인 것이었으며, 이를 근거로 중세에서도 서서히 금융업이 태동할 수 있었다.

세상의 존경을 받는 대 사상가였기에 당시 시대 분위기에 반함에도 불구, '이윤'과 '이자'를 일부 인정한 그의 주장은 파급력이 컸으며, 이후 펼쳐지는 자본주의 시대의 씨앗 역할을 하였다. 자금 대여자가 포기하거나 희생해야 하는 부분에 관

하여 이자를 어느 정도 인정해준다는 논리는, 자본이 미래의
부를 위해 희생될 수 있다는 투자 개념에 대한 이론적 바탕과
유사하기도 하다.

한편 그의 주장이 100% 순수한 자신의 견해에서 나온 것
인지의 여부는 다시 생각해볼 필요가 있다. 당시 상당한 부와
토지를 이미 장악하고 있던 교회나 수도원들은 이를 이용해
보다 많은 부를 얻고 싶어 했고, 그런 그들의 이해관계를 토마
스 아퀴나스가 대변했을 것이라고 해석하는 의견들도 있기
때문이다.

| 투자자의 서재 속으로 |

## 《장미의 이름》, 피를 불러온 금단의 독서

일반적으로 우리가 얘기하는 르네상스는 15세기 전후부터 이탈
리아를 중심으로 일어난 문예 부흥을 뜻한다. 하지만 이보다 앞선
12~13세기, 과거 그리스에서 전파받아 발전시켜 나가던 아랍권의 과
학이나 인문학들이 유럽으로 역수입되어 다시 흥행한 적이 있었는데
이를 역사가들은 '12세기 르네상스' 또는 '작은 르네상스'라고 이름 붙
였다.

12세기 르네상스의 시기는 십자군전쟁 시기와 맞물린다. 원정 전쟁
을 통하여 아랍권의 빛난 문명을 접한 서유럽인들은 그들이 입수한 엄
청난 양의 서적을 번역하며 그 문물을 받아들였다. 그중 12세기 르네상
스 번역 캠페인의 핵심 서적은 단연 아리스토텔레스의 저서들이었다.

영화로도 제작되었던 《장미의 이름》이라는 움베르토 에코Umberto Eco(1932~2016)의 추리소설 작품에는 12세기 르네상스 이후 아리스토텔레스의 영향을 받은 개혁적인 프란체스코파와 아리스토텔레스의 저서를 금서로 지정했던 보수적인 베네딕트파 간 교회 내 갈등이 잘 그려져 있다. 어느 오래된 수도원에서 많은 수도승들이 연쇄 살인을 당하는데 주인공들이 여러 어려움을 겪으며 그 미스터리를 풀어가는 내용이다. 주인공들은 희생자들이 모두 수도원이 금서로 지정한 아리스토텔레스의 저서를 몰래 읽다가 숨졌다는 사실을 밝혀낸다.

르네상스는 '부활'을 의미한다. 아리스토텔레스의 인간에 대한 탐구는 12세기와 15세기 르네상스의 핵심 사상으로서 척박한 시대에서 벗어나는 인간들의 부활에 거름이 되어주었다.

# 메디치 가문,
# 돈이 역사를 만들어갈 수
# 있다는 사실을 증명하다

## 이탈리아, 은행업이 융성해지다

이탈리아인 토마스 아퀴나스가 심은 자본주의의 씨앗은 중세라는 척박한 환경 속에서도 조금씩 움트기 시작한다. 이탈리아를 중심으로 생산과 상업, 무역이 활발해졌고 엄격한 기독교 교리에서 다소 자유로운 유대인들을 중심으로 손실 보상금, 경비, 선물 등의 명목으로 사실상 이자를 취하는 방식의 금융업도 융성해지기 시작했다. 신용이 좋은 무역상들의 약속어음은 일정 이자율로 할인되어 거래되거나 화폐처럼 유통되었다.

무역이 활발해지자 무역 중심지인 베네치아, 제노바, 피렌체 같은 도시국가들에서 환전상 같은 금융업자들이 양산되었다. 베네치아나 제노바에서는 '샤일록(셰익스피어의 희극 〈베니스의 상인〉에서 등장하는 악독한 고리대금 업자)'으로 묘사되는 유대인들이 금융업을 장악했고 피렌체에서는 페루치와 바루디 같이 대형 은행으로 변신한 무역상 가문들도 생겨났다.

하지만 영국왕 에드워드 3세Edward III(1312~1377, 프랑스와의 백년전쟁을 일으킨 것으로 유명한 왕)가 백년전쟁을 위해 빌렸던 거금의 대출을 갚지 않자 페루치와 바루디는 몰락의 길을 걸었고, 이후 메디치 가문이 최대 은행으로서 15세기에서 18세기까지 피렌체에서 득세한다.

가문의 수장이었던 조반니 디 비치Giovanni di bicci(1360~1429)에 의해 1397년 설립된 메디치은행은 이후 로마, 베니스, 나폴리, 바르셀로나, 런던, 리용, 아비뇽 등 유럽에 16개 지점을 개설하는 등 사실상 최초의 근대식 은행이 된다. 메디치은행 성공의 비결 중 하나는 이들 지점들을 이용한 편리하고 안전한 은행 시스템이다. 교황청의 금전 출납 담당이 된 메디치은행은 각 지역의 헌금들을 모아 교황청에 보내고 이 돈들을 다시 각 지역 교회들에게 나누어주는, 즉 현금이 왔다 갔다 해야 하는 거래들을 대신하여 각 지점의 장부에 기재

하며 장부상에서 주고 받는 계좌 이체 방식을 사용한 것이
다. 조반니의 아들이며 피렌체 공화국의 공신으로 국부國父
의 칭호를 받은 코시모 데 메디치Cosimo de' Medici(1389~1464)
와 '위대한 자'로 불린 그의 아들 로렌초 데 메디치Lorenzo de'
Medici(1449~1492)에 의해 가문과 은행의 번영은 절정에 달한
다. 피렌체의 정치·경제·문화는 새롭게 대두된 메디치 가문
에 의해 장악되었고 메디치 가문의 막대한 부는 르네상스를
발현시키고 발전시키는 원동력이 되었다.

|투자자의 서재 속으로|

## 은행(Bank), 파산(Bankruptcy)의 유래

이탈리아어 사전에서 한글로 '벤치'라고 입력하면 이에 해당하는 이
탈리아어로 'banco'가 뜬다. 중세 이탈리아에서는 사람들이 많이 모
이는 자리에 나무판을 가져다 놓았는데 그 나무판은 사람들이 앉아
서 쉬는 벤치 역할과 물건을 두고 거래하는 매대 역할, 돈을 두고 교환
하는 환전판 역할도 하였다. 즉 환전판 역할을 하던 banco가 '은행
bank'의 기원이 된 것이다. 파산을 뜻하는 'bankruptcy'도 이탈리아어
'banco'와 'rotto(깨진, 썩은)'의 합성어 'banco rotto'에서 왔다. 파산
한 사람들이 달려와서 환전판을 부수는 데서 유래한 것이라 추정된다.

중국어인 '銀行(은행)'의 유래는 과거 중국의 화폐, 조세제도 등의 중
심이 '은'이었다는 사실과 '행' 자가 사거리 모양을 본 땄다는 사실을 조
합하여 '은이 다니는 사거리'로 쉽게 이해할 수 있다.

## 중세 시대 금융업은 왜 유대인들이 장악했을까?

중세 시대 교회에서는 적어도 표면적으로는 이자의 수취를 강하게 금지했다. 단테의 〈신곡La Divina Commedia〉을 보면 고리대금 업자들을 위한 지옥이 따로 묘사될 정도이다. 하지만 중세에도 유대인들을 중심으로 한 고리대금업이 흥행했고 특히 토마스 아퀴나스의 예외적 허용 이후에는 더욱 빠른 속도로 확산되는 모습을 보였다.

분명 유대인들의 성경이나 율법에도 이자의 수취를 금지하고 있었다. 하지만 한 가지 다른 점은 유대인을 제외한 타민족들에게는 이자를 수취할 수 있다는 예외 조항이 있었다는 데 있다. 유대인들이 고리대금업을 비교적 자유롭게 영위할 수 있었던 이유이자, 유대인들이 중세 시대 어디를 가도 많은 차별 대우를 받고 추방당하기까지 했던 이유이기도 했다. 한편 유럽 수도원들도 이런저런 편법을 활용하여 사실상의 이자 수취를 해왔지만 예외 조항을 통해 대놓고 이자를 수취할 수 있는 유대인들을 당할 수는 없었을 것이다.

## 이자 수취, 언제부터 공식화·합법화되었나?

편법을 이용한 이자 수취는 훨씬 오래전부터 공공연하게 성행했지만 이자 수취가 사실상 합법화된 것은 1500년대에 들어서부터이다. 구교에서는 교황 레오 10세가 1515년 최초로 공식적으로 이자 부과를 인정하는 칙령에 서명한다. 신교에서는 종교 개혁자이자 장로교회의 창시자인 장 칼뱅Jean Calvin(1509~1564)이 철저한 성경의 해석 끝에 이자 수취가 가능하다는 결론을 도출해냈고, 칼뱅의 활동 무대였던 제네바 의회는 이 주장을 받아들인다. 제네바가 현재 전 세계와 스위스의 금융 중심지가 된 연유를 이러한 오랜 역사 속에서도 찾을 수 있는 것이다. 장 칼뱅의 해석은 수많은 부유한 상인과 금융업자들이 신교로 개종하도록 이끈 이유가 되기도 하였다.

## 왜 메디치는 예술을 후원하였을까?

메디치 가문이 일군 거대 자본은 유럽의 역사를 화려하고 풍요롭게 바꾸는 데 크게 기여한다. 일반적으로 르네상스는 14세기 후반에서 16세기 후반의 시기에 있었던 아리스토텔레스의 인간 중심 철학을 바탕으로 수많은 문학가들과 예술가들이 모여 일어난 왕성한 문예 부흥을 일컫는다. 르네상스는 이탈리아, 특히 피렌체가 그 발원지라 볼 수 있는데 피렌체의 모든 권력을 장악하고 있던 메디치 가문의 부가 당시 수많은 문예 활동의 동력이 되었다.

보티첼리Sandro Botticelli(1445~1510), 레오나르도 다빈치 Leonardo da Vinci(1452~1519), 미켈란젤로Michelangelo Buonarroti(1475~1564), 라파엘로 등 르네상스를 대표하는 예술가들이 메디치 가문의 후원을 받았다. 아름다운 피렌체 대성당 돔을 디자인한 필리포 브루넬레스키Filippo Brunelleschi(1377~1446)도 가문의 지원을 받았다. 메디치는 수많은 예술가들을 자신의 저택에 초대하여 원하는 예술활동을 펼칠 수 있게 지원했다고 한다. 그 유명한 마키아벨리Machiavelli(1469~1527)의《군주론Il principe》이 이 가문에 헌정할 목적으로 쓰여졌다든지, 최초의 오페라와 발레가 이 가문의 연회를 위해 탄생했다는 등의 놀라운 이야기를 들으면 메디치 가문의 대규모 금융자본이 없었다면 르네상스라는 역사의 페이지가 아예 없었을 수도 있겠다는 생각이 들 정도다.

메디치 가문이 예술에 후원을 아끼지 않은 이유에 대해서는, 그들이 죄의식에서 벗어나기 위해서였다는 의견이 대세를 이룬다. 토마스 아퀴나스가 어느 정도 여지를 주었다 해도 아직 당시에는 돈으로 돈을 버는 행위가 죄악시되던 때였기에 예술과 피렌체에 대한 후원 등으로 죄를 씻으려는 심리가 있었다는 것이다. 하지만 어쩌면 예술가들에 대한 경제적 후원, 부를 과시하는 화려한 건축물들과 소장품은 거대 금융회사를 영위하기 위한 고도의 전략 차원으로 필요했던 것일 수 있다. 거대 금융업을 유지·발전시키기 위해서는 많은 홍보를 하고 고가의 건물을 보유하여 고객들에게 신뢰를 얻어야 하는데, 이는 현 시대에도 마찬가지이다. 피렌체의 대저택에 머물렀던 수많은 예술가들은 유럽 곳곳의 상류층과 교류하며 메디치은행의 방송 광고와 같은 역할을 하였을 것이다.

정계에도 진출하여 엄청난 권력을 과시하기도 한 메디치 가문은 총 세 명의 교황과 두 명의 프랑스 왕비를 배출하며 유럽의 역사에 큰 영향을 끼친다. 가문에서 배출된 교황 레오 10세Leo X(1475~1521)는 성장 과정에서 몸에 밴 화려한 성품 때문에 결국 두 가지 방면에서 역사에 큰 획을 긋게 된다. 사치스러운 생활로 교회 재정이 파탄나자 그 유명한 '면죄부'를 무분별하게 팔아대었고 면죄부 판매에 저항하는 마르틴 루터Martin Luther(1483~1546)를 파면하여 종교 개혁을 유발했다. 종국에는 중세 시대를 끝내게 한 원인을 제공한 것이다.

한편 그는 당대 최고의 거부 야코프 푸거Jakob Fugger(1459~1525)에게도 큰 빚을 지는데, 야코프 푸거의 강한 요구로 1515년에는 이자 부과를 인정하고 고리대금업 금지를 해제하는 칙령에 서명하게 된다(이자 수취의 합법화는 메디치 가문의 숙원이기도 하였다). 결국 그의 이자 수취 합법화는 근대 자본주의의 도화선에 불을 붙인 격이 되었다.

|투자자의 서재속으로|

## 레오나르도 다빈치와 메디치 가문, 요리의 역사에도 영향을 끼치다

르네상스 시기에 피렌체 등 이탈리아의 요리 문화가 발달했다는 사실은 레오나르도 다빈치가 남긴 1만 장이 넘는다는 수많은 요리와 관련된 기록을 살펴보면 쉽게 알 수 있다. 그는 젊었을 때 같은 공방 동기인 보티첼리와 함께 '세 마리 개구리 깃발'이라는 주점을 경영하였는데, 거기서 요리사 역할을 했다는 추정도 가능하다. 밀라노 스포르차 가문의 궁정 연회 담당자이기도 했던 그의 기록을 보면 종달새 혓바닥, 공작새 요리, 꽃, 양 고환, 닭 벼슬, 돼지꼬리 등 다양한 식재료가 등장하며 와인 오프너, 코르크 마개, 마늘 짜기, 후추통 등 각종 요리기구 또한 그에 의해 고안된 사실을 알 수 있다.

요리에 대한 다빈치의 열정은 그가 남긴 명작 〈최후의 만찬〉을 통해 알 수 있다. 게으르고 지구력이 약한 그의 성품 때문인지 그가 끝까지 완성한 그림은 약 20개에 불과한데 인물화 작품이 많고 규모가 큰 그림이 거의 없어 〈최후의 만찬〉이 거의 유일한 대작이라 할 수 있을 것이다. 큰 그림 그리기를 꺼려했던 그였지만 그림의 주제가 요리였기에 제작 요청을 승낙했다는 이야기도 있다. 2년 9개월의 제작기간 중 2년 이상을 그림에 어떤 요리를 넣을까 고민하며 허송세월했던 이야기도 모두 그의 요리에 대한 열정을 강조한 것이라 본다.

수많은 종류의 파스타 면 중에 우리에게 가장 익숙한 '스파게티'를 발명한 자가 바로 다빈치였다는 사실도 이제 많은 사람들에게 알려져 있다. 칼국수나 만두처럼 손으로 여러 가지 파스타를 만들던 시절, 그는 그답게 스파게티를 뽑는 기계를 고안했던 것이다. 하지만 당시 손으로 식사하던 피렌체 사람들에게 스파게티의 탱탱한 탄력은 불편했다. 때문에 다빈치는 스파게티를 말아서 먹을 수 있는 삼지창 모양의 포크와 소스가 옷에 튀는 것을 막아주는 냅킨을 최초로 고안했다고 한다.

한편 화려한 프랑스 요리나 고급 레스토랑의 기원이 이탈리아의 메디치 가문에 있다는 것도 재미있는 사실이다. 메디치 가문의 딸 카트린이 프랑스 왕자 앙리 2세에게 시집오면서 데려온 수백 명의 요리사들과 수행원들은 프랑스 상류 계층의 요리 문화와 에티켓을 바꾸기 시작했다. 손으로 음식을 먹던 프랑스인들은 그제야 포크와 나이프를 손에 들기 시작했고 디저트라는 음식도 먹게 되었다 한다. 이때부터 대규모의 요리사들은 이후 수백 년 동안 사치스러운 요리를 만들어내다 왕실과 귀족이 몰락하여 일자리를 잃게 되자 거리로 나와 곳곳에 레스토랑을 열었다. 이로써 전 세계에 가정식이 아닌 정찬요리Fine dining 를 알리는 계기가 되었다.

# 벤처 투자로 시작된
# 신대륙 발견과 대항해 시대

대항해 시대의 출발은 왜 이탈리아가 아닌
포르투갈과 스페인이었을까?

르네상스 시대에도 인도와 동남아시아 등지에서 생산된 후추 등의 향신료들이 아랍권을 거쳐 베네치아, 피렌체, 제노바 등의 이탈리아 도시국가들에 수입되어 유럽인들에게 엄청난 인기를 얻었다. 하지만 워낙 가격이 높았다. 오스만 제국이 터키 지역을 점령하며 교역로를 통제하게 된 1453년 이후에는 안 그래도 비쌌던 향신료들이 더 귀해져서 가격이 천정부지로 올랐다. 이때부터 유럽인들은 해로를 통해 인도나 동남아시아로 가서 직접 향신료를 직거래하여 큰 이윤을 남기고 싶은 욕망을 가지게 되었다.

당시 향신료를 독점하던 베네치아 등 이탈리아 국가들보다는 향신료를 훨씬 더 비싼 가격에 사야 했던 포르투갈이나 스페인인들의 욕망이 더 컸다. 대항해 시대가 스페인과 포르투갈에 의해서 시작되었던 이유는 지리적 입지 조건 외에도 이런 경제적인 요인이 있었던 것이다.

스페인의 이사벨 여왕Isabel I(1451~1504)에게서 받은 거액의 자금으로 1492년에 콜럼버스Columbus(1451~1506)가 처음 신대륙을 발견했다는 일화는 유명하다. 콜럼버스가 세계 최초의 벤처기업가였다면 이사벨 여왕은 세계 최초의 벤처투자가였던 셈이다. 콜럼버스가 목숨을 걸고 찾아 헤맸던 곳도, 이후 바스코 다 가마Vasco da Gama(1469~1524)가 아프리카 희망봉을 돌아 가고자 했던 곳도, 마젤란Magellan(1480~1521)이 지구를 한 바퀴 돌아 항로를 개척하며 가고자 한 곳도 인도·동남아시아와 같은 향신료 산지였다. 콜럼버스가 아메리카 대륙을 발견하고도 점점 왕실의 신뢰를 잃은 이유는 결국 향신료를 찾지 못해서라는 이야기가 있을 정도다. 바스코 다 가마가 아프리카를 돌아 인도에 도착했을 때 그를 처음 발견한 아랍인은 "유럽 놈들이 어떻게 여기까지 왔지?"라고 물었고 그는 "기독교인과 향신료를 찾아서 왔다"고 대답하였다 한다.

한편 콜럼버스가 미대륙을 발견하며 대항해 시대가 시작된 1492년은 그라나다 지역에서 이슬람 세력을 몰아내고 처음으로 지금의 통일된 스페인 왕국이 시작된 의미 있는 해이기도 하다.

## 대항해 시대 최강자였지만, 국부가 지속되지 않은 스페인

후추 등 향신료를 비싸게 팔아 돈을 벌려는 경제적 욕구로 시작된 대항해 시대 이후 스페인과 포르투갈은 남미, 동남아 등 해외 곳곳에 식민지를 두게 되었다. 그리고 향신료 외에도 금, 은, 설탕, 노예 등을 수입하거나 수탈하면서 역사상 가장 부강해진 시대가 되었다.

두 나라는 일찍이 세계의 패권을 차지하기 위해 앞으로 발견되는 식민지를 나눠 갖는다는 '토르데시야스 조약'을 맺는 등 식민지 확보에도 열을 올렸다. 스페인을 가장 흥청망청하게 한 것은 1540년대 볼리비아 포토시의 은광 발견이었다. 이 당시부터 약 100년간 스페인은 명실상부한 세계 최고의 강대국 자리를 차지하였다. 1580년부터는 스페인 국왕 필리페 2세Philip II(1527~1598)가 포르투갈의 국왕도 겸했기에 이탈리아 북부를 포함한 유럽의 상당 부분과 아메리카 대륙 등 전 세계 대부분의 식민지를 필리페 2세가 지배하며 스페인 최고 전성기를 구가한다.

하지만 두 나라를 중심으로 한 대항해 시대는 1600년대에 들어서 영국과 네덜란드의 동인도회사가 출범한 이후 오래지 않아 이들에게 패권을 넘겨주면서 막을 내린다. 영원할 줄 알았던 스페인의 빠른 몰락은 우리에게 많은 것을 시사해준다. 교역을 통해 아무리 많은 금과 은이 나라에 들어와도 그것들이 서민들의 경제활동에 별 영향을 주지 못한다면 그 나라의 부는 절대 오랫동안 유지되지 못한다는 것이다. 식민지에서 스페인으로 흘러들어온 막대한 양의 은들은 국내 다른 산업을 위해 투자되지 못했고, 스페인 기득권과 금융업자들의 손을 거쳐 다른 나라로 흘러가는 것들이 많았다. 스페인 경제는 온통 식민지의 상품들을 약탈하는 것에만 의존하게 되었고 그마저 네덜란드나 영국 같은 신흥 세력에 밀리자 국가가 한순간에 쇠락해버리고 만 것이다.

한편 스페인이 통일되고 콜럼버스가 신대륙을 발견했던 1492년, 스페인에서 있었던 또 한 가지 중요한 사건이 있었는데 '알함브라 칙령'이라는 유대인 추방령이 그것이다. 결국

20만 명 이상으로 추산되는 유대인들이 스페인의 주요 도시들에서 떠나게 되었다. 금융과 무역을 융성시키던 이들이 떠나게 된 것이 스페인의 민간경제를 황폐화시킨 결정적인 원인이라고 많은 경제사 전문가들은 분석한다.

## 대항해 시대에 유럽이 품은 또 하나의 로망, 자기(청화백자)

찰흙으로 빚은 그릇을 간단히 구우면 '토기'가 된다. 이 토기에 유약을 바른 후 좀 더 높은 온도로 구운 것을 '도기'라 한다. 도기와 자기를 총칭하여 '도자기'라 하는데 자기가 도기와 다른 점은 고령토 흙(사실은 암석을 분쇄한 것이다)을 사용해야 한다는 것과 1,300도 이상의 고열로 구워야 만들어진다는 사실이다.

중국의 자기, 즉 백자는 1300년경 마르코 폴로Marco Polo(1254~1324)의《동방견문록》에 의해 유럽에 최초로 소개되었다. 마르크 폴로는 이 백자가 조개(이탈리아어로 '포슬라porcella') 같다고 표현했는데 이 말이 포슬린Porcelain(자기)의 유래가 되었다 한다. 1500년대 대항해 시대가 열린 후 백자에 푸른색 그림이 그려진 '청화백자'가 포르투갈 상인들에 의해 향신료에 버금가는 주요한 교역품으로 유럽에 수입되기 시작되어 왕족과 귀족들의 사치품이 되었다. 커피와 차를 마시는 상류층의 카페나 살롱에서도 고급 자기는 빛을 발했다.

유럽은 이 아름다운 그릇에 열광했지만 청화백자 제조법은 중국인들만의 비밀이었다. 비싼 값을 중국인들에게 지불하여 파손의 위험을 무릅쓰고 먼 곳에서 가져온 이 청화백자는 가격이 하늘 높은 줄 모르고 치솟아 '하얀색 금'이라고 불리기도 하였다. 당연히 유럽에서는 청화백자를 자신들의 기술로 생산해보려는 시도가 이어졌지만 성공할 수 없었다. 고령토의 존재를 몰랐고 도자기 가마의 온도를 1,300도 이상 올릴 수 있는 기술이 없었기 때문이다.

유럽 최대의 거부 메디치 가문도 1575년에 가마를 만들고 많은 과학자들의 과학 지식을 총동원하였지만 청화백자 제작에는 실패했다. 하지만 이때 유리를 섞어 만든 아류작, '메디치 포슬린'이 현재 수십 개가 남아 있어 높은 역사적 가치를 지닌다고 한다. 오랜 시간 경과 후, 1710년이 되어서야 독일의 마이센 지역에서 유럽 최초로 제대로 된 청화백자를 생산해낸다. 당시 작센 공국의 왕이 불쌍한 연금술사 뵈트거Böttger(1682~1719)를 8년간 감금하여 청화백자 제조 비법을 알아내게 한 결과물이었다. 독일의 마이센 자기는 지금까지 헝가리의 헤렌드, 덴마크의 로열 코펜하겐, 영국의 웨지우드와 함께 세계 4대 자기로 손꼽힌다.

청화백자의 비밀이 밝혀진 이후부터 중국의 과학에 대한 경외심이 사라지며 중국의 힘을 평가절하하는 경향이 생겨났고, 이러한 경향이 커지며 결국 아편전쟁, 포르투갈의 마카오 점령 등으로 이어졌다는 주장이 있다.

# 주식회사,
# 세계 패권의 지도를 바꾸다

## 최초의 주식회사와 증권거래소,
## 네덜란드에서 탄생하다

대항해 시대의 선박단들을 꾸리기 위해서는 대규모 자금의 투자가 필요했다. 선박단은 식민지와의 무력 충돌과 곳곳에 포진한 해적들과의 교전을 위해 상당한 군사력도 함께 보유하고 있어야 했다. 하지만 당시에 그런 대규모의 자금을 단독으로 댈 수 있는 투자가는 포르투갈이나 스페인처럼 높은 국력을 가진 나라의 왕 정도였고 이들 또한 모든 선박단의 자금을 항상 충분히 충당하기는 어려웠을 것이다. 대규모 자금을 다수의 투자가로부터 모집하기 위해 최초로 채권이 발행되기도 하였다. 유가증권인 채권이 약속어음이나 차용증서와 구분이 되는 점은 한꺼번에 다수의 대여자에게 대규모 자금을 빌린다는 데에 있다. 하지만 일정한 기간이 지나면 투자 자금을 돌려줘야 하는 채권이나 어음은 엄청난 위험성을 지닌 선단의 사업과는 성격이 잘 맞지 않았다. 이런 상황에서 새로운 시스템으로 탄생한 '주식회사 제도'는 전 세계 패권을 스페인과 포르투갈국에서 네덜란드와 영국으로 이동하게 하는 동력이 된다.

대항해 시대, 유럽 교역의 무대가 지중해로부터 대서양으로 바뀌게 되면서부터 스페인의 속국이면서 경제적으로도 별 볼 일 없던 네덜란드에 유럽 각지의 소상인들이 모여들기 시작했다. 많은 유럽 국가들이 대서양이나 북해 발트해 등으로 연결될 수 있는 교통 요충지였기 때문이다. 교역과 상업의 발달로 네덜란드는 스페인과 오랜 독립전쟁(1566~1648)을 치를 정도의 경제력을 갖추게 되었다.

한편 앞서 설명한 1492년 스페인의 '알함브라 칙령'도 네덜란드의 부흥에 결정적인 역할을 하였다. 이 추방령으로 스페인을 떠난 수많은 유대인들 중 상당수가 네덜란드에 운집하면서 네덜란드는 빠른 시간에 유럽 최고의 무역과 금융 중심지가 되었다. 세계 최초의 주식회사와 증권거래소 시스템도 어쩌면 스페인에서 제대로 재산을 챙기지 못하고 떠나야 했던 유대인들의 뼛속까지 시린 경험에서 나온 것일지도 모른다.

## 세계 패권을 차지하는 주식회사

네덜란드 정부는 여러 사업자가 같은 사업을 하게 되어 경쟁이 심해지는 것보다 대규모의 자금을 모은 한 주체가 통합된 선박단의 사업을 꾸리는 것이 유리하다고 판단하여 대규모의 자금을 모을 수 있는 시스템을 고안한다. 그 결과 1,000명이 넘는 다수의 투자자로부터 거대 자금을 모집한 세계 최초의 주식회사, 동인도회사가 1602년 탄생된다. 정부는 동인도회사에다 무역독점권을 부여하고 무역 대상국과 조약을 체결하거나 무역소를 개설하고 만약의 경우 교전이나 선전포고를 할 수 있는 막강한 권리를 부여하였다. 최초의 주식회사는 정경유착 정도가 아니라, 아예 정부의 권력과 기업의 경제력이 한몸을 이루는 정경일체의 모습을 보였던 것이다.

가치가 급등한 동인도회사의 주식은 투자자들의 이해관

계에 따라 소유권을 새로 보유하거나 차익을 실현하며 매각하려는 욕구가 높아져갔다. 이에 네덜란드 정부는 1609년 암스테르담에 동인도회사가 발행한 주권을 쉽게 거래할 수 있는 세계 최초의 증권거래소를 설립하였다. 정부는 같은 해 공립 은행인 암스테르담 은행도 설립하여 암스테르담에 모이는 각국의 통화를 처리해주는 역할을 하였다. 1621년에는 아메리카 대륙 위주로 활동하는 서인도회사도 설립되었다.

동인도회사의 설립 후 세계 패권의 중심이 포르투갈과 스페인에서 네덜란드로 빠르게 이동한다. 회사 설립 초기, 무역의 중심은 언제나처럼 향신료였다. 주식회사 시스템으로 다른 회사들에 비해 엄청나게 큰 자금을 모집한 네덜란드 동인도회사가 향신료 시장을 장악하게 되었고 그 대세는 지속되었다. 작은 나라 네덜란드가 한때 세계의 해상 무역을 장악했던 힘은 주식회사와 여기서 파생된 금융 시스템에서 나온 것이었다.

하지만 네덜란드와 동인도회사는 18세기에 들면서 장악하던 향신료의 가격 하락과 시장의 쇠퇴로 수익성이 악화된다. 또 세계 무역의 패권을 두고 영국과 여러 차례 전쟁을 하고 주식회사로 전환한 후 세력을 크게 키운 영국 동인도회사와의 치열한 경쟁 속에서 전력을 점차 상실한다. 결국 1784년

제4차 영란전쟁에서 패한 후 사세가 급격히 기운 네덜란드의 동인도회사는 1798년에 해산되며 국유화가 된다. 식민지와 교역국에 해악을 가하는 등의 어두운 면도 존재하지만 자본주의의 역사에서 주식회사와 주식시장의 시대를 열었다는 점에서 네덜란드 동인도회사의 의미는 상당히 크다.

# 부르주아, 민주주의와
# 산업화의 서막을 열다

## 헨리 8세의 로맨스가
## 영국 경제 부흥의 단초?

백년전쟁(1337~1453)에서 잔다르크의 프랑스에 패배한 직후 30년간의 왕위 쟁탈전인 장미전쟁(1455~1485)이 이어지며 피폐해진 16세기 영국의 국력은 보잘것없었다. 하지만 영국은 장미전쟁이 끝난 후부터 헨리 8세Henry VIII(1491~1547)와 엘리자베스 1세Elizabeth I(1533~1603)를 거치며 조금씩 국력을 회복해갔다. 16세기 말경에는 당시 세계를 제패했던 스페인 무적함대와의 칼레해전(1588)에서 기적 같은 승리를 이루기도 하였다. 역사가들은 스페인과의 전쟁에서 영국이 승리한 이유를 엘리자베스 1세 여왕의 강한 리더십으로 보기도 하고, 당시 영국의 혁신적인 '레이스 빌트 갈레온' 전함의 우수성에서 찾기도 한다. 하지만 경제사관의 입장에서는 나름대로 영국이 국력을 키워온 요인을 다른 곳에서 찾을 수 있다.

우선 헨리 8세가 구교회와의 절교를 선언하고 신교를 받아들이는 척하다 성공회를 영국의 국교로 삼은 종교개혁에서 영국의 성장 요인을 찾아볼 수 있다. 종교개혁의 명분은 구교회의 폐습 타파였지만, 표면적인 이유는 널리 알려진 대로 앤 불린과의 로맨스였다. 하지만 그 내막으로는 당시 영국에서 막대한 재산을 보유한 구교회의 재산을 왕실에 귀속시키기 위한 경제적인 이유가 있었다. 몰수한 토지를 매각하여 피폐해진 왕실 재정을 보완하고 구교회의 종을 녹여 해군 함선의 대포로 재활용하는 등 군사력을 강화하는 데 상당 부문 기여한 것이다. 하지만 교회 재산을 몰수했음에도 불구, 워낙 기존 재정이 부실했기에 여전히 헨리 8세와 엘리자베스 여왕의 왕실 재정이 어렵기는 매한가지였다고 한다.

경제사관에서 구교회의 척결은 다른 방향에서 큰 의미를 가진다. 오랫동안 유지된 기득권 세력을 약화시킴으로써 당시 태동하고 있던 영국의 신흥 부르주아(영국의 경우 이때부터의 신흥 세력을 '젠트리'라고 부르기도 하는데, 젠트리는 '젠틀맨'의 어원이 기도 하다) 세력에게 큰 힘을 보태준 결과가 된 것이다. 마침 당시 성행하던 인클로저 현상(지주가 경제성 높은 양털을 생산하기 위해 소작농을 쫓아내고 토지에서 양을 사육하는 현상) 역시 모직 관련 수공업을 하는 부르주아에게 필요한 풍부한 노동력과 재료를 제공해주고 있었다. 이로써 구교회로부터 몰수한 수많은 토지를 왕이 매각할 당시 많은 부르주아들이 싼 값에 매입하여 자신들의 생산 기반으로 이용할 수 있었으며, 이로 인해 논밭이 목장으로 바뀌는 인클로저 현상이 가속화되었다.

인클로저 현상 및 구교회 척결을 통한 수공업의 발전과 부르주아 세력의 확산은 향후 영국이 가장 먼저 산업혁명을 일으키는 원동력이 된다. 한편 헨리 8세는 귀족 세력을 약화시키기 위해 당시 부르주아 세력의 영향력이 큰 의회에 많은 권한을 부여하며, 결과적으로 현재 입헌군주제도의 씨앗을 심은 역할도 하였다.

부르주아의 도약
= 민주주의 태동 + 산업자본주의 발현


부르주아의 어원은 성안의 사람이다. 성안 안전한 곳에 거주하는 부유한 시민을 뜻했다. 현재에는 흔히 상류사회 시민을 지칭하지만 처음 이 용어가 등장했던 17세기에는 기존의 왕이나 귀족, 성직자 같은 기득권과 대칭되는 신흥 세력 자본가들이라는 의미가 컸다. 이런 의미상의 부르주아로 부를 수 있는 세력은 고대 시대에도 존재했음을 기억하자. 철기 시대가 시작되었을 때 철기를 보유하면서 잉여생산을 하고 이를 통해 부를 축적, 기존의 '국가=왕=신'이라는 절대권력과 대항하여 권력을 얻게 된 신흥 세력들이 그들이다.

나라마다 조금씩 다른 과정을 거치지만 유럽에서 16세기(영국)~18세기(프랑스, 미국 등)부터 생겨난 부르주아들은 ① 무역과 수공업, 목축업 등을 통해 얻은 부를 바탕으로 힘을 키우고 ② 시민혁명 등을 통해 대중의 지지를 받으며 기존의 권력층을 물리치며 ③ 더욱 강화된 힘과 경제력으로 산업혁명을 일으키는 과정을 거치게 된다. 영국의 명예혁명, 프랑스의 대혁명, 미국의 독립혁명과 같이 시민혁명으로 알려진 이들 혁명의 주체는 일반 시민들이기보다(표면적으로는 시민의 일원이다), 신흥 세력인 부르주아로 보아야 한다. 때문에 시민혁명의 성공으로 가장 큰 혜택을 입는 이들도 부르주아였다.

청교도혁명 후 올리버 크롬웰Oliver Cromwell(1599~1658)의 정책들은 해상 무역업을 하는 상인들에게 매우 우호적이었으며 명예혁명의 성공 후 제정된 '권리장전'과 '관용법'은 부르주아, 특히 유대인계 사업가들에게 매우 우호적인 법률이었다. 이들 법률들의 제정으로 부르주아, 특히 유대인들과 그들의 엄청난 자금이 런던의 '시티(현재 뉴욕의 월스트리트와 쌍벽을 이루는 런던의 금융 중심지)'로 모여들었다. 이 경제력은 향후 영국이 세계의 패권을 차지하는 데 결정적인 요인이 된다.

기득권의 횡포에 반발하는 서민들의 강한 여론에다 자신들의 경제력을 보태어 정치적으로 왕이나 귀족, 교회 중심의 기득권 세력을 축출하게 된 부르주아는 의회 중심 또는 정부 중심의 민주주의 나라를 세워 '민주주의=자본주의'라는 공식을 성립시킨다. 부르주아 자신들도 역시 형식적으로는 시민(국민)의 일원이기에 국민에게 국가의 권력을 부여하는 민주주의 제도를 채택하게 된 것이다. 부르주아 세력이 점차 확대되는 정치적인 변화의 소용돌이 속에서 경제논리의 중심은 자연스레 기득권의 '토지와 세금'으로부터 부르주아의 '이윤'으로 이동하면서 자본주의의 단계가 급상승한다.

# 해가 지지 않는 제국과 함께
# 자본주의 기틀 만든
# 영국 동인도회사

## 주식회사 전환 전
## 영국 동인도회사는 별볼일없었다

헨리 8세의 뒤를 이은 엘리자베스 1세도 영국의 해상 무역을 장려하였다. 하지만 현실은 당시 세계 무역을 점령하던 스페인의 선박을 약탈하는 것이 영국이 해상에서 돈을 버는 유일한 방법일 정도였다. 영국의 공공연한 해적질에 분노한 필리페 2세의 무적함대를 격파한 후부터 비로소 영국도 제대로 된 해상 무역을 시작하게 되었고, 12년 후인 1600년 엘리자베스 1세 여왕의 지원을 받아 동인도회사가 설립된다.

영국의 동인도회사는 네덜란드의 것보다 2년 먼저 설립되지만 상대적으로 소수(57명으로 알려져 있다)의 투자자들이 모인 상인조합의 형태를 띠다가 나중에 합자회사 형식의 기업이 된다. 네덜란드 동인도회사에 비해 규모가 작은 영국 동인도회사는 처음에는 큰 어려움을 겪어야 했다.

동남아시아는 네덜란드가, 인도는 포르투갈이 이미 각각 향신료 생산시장을 장악하고 있었다. 실패를 거듭하던 영국 동인도회사는 자체 보유하고 있는 군사력으로 인도에서 포르투갈을 축출해내지만 동남아시아에서 있었던 네덜란드와 경쟁에서는 참패한다. 결국 고급 향신료 시장은 네덜란드가 계속 장악하는데 이 사실은 오히려 장기적으로는 향신료 가격의 하락과 함께 네덜란드 동인도회사의 몰락으로 이어졌고, 오히려 일찍이 향신료를 포기하고 차·커피·설탕·면화 등 다른 무역 대안을 찾은 영국 동인도회사에는 활로를 마련해주는 결과가 되었다.

부르주아 세력의 지원으로 주식회사가 된
영국 동인도회사, '해가 지지 않는 나라'를 건립하다

엘리자베스 1세의 서거 후 뒤를 이은 새로운 왕들은 강해진 부르주아 세력, 즉 의회(청교도인이 많았다)와 자주 충돌하게 되었고 오랜 정쟁 끝에 결국 청교도혁명으로 올리버 크롬웰이 호국령이 된다. 그는 1651년 항해조례(유럽 외에서 생산되는 물자를 영국에서 수입할 때 영국 선박만 이용해야 한다는 규정 등을 포함)를 반포하여 이에 반발하는 네덜란드와의 영란전쟁을 유발했다. 1657년에는 영국 동인도회사를 주식회사로 변경하고 국가의 외교 및 군사권을 부여하는 등 동인도회사의 부흥을 위해 모든 지원을 아끼지 않았다.

그의 지원책은 엄청 큰 효과를 보았는데 일례로 항해조례 발표 후 수많은 네덜란드의 유대인 무역상인들이 보따리를 싸 들고 런던의 시티로 몰려들었다 한다. 그는 너무 엄격했고 독재적인 정치를 하는 등 국민들에게 악명을 떨친 것이 사실이지만 동인도회사를 크게 육성하고 부르주아를 위한 정책을 도입하는 등 영국이 세계의 패권을 차지하는 데 큰 공헌을 한 것 또한 사실이다.

이후 영국은 급성장하는 동인도회사를 앞세워 '해가 지지 않는 나라'의 기틀을 다진다. 영국 동인도회사는 1690년부터 인도를 직접 통치하는 등 많은 식민지를 개척하였고 보스턴 차 사건(1773), 아편전쟁(1840~1842)의 주역이 되기도 하는 등 세계 역사의 큰 부분을 약 250년간 장식하다 1858년 영국 의회에 의해 청산되며 인도통치권도 영국 정부에 넘겨주게 된다. 역사 속에서 동인도 주식회사들은 식민지 착취, 노예 문제, 불공정 교역 등 제국주의 열강들의 악역을 도맡는 수단이 되었다는 부정적인 평가를 충분히 받을 수 있다는 생각이다. 그럼에도 불구하고 대규모 자금을 결집하는 주식회사의 위력을 증명해 보이며 자본주의 경제를 대표하는 시스템의 기틀을 마련했다는 점은 큰 의미를 가진다.

| 투자자의 경제파노라마 |

## 유대인에 의해 움직여온 세계 경제사

토마스 아퀴나스가 심은 자본주의의 씨앗은 15~18세기에 걸쳐 무럭무럭 성장하는데 시대별로 그 경제성장의 중심지는 다음과 같이 계속 이동한다.

- 15세기 ⇒ 피렌체, 베네치아, 제노바 등 금융이 주도한 르네상스의 이탈리아가 경제의 꽃을 피우다.
- 16세기 ⇒ 대항해 시대를 연 스페인과 포르투갈이 유럽 경제의 패권을 장악하다.
- 17세기 ⇒ 세계 최초 주식회사 동인도회사를 앞세운 네덜란드가 세계 무역의 패권을 앗아가다.
- 18세기 ⇒ 자국 동인도 주식회사의 힘을 등에 업은 영국이 '해가 지지 않는 나라'를 일구어 번영하며 산업혁명을 일으킨다.

그런데 이러한 유럽 경제패권의 이동이 유대인들의 이동 경로와 같다며 이 모든 경제사가 유대인들의 힘에 의해 이루어졌다는 주장이 만만찮다. '역사에 있어 유대인은 큰 빌딩의 나사못처럼 작지만 절대적으로 필요한 존재다'라는 어느 소설가의 이야기처럼 최근 약 700~800년간의 경제사 속에서 소수민족 유대인들의 역할을 빼면서 설명하기는 무척 어려운 것이 사실이다.

실제 15세기 이탈리아에서 경제의 꽃을 피운 도시국가들의 경우 메디치 가문의 피렌체를 제외한 베네치아나 제노바는 유대인 상인과 금융인들이 주도하며 번영을 이뤘다. 이후 16세기 스페인은 대항해 시대를 열며 가장 강력한 국가들이 되었지만 오래지 않아 그 주도권을 작은 나라 네덜란드에 빼앗긴다. 유대인 추방령과 종교 탄압 등으로 스페인과 포르투갈에서 이주한 많은 유대인들이 네덜란드에 집결했고 이후 네덜란드의 금융시스템이 전 세계의 무역을 장악했던 것이다. 하지만 이들은 다시 청교도혁명과 영란전쟁, 그리고 명예혁명의 과정을 거치면서 유대인들과 부르주아에게 우호적인 정책을 펼친 영국으로 이주하였다. 이후 이들이 런던의 시티를 중심으로 다시 금융과 무역을 장악하며 영국의 번영과 산업혁명의 토대를 일궈낸 사실은 아무도 부인할 수 없다.

유대인이 이동한 경로로 세계 부의 중심지가 이동한 역사는 여기서 그치지 않는다. 1차 세계대전과 2차 세계대전을 겪는 동안 수많은 유대인이 미국으로 이동하였고, 모두들 알다시피 그때부터 지금까지 세계의 패권은 미국이 차지하고 있다. 지금도 미국에서는 전 세계 유대인들의 3분의 1 이상이 거주하고 있다고 한다. 물론 유대인이 이동한 곳으로 부의 중심이 옮겨간 것이 아니라 막 부가 피어나기 시작하는 곳으로 유대인들이 냄새를 잘 맡고 이동한 것이라는 견해도 있다. 그렇다 하더라도 유대인들이 만들어낸 금융 시스템의 영향력들을 부인할 수는 없을 것이다.

현재도 전 세계에서 2,000만 명에 불과한 유대인의 세력과 영향력은 실로 엄청나다. 노벨상 수상자의 20% 이상, 특히 노벨 경제학상 수상자의 40% 이상이 유대인이라는 사실, 수많은 FRB(미국 연방준비제도) 의장, 세계은행 총재, IMF 의장들이 유대인이었다는 사실(FRB 의장의 경우 현재의 제롬 파월 이전에 약 40년간 유대인들이 의장을 맡아왔다)을 보고 있으면 아무도 그 실체를 파악하고 있지 못한다는, 로스차일드라는 유대인 가문에 의해서 세계가 움직인다는 음모론에 귀가 솔깃해질 수밖에 없다.

　　골드만 삭스 등 많은 금융기관들이 유대인들에 의해 창립되었다는 사실은 어쩌면 당연한 일이겠지만, 칼 마르크스, 아인슈타인, 앨빈 토플러, 빌 게이츠(MS), 마크 저커버그(페이스북), 조지 소로스, 앨런 그린스펀, 재닛 옐런, 벤 버냉키, 데이비드 리카도, 폴 크루그먼, 조셉 스티글리츠, 밀턴 프리드먼, 폴 새뮤얼슨, 칼 아이칸, 마이클 블룸버그(블룸버그 통신), 비달 사순, 캘빈 클라인, 랄프 로렌, 하워드 슐처(스타벅스), 마이클 델(델 컴퓨터), 스티머 발머(마이크로소프트), 로이터(로이터 통신), 스티븐 스필버그, 제리 브룩하이머, 리바이 스트로스(리바이스 청바지), 헨리 키신저, 스티브 잡스 등이 모두 유대인이란 이야기를 듣고 필자가 얼마나 놀랐는지 모른다. 오히려 이제는 워런 버핏이 유대인이 아니란 사실에 실로 그가 대단한 사람이구나 하고 여겨질 정도도.

# 자본주의의 화룡정점을 찍은
# 1776년, 산업혁명이 날아오르다

## 산업혁명과 경제학을 탄생시킨 영국,
## 타의 추종을 불허하다

젠트리란 이름으로 세계에서 가장 먼저 피어난 영국의 부르주아 세력은 이후 동인도회사를 앞세운 무역업과 제조업의 발달과 함께 그 영향력을 점차 확대해갔다. 이 영향력은 1688년 명예혁명을 일으키는 배경이 되어 이윽고 왕, 귀족, 교회 중심의 기득권 세력을 쇠퇴시키고 입헌군주제 방식의 의회민주주의를 정착시킨다. 기득권의 약화로 한층 강력해진 부르주아 세력의 힘과 경제력은 영국이 오랫동안 세계 패권을 차지할 수 있는 국력의 기초가 되었고 나아가 산업혁명의 원동력이 된다. 이러한 경제 환경과 함께 목재가 부족하고 석탄이 풍부한 영국의 자원 환경도 영국의 산업혁명을 앞당긴 요인이라 볼 수 있다. 수많은 기계에 응용이 가능했던 제임스 와트James Watt(1736~1819)의 증기기관 이전에도, 토마스 뉴커먼Thomas Newcomen(1663~1729)이 최초로 발명한 증기기관이 있었는데 탄광에서 물을 배출케 하는 펌프였다고 한다.

경제패권의 중심이 영국으로 이동해 있던 18세기 하반기, 영국에서는 경제사에서 중요한 두 가지 이벤트가 발생하는데 산업혁명과 경제학의 태동이 그것이다. 특히 1776년은 제임스 와트의 증기기관이 처음으로 생산된 해이며 아담 스미스의《국부론》이 처음으로 발간된 해이기도 하다.

실제《국부론》을 저작할 때 아담 스미스는 당시 막 태동하던 산업혁명의 현장을 목격하지 못했다. 때문에 분업(수공업)과 무역을 생산요소가치, 즉 비용을 낮추어 '보이지 않는 손'을 잘 작동시키는 경제발전의 원동력으로 보았지만 만약 자동 기계를 통한 대량생산을 목격했다면 이것이 경제발전의 큰 원동력이 될 수 있음을 예견하였을 것이다.

아담 스미스 이후에도 상대우위론으로 유명한 경제학자 데이비드 리카도David Ricardo(1772~1823), 인구론으로 널리 알려진 맬서스Malthus(1766~1834) 등 유독 영국에서 많은 경제학자들이 배출된 것도 동인도회사 등을 통한 활발한 무역과 산업혁명을 통한 영국 경제의 급상승에 이유가 있다. 1776년 이후 약 100년간 영국은 증기기관을 이용하여 방적기, 증기선, 증기기관차 등을 개발해내며 타의 추종을 불허할 정도의 경제적인 도약을 하게 된다.

산업혁명 이후 영국의 경제는 급격히 성장하지만 어두운 면도 많았다. 자본가들의 부는 급격히 상승하여 국부는 증가했으나 노동자와 농민들의 삶은 여전히 비참했다. 1810년대 영국 중북부 공업 지역에서는 러다이트 운동(비밀결사 노동자들에 의한 기계 파괴 운동)이 일어났고 1840년대 아일랜드에서는 감자 기근으로 약 100만 명이 아사했다. 1838년에 발표된 찰스 디킨스Charles Dickens(1812~1870)의 소설《올리버 트위스트》는 산업화와 불평등이 동시에 진행되고 있는 당시 영국의 시대상을 잘 반영하고 있다.

# 홍차와 경제

자택, 직장, 찻집, 그리고 편의점 등 일상생활 속에서 우리는 여러 종류의 홍차와 마주친다. 다즐링(인도), 아쌈(인도), 실론(스리랑카) 등 재배한 지역의 이름으로 차를 부르는 경우도 있으며 자스민, 얼 그레이(베르가못 과일향 첨가), 민트티, 망고티처럼 첨가된 향에 따라 명칭이 정해지는 경우도 있다. 수많은 홍차 메이커에서는 여러 종류의 홍차잎을 배합하여 자기들만의 블렌딩 티를 제조한 후 '마르코 폴로' 등과 같이 고유한 명칭을 부여하기도 한다.

거의 모든 홍차 메이커들이 만들며, 같은 이름을 붙이는 블렌딩 티가 있는데 '잉글리시 블랙퍼스트'가 그것이다. '잉글리시 블랙퍼스트'는 메이커들이 만들어내는 홍차 종류 중에서 가장 향과 맛이 강하고 가격도 저렴한 축에 드는 경우가 많다. 아마도 산업혁명 이후, 출근 전 정신을 맑게 하기 위해 든든한 아침과 함께 차를 마시는 수많은 노동자들을 위해 개발된 차였기 때문일 것이다. 출근시간이 촉박한 노동자들은 '잉글리시 블랙퍼스트'와 우유를 섞은 밀크티를 아침 대용으로 마시기도 했다.

홍차가 귀족들과 부르주아들의 사치품에서 노동자들이 즐길 수 있는 기호식품이 된 것은 산업혁명 이후(특히 1800년대 초반 이후) 동인도회사가 중국에서 수입하는 홍차의 양이 급증한 때부터다. 이때부터 영국은 심각한 무역수지 적자에 빠진다. 사람이 필요한 모든 상품을 충분히 생산하던 중국은 홍차를 구입하는 대가로 다른 물건보다는 '은'만을 요구했고 동인도회사는 해가 지지 않는 각 나라들에서 벌어들인 은을 중국에 다 쏟아부어도 모자랄 지경이 되었다. 결국 동인도회사의 영국은 홍차 값으로 중국에 은을 지불하는 대신 인도에서 재배된 아편을 대량 유통하는 방법을 택했고 이는 결국 1840년부터 시작된 아편전쟁의 배경이 된다.

한편 영국은 심각한 무역적자 등 홍차와 관련하여 중국과의 갈등이 높아지자 1830년대부터 식민지인 인도의 다즐링 지역과 아삼 지역을 새로운 차 재배지로 선정하여 개발을 시작한다. 하지만 본격적으로 이들 지역에서 차가 생산된 시기는 1860년대로, 아편전쟁으로 이미 청나라가 크게 쇠퇴해지기 시작한 이후부터이다. 만약 인도에서의 차 생산 개발이 좀 더 빨랐다면 영국은 굳이 인도의 아편을 중국으로 보내고 중국의 차를 영국으로 가져올 필요 없이 바로 인도에서 차를 수입했을 것이고 세상의 판도를 바꾸었던 아편전쟁도 일어나지 않았을지 모른다.

1840년대부터 있었던 미국과 영국 범선들의 속도 경쟁도 홍차와 관련된 가십거리다. 홍콩에서 반출된 차를 신선하게 운반하기 위해서는 이를 운반하는 '클리퍼'라고 불리는 범선들의 속도가 중요하였다. 보다 빠른 속도의 범선으로 운반되는 차가 더 높은 가격에 거래되었고 수십 년간 레이스를 방불케 하는 신형 범선들의 속도 경쟁이 치열했다고 한다. 이 레이스는 범선은 이용할 수 없는 수에즈 운하가 개통되어 증기선이 차를 운반하는 주요 선박이 되면서 사라지게 되었다.

# 부르주아가 주도한
# 미국과 프랑스의 혁명

## 보스턴 차 사건,
## 동인도회사에 대한 경쟁 상인들의 행패?

1776년은 미국이 독립을 선언한 해이기도 하다. 7월 4일에 영국의 식민지였던 미국 13개주 대표들이 모여 토머스 제퍼슨Thomas Jefferson(1743~1826), 벤저민 프랭클린Benjamin Franklin(1706~1790), 존 애덤스John Adams(1735~1826)가 마련한 독립선언문을 채택하였다. 미국의 독립선언과 독립전쟁도 알고 보면 영국의 동인도회사와 관련이 깊다.

1773년 영국 정부는 당시 미국에서도 최대 무역 품목 중

하나였던 차에 대해 모든 밀수 거래를 금지하고 차에 대한 관세를 폐지하는 대신 모든 차의 교역은 동인도회사를 통해서만 가능하도록 관세법을 제정하였다. 이 조치로 사실상 차 가격은 하락했지만 차의 밀수를 통하여 부를 쌓던 미국의 상인(부르주아)들의 불만이 커졌다. 이들을 중심으로 한 반 영국 세력들이 어느 날 보스턴 항구에 정박해 있던 동인도회사 선박들에 실린 차를 모두 바다에 던지는데, 이른바 '보스턴 차 사건'을 일으킨다.

처음에는 미국 내 여론도 피해자인 영국에 우호적이었으나 사건에 대응한 영국 정부의 조치들이 너무 강경하여 영국 정부에 대한 반발이 심해졌고 결국 미국의 각 주들이 결집되어 독립선언과 독립전쟁을 하기에 이르렀다. 8년간 이어진 미국의 독립전쟁은 프랑스의 강력한 지원에 힘입어 1783년 승리하며 끝난다.

### 프랑스 대혁명과 미국 남북전쟁, 부르주아가 승리하고 산업화가 진행되다

하지만 독립전쟁은 미국을 지원했던 루이 16세Louis XVI (1754~1793)에게 비수가 되어 돌아오며 프랑스의 역사에 큰 영향을 끼친다. 산업혁명을 이미 시작하여 비약적인 경제성장을 이루던 영국과 달리 엄청난 자금으로 독립전쟁을 지원한 프랑스의 국가 재정은 파탄이 난 상태였다. 또한 독립전쟁을 위해 미국으로 건너갔다 돌아온 프랑스인들에게 미국의 자유 분위기는 꽤 많은 영향을 준 것으로 보인다. 결국 루이 16세는 할아버지인 태양왕 루이 14세Louis XIV(1638~1715)로부터 물려받은 화려한 빚을 갚아 나가기는커녕 늘어난 부채를 감당하기 위해 세금 부과 대상을 넓히려 했다. 이에 면세 특권을 누리던 기득권 세력인 귀족, 성직자들과 정치적 권리는 갖지 못하면서도 무거운 세금을 내고 있던 신흥 세력 부르주아의 갈등이 심화되었다.

이런 세력 간의 갈등 속에서 서민경제의 어려움도 심화되었고 루소 등 철학자들에 의해 전파된 계몽주의 사상, 미국으로부터 전파된 자유주의 사상 등이 융합되어 결국은 1789년 프랑스 대혁명이 일어난다. 결국 1793년 루이 16세가 단두대에서 처형되며 프랑스 왕정이 일단락되었다.

프랑스는 이후에도 공포 정치, 나폴레옹Napoléon(1769~1821)의 집권과 몰락, 왕정 복귀, 공화정 복귀, 나폴레옹 3세Napoléon III(1808~1873)의 집권, 프로이센·프랑스전쟁(1870~1871) 등 정치적으로 격정의 역사를 되풀이한다. 하지만 이런 역사 속에서도 프랑스는 비옥한 토지에서의 풍요로운 낙농업 산업, 우수한 인적자원, 그리고 왕 귀족의 몰락과 함께 득세한 부르주아 세력들의 경제력이 산업혁명을 받아들이며(영국에 비해 약 50년 늦은 1830년대에 시작하였지만) 경제적인 성장세를 꾸준히 이루어 강대국의 위치를 지켜왔다. 프로이센·프랑스전쟁 패전 후 과속하지 않은 산업화의 진행은 오히려 파리를 문화적으로는 매력적인 도시로 유지시켜주며, 이후 '벨 에포크' 시대에 문화의 중심지가 되도록 한 요인으로 추정된다.

금융, 무역 등의 발달로 부르주아의 세력 확대
↓
시민혁명으로 왕권 등 기득권 약화, 부르주아 세력 강화
↓
산업혁명

독일과 미국은 프랑스보다도 늦은 1850년대에 산업혁명이 시작되었으며 러시아는 1890년대가 되어서야 비로소 산업화 되기 시작하였다. 프로이센·프랑스전쟁 이후 독일은 풍부한 석탄과 프랑스로부터 되찾은 알자스 지역의 철광석 자원을 바탕으로 빠른 속도로 산업화를 진행할 수 있게 되었다. 미국의 남북전쟁(1861~1865)은 외견상 노예제도 폐지라는 인권적인 명분도 중요했지만 산업혁명의 진행 과정에서 노예라

는 노동력을 확보하려는 숨겨진 목적도 있었다. 한편, 이들을 통해 생산된 면화를 수출하고 대신 유럽의 공산품을 수입하는 식의 경제구조를 원했던 남부와 보다 많은 값싼 노동력이 필요했으며 산업혁명으로 생산된 상품들을 소화시키기 위해 보호무역을 원하는 북부와의 경제적 이해관계가 충돌한 것이다. 남북전쟁이 끝난 후부터 미국은 매우 빠른 속도의 산업화와 함께 오랜 번영의 시기를 맞는다.

| 투자자의 서재 속으로 |

## 의외로 중요한 역사,
## 프로이센·프랑스전쟁과 그 이후 이야기

프로이센·프랑스전쟁은 1870년에 일어나 1871년에 끝난 프로이센(빌헬름 1세Wilhelm I)과 프랑스(나폴레옹 3세)와의 전쟁이다. '철의 재상' 비스마르크Bismarck(1815~1898)의 강한 리더십으로 이 전쟁에서 승리한 프로이센은 곧이어 독일을 통일하며 강력한 독일제국을 탄생시켰다. 반면 패배한 나폴레옹 3세가 권좌에서 물러난 프랑스는 제국에서 다시 공화정으로 바뀌며 마침내 오랜 왕과 황제의 시대에 막을 내린다. 일반들에게는 덜 알려져 있지만 프로이센·프랑스전쟁은 어쩌면 1차 및 2차 세계대전의 시발점이라고도 볼 수 있을 정도로 이후 역사에 많은 영향을 끼친다.

일반적으로 이야기하는 전쟁의 원인은 독일의 통일을 위해 프랑스의 간섭에서 벗어나야 한다는 비스마르크의 결단이었다고 알려져 있다. 하지만 경제사관에서 보자면 독일(프로이센)이 산업혁명 시대에

돌입하며 현재 프랑스의 영토인 알자스-로렌 지역의 가치가 급격히 상승한 것에 기인한다. 원래 넓은 포도밭과 평야로도 인기가 높았지만, 1850년 무렵부터 독일(프로이센)에서도 산업혁명이 시작되자 이 지역의 철광석(프랑스 철광석 매장량 대부분이 이곳에 있다)이 주변 탄광 지역과 연계했을 때 효과가 엄청날 수 있기 때문에 독일로서는 절실하였을 것이다. 프로이센·프랑스전쟁의 결과로 이 지역은 약 40년간 독일령이 되어 독일의 산업혁명에 큰 공헌을 하게 된다.

알퐁스 도데Alphonse Daudet(1840~1897)의 소설《마지막 수업》은 전쟁의 결과로 이 지역이 독일의 영토로 넘어갈 때 있었던 마지막 프랑스어 수업 시간을 그려내며 프랑스인들의 애국심에 호소하고 있다. 이후 이 지역은 1차 세계대전에서 승리한 프랑스로 돌아갔다가 2차 세계대전 중에는 다시 독일의 손으로 넘어가고, 결국 2차 세계대전의 결과로 다시 되돌려져 현재 프랑스의 중요한 중공업 지역 역할을 하고 있다.

프로이센·프랑스전쟁을 통해 생겨난 프랑스 국민과 독일 국민 간 감정의 골은 상당히 깊었던 것 같다. 마지막 싸움에서 포위당한 파리 시민들은 동물원의 모든 동물(가장 인기가 많았던 코끼리가 가장 먼저 희생되었다 한다)과 심지어 쥐까지 잡아먹으며 버텼으나 결국 자존심을 굽히고 항복하였으니 그 트라우마가 엄청 심했을 것이다. 어쩌면 이때부터 1차 세계대전의 발발은 예견된 것인지도 모른다. 모파상Maupassant(1850~1893)을 유명 소설가로 만든 1880년 작품《비계 덩어리》의 배경도 이 전쟁이다.

패전 후 똘똘 뭉친 프랑스인들은 모금 활동까지 펼치며 엄청난 배상금을 2년도 채 되지 않아 갚아 나갔고 이후의 경제위기도 극복해낸다. 프로이센·프랑스전쟁 승전 직후 빌헬름 1세와 비스마르크는 베르사유 궁전 '거울의 방'에서 독일 제2제국 선포식을 가졌다. 약 50년이 지난 후 1차 세계대전 종전 후 승전국 프랑스 등과 패전국 독일이 체결했던 그 악명 높은 베르사유 조약도 같은 장소 '거울의 방'에서 이루어졌는데, 이는 프랑스인들의 자존심과 관계가 깊을 것이다.

　한편 프로이센·프랑스전쟁은 미국을 부강하게 한 여러 이유 중 하나가 되었다. 현존하는 미국의 최대 은행인 JP모건체이스의 창립자 J.P.모건John Pierpont Morgan(1837~1913)이 전쟁에서 패전한 프랑스 국채를 세상 사람 모두가 내다 팔 때 이들을 헐값에 매입하여 막대한 이익을 남긴 이야기는 유명하다. 그는 프랑스인들의 자존심, 엄청난 식량 생산 능력, 그리고 부르주아 세력의 확산 등을 고려하여 프랑스가 채무불이행을 하지 않을 것이라 판단했다고 한다. 이 투자로 막대한 이익을 보며 큰 자금력과 영향력을 가지게 된 JP모건체이스 은행은 미국이 위기에 빠질 때마다 이를 구제해주는 사실상 중앙은행 역할을 하였다. 우연인지 필연인지 미국의 연방준비제도가 시작된 시점은 J.P.모건이 사망한 해(1913년)의 12월이다.

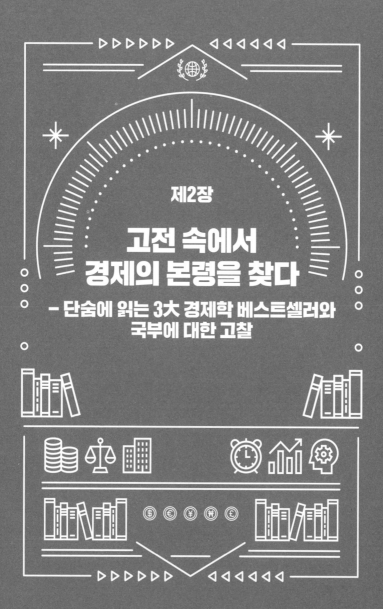

제2장

# 고전 속에서
# 경제의 본령을 찾다

**– 단숨에 읽는 3大 경제학 베스트셀러와
국부에 대한 고찰**

경제학의 3대 베스트셀러,
총 4,000페이지를 40페이지로 이해하자

그리스의 3대 철학자를 소크라테스, 플라톤 그리고 아리
스토텔레스라 칭하는 것처럼 아담 스미스, 마르크스와 케인
스를 역사상 가장 중요한 경제학자 3명으로 손꼽는 데에 큰
이견이 없을 것이다. 아담 스미스의《국부론》, 마르크스의《자
본론》, 케인스의《일반이론(1936년 발간, 원제는《고용, 이자, 화폐
의 일반이론The General Theory of Employment, Interest And Money》이다)》
은 아마 역사상 가장 많이 판매된 경제학 베스트셀러들이기
도 하다. 이 세 경제학자의 저서에 담긴 핵심적인 경제이론들
을 이해하게 된다면 경제학의 90%는 이미 소화했다고 보아
도 무방하다는 생각이다. 때문에 이 세 저서를 이해하는 일

은 선택이 아니라 필수다.

문제는 이 책들의 내용이 방대하다는 것이다. 내가 소장하고 있는 《국부론》 번역본은 총 1,136쪽의 분량을, 《일반이론》 번역본은 482쪽의 분량을 자랑하고 있다. 총 5권으로 나누어진 《자본론》 번역본의 1권(상)의 분량만 501쪽이니, 이 세 경제학자의 주요 저서 총 쪽수는 약 4,000쪽에 달할 것이다. 더 큰 문제는 번역본을 통하여 이들의 논지를 제대로 이해하기에는 문장들이 너무 어렵다는 데에 있다. 원래 어려운 내용이 많은 데다 워낙 옛날에 쓰인 글들이 번역된 탓이다.

그래서인지 이 중요한 저서들의 본질적인 내용을 제대로 이해하는 이가 그리 많지 않다는 생각이 든다. 입사 면접 등의 기회를 통하여 명문대의 경제학도들과 대화를 나눠봐도 이들이 '보이지 않는 손'을 잘 이해하기보다는 '보이지 않는 손'을 잘 외우고 있다는 느낌이 많이 들었다. 경제학은 구구단과 다르다. 4 곱하기 3이 12라고 외우는 것이 아니라 4개짜리가 세 덩어리 있으면 모두 12개일 것이다라는 식으로 'Why(왜)'와 'How(어떻게)'를 설명할 수 있는지 여부가 중요한 학문이다. '보이지 않는 손'을 이해한다는 것은 '보이지 않는 손이 무엇인가'를 서술하는 것이 아니라 '어떻게 보이지 않는 손이 작동하는지, 왜 그렇게 작동하는지'를 설명할 수 있어야 한다는 것이다.

세 경제학 저서들을 나 또한 100% 완벽하게 이해하고 있다고 생각지는 않는다. 하지만 어느 정도 저서들이 말하고자 하는 본질적인 것들을 나의 방식으로 이해하고 있다고 생각한다. 때문에 감히 수천 쪽 분량의 세 저서를 불과 수십 쪽에 불과한 분량으로 설명해보고자 한다. 중요한 것은 본질이고 그 원리이니, 혹시 세세한 부분에서 부족하거나 놓치는 점이 있더라도 독자들이 이해해주리라 믿는다.

이 장에서는 국부를 다루는 세 경제학 저서의 해설과 함께 국부의 증대를 위해 실행하는 정부의 경제정책, 국부 증가의 측정을 위한 경제지표의 이해와 한계점 등 거시경제 전반의 내용들을 다루게 된다.

# 경제학?
# 가치를 이해하면 보인다

흔히 경제학을 '선택의 기술을 가르치는 학문'으로 표현한다. 사람이 살아가며 만나게 되는 수많은 의사결정의 기로에서 합리적으로 선택하는 길을 제시하는 방법론이란 뜻일 것이다. 미래의 부를 보다 많이 확대시키는 선택의 방법을 제시하는 투자론도, 국가나 어느 지역의 보다 나은 부를 위한 선택의 기술인 재정학도 경제학에 포함된다. 물론 경제학은 선택을 할 때뿐만 아니라 세상에서 이미 일어났거나 지금 일어나고 있는 수많은 현상을 분석하고 미래에 일어날 수 있는 현상을 예측하는 데 사용될 수 있다. 헌데 이 모든 선택을 하고 분석하고 예측하는 등의 모든 경제학적 행위의 기준이 있다면 그것은 바로 '가치'일 것이다. 때문에 나는 경제학을 '가치를 다루는 학문'으로도 정의할 수 있다고 생각한다.

"재화는 가치를 지닌 물품을 의미하고, 용역은 가치를 지닌 서비스를 의미한다."

어느 인터넷 용어사전에서 경제학 용어인 재화와 용역에 대해 내린 정의다. 너무 간결하고 너무 핵심적인 정의라 실소를 머금었지만 과히 정확한 표현인 것은 사실이다. 다만 이 문장에서 '가치'라는 단어는 너무 많은 의미들을 포함하고 있어 이를 이해하기 위해서는 좀 더 많은 시간을 할애해야 한다. 가치의 의미를 제대로 이해하면 재화와 용역만이 아니라 경제학에 관련된 대부분의 이론이나 현상들을 설명해낼 수 있다.

## 가치의 세 종류를 이해하자

"콩국수 한 그릇이 만 원을 넘는다는 게 말이 돼?"

"그래도 너무 맛있잖아. 그러니까 저렇게 사람들이 줄을 서서 먹지."

"그러게, 콩 국물이 이렇게 맛있는 걸 보면 국산 콩일 텐데…… 아마 집에서 국산콩으로 이렇게 진하게 콩국수 만들어 먹으려면 재료비만 해도 만 원 넘게 들여야 하는데…… 이 집에서는 얼마 안 드는 모양이지?"

어느 유명 콩국수 집에서 흔히 있을 수 있는 대화이다. 이들은 단 세 마디의 대화에서 이미 세 가지 가치를 혼재하여 이야기하고 있다. 만 원이 넘는다는 콩국수의 실제 가격은 '교환가치'를, 줄을 서서 먹을 정도의 맛은 사람들이 소비를 통해 얻는 효용(만족감이나 행복감), 즉 '사용가치'를, 콩국수를 실제로 만드는 데 드는 비용은 '생산요소가치'라 할 수 있다. 즉 어느 한 사람이 한 사물에 대해 가치를 평가할 때에는 이 세 가지 가치 중 하나만을 사용할 수도, 또는 다수를 혼용할 수도 있으며 다수의 가치끼리 비교할 수도 있다.

가격과 비용은 장소나 시점 등 여러 상황이나 환경에 따라 변할 수 있지만 객관적인 데이터로 표현되므로 비교적 쉽게 측정할 수 있다. 반면 효용은 같은 상황과 시점이라도 소비하는 자의 주관적인 상황에 따라 크게 달라질 수 있기에 명확

| 가치의 종류 | | 간략한 정의 |
|---|---|---|
| 사용가치 | = 효용 | 재화나 서비스를 소비할 때의 효용(만족감, 욕망 충족도) |
| 교환가치 | = 가격 | 재화나 서비스를 사고팔 때 거래되는 가격 |
| 생산요소가치 | = 비용 | 재화나 서비스를 생산할 때 필요한 비용 |

히 측정하기 어렵다. 가격이나 비용이 정량적(수치로 표현할 수 있는)인 가치라면 효용은 분명 정성적(수치로 표현하기 어려운 질적인)인 가치이다.

정성적인 가치인 효용은 소비자의 필요성에 따라서도 재화의 희소성에 따라서도 크게 바뀔 수 있다. 예컨대 생수 1병의 효용은 소비자가 얼만큼 목이 마른가의 상황에 따라서 달라지고 주위에 마실 물이 얼만큼 풍부하거나 귀한 상황이냐에 따라서도 달라진다. 때문에 '이 물건의 효용이 저 물건의 효용보다 좋아'라는 식으로 일반적인 효용을 이야기할 때는 상황마다 달라지는 효용의 평균적이고 대략적인 개념으로 이해해야 한다. 예전부터 경제학에서는 이런 모호한 효용의 개념을 최대한 계량화하기 위해 '한계효용'이라는 개념을 도입했다.

비용, 즉 생산요소가치에는 일반적으로 3대 생산요소, 즉 토지, 자본, 노동에 쓰인 비용이 합산된다. 즉 어떤 상품을 생산할 때 비용은 이 세 분야로 분해될 수 있는데 예컨대 어느 빵집 주인이 빵집을 경영하는 데 매달 상점 임대료가 300만 원, 인건비(본인 포함)가 500만 원, 기타 빵 재료, 시설비 등의 모든 부대 비용이 800만 원이 든다면 한 달간 이 빵집에서 매출되는 모든 빵들의 비용은 토지비 300만 원, 노동비 500만 원, 자본비 800만 원 해서 총 1,600만 원으로 대략 계산될 것이다.

### ▨ 상품을 생산하기 위해 필요한 생산의 3요소
① 토지 (=자연자원) ② 노동 (=인적자원) ③ 자본 (=물적자원)

세상의 모든 재화와 용역, 즉 세상의 모든 상품들은 '효용, 가격, 비용'이라는 세 가지 가치를 지닌다는 것을 이해하자. 이 세 가지 가치는 이 책에서 앞으로 많은 경제 현상과 이론을 설명하는 가장 기본적인 개념이 될 것이다.

---

**알아두면 쓸모 있는 경제상식**

## 단박에 이해하는 '한계효용'과 '한계XX'

어떤 하나의 상품을 소비하면서 소비하는 개수가 증가할 때마다 추가로 얻게 되는 효용을 한계효용이라고 한다. 배가 고플 때 빵을 처음 1개 사서 먹을 때의 효용과 추가로 1개 더 사서 먹을 때의 효용은 다르다. 대부분의 경우 빵 2개째의 효용은 첫 번째 빵을 먹을 때보다 감소한다. 1개씩 빵을 추가할 때마다 지금까지 먹은 모든 빵에 대한 총 효용은 증가하지만 한계효용이 점점 떨어지는 현상을 경제학 용어로 '한계효용 체감의 법칙'이라고 부른다.

빵을 계속 먹다가 어느 순간 빵을 추가하여도 효용은커녕 불쾌감이 증가하는 상황이 생기는데 이때는 '한계효용 마이너스'의 상황이며 총 효용도 감소하게 되는 것이다.

한편 경제학에서는 '1단위 변수를 추가할 때마다 변하는 결과치'를 '한계XX'라는 용어로 표현한다. 예컨대 노동자 1인을 추가할 때마다 증가하는 생산량의 변화분을 '노동의 한계생산량'이라 표현하고 소득이 증가할 때마다 증가하는 소비량의 변화분을 '한계소비량'이라 부르는 식이다.

## 베스트셀러 1: 《국부론》
# '보이지 않는 손'은
# 어떻게 작동되나?

1776년 아담 스미스가 발표한《국부론》은 흔히 '경제학의 성경'으로 불린다.《국부론》의 원제는 "An Inquiry into the nature and causes of the Wealth of Nations(국부의 성격과 원인에 대한 연구)"이다. 그는 '영국은 스페인처럼 많은 금과 은, 프랑스처럼 넓고 비옥한 농토도 없는데 어떻게 다른 나라들 못지않게 잘사는 것일까?'라며 국부의 원천에 대한 의문을 가져 고찰을 시작하게 되었다고 한다.

《국부론》은 그 내용이 과히 이전의 철학 책들과 달라 이들과 구분 짓기 위해 역사상 처음으로 경제학이라는 용어로 불리었다. 아담 스미스를 경제학의 아버지로 부르는 이유이다.

ADAM SMITH

《국부론》이 이전의 철학 책들과 구분되는 가장 큰 다른 점은 인간을 마냥 도덕적인 존재로 보지 않고 이기적이고 합리적이기에 자신의 이익을 위해서라면 도덕적이지 않은 행동도 하는 존재로 보았다는 것이다. 1,000쪽이 넘는 《국부론》을 요약하거나 해석하는 서적은 수없이 많다. 일반적으로 이들은 다음과 같이 《국부론》을 요약한다.

① 개인의 이기심, 즉 '합리성'이 보이지 않는 손의 원동력이다. 빵집 주인이 빵을 생산하는 것은 빵집 주인의 이기심 때문이지 그가 사람들에게 호의를 가지고 있기 때문이 아니다.

② 보이지 않는 손에 의하여 경제는 자연적으로 발전한다. 때문에 정부는 경제 시스템의 개입을 최소화하고 시장에 맡겨야 한다.

③ 분업이 부의 원천이 된다. 한 사람이 핀을 만들면 하루에 20개도 못 만드는데 열 사람이 분업을 하면 하루에 5만 개 가까운 핀을 만들어낼 수도 있다.

④ 정부의 개입은 최소화되어야 하지만 가로등과 같은 공공재를 생산하고 독점을 방지하는 등 시장의 질서를 유지하기 위한 파수꾼, 스포츠 경기의 심판과 같은 역

할을 해줘야 한다.

⑤ 국부는 화폐(금, 은)의 축적이 아닌 상품의 생산과 교환에서 발생한다. 때문에 중상주의의 보호무역은 옳지 않으며 자유무역이 필요하다.

많이들 익히 알고 있는 요약 내용이다. 하지만 이해가 가는가? 빵집 주인의 이기심이 왜 보이지 않는 손을 작동시켜 어떻게 경제를 발전시키는지 설명할 수 있는가? 나의 경우 과거에는 원작을 읽어보아도(230년이 넘은 고전의 번역본에다 주제가 경제라니), 여러 해설판을 읽어보아도 제대로 이를 설명할 수 없었다. '보이지 않는 손'이 뭘 말하는 건지는 알겠으나 어떤 원리로 작동하는지 간결하게 설명하여 상대방을 이해시키기에는 부족했다. 다른 전문가들의 설명을 들어봐도 잘 납득이 되지 않았다.

그러는 와중에 문득 천사의 빛처럼 내려온 생각이 모든 것을 해결해주었다. 앞에서 이야기했던 효용, 가격, 비용, 이 세 종류의 가치는 《국부론》만이 아니라 마르크스의 《자본론》과 케인스의 《일반이론》 등 수많은 경제학자들의 이론을 이해하는 중요한 단서가 되었다. 지금부터 시작되는 가치를 통한 경제이론들의 설명은 복잡하고 방대한 양의 정보를 필자의 방식으로 최대한 단순화시킨 것이다. 때문에 100% 정확한 디테일을 전달하려는 것이 아니라 간결하게 본질을 전달하고자 하는 것이 다음 설명의 최대 목표임을 이해해주었으면 하는 바람이다.

## 세 가지 가치로 본 '보이지 않는 손'의 원리

1. 〈그림 1〉처럼 어느 상품을 만들어내는 비용보다 판매되는 가격이 높을 경우 시장에선 어떤 상황이 발생할까? '생산활동이 자연스레 발생할 수밖에 없다. 가격과 비용의 차이만큼 이윤이 발생하기 때문이다. 즉, 빵집 주인이 빵을 생산하는 이유는 빵을 만드는 비용보다 빵을 판매할 때의 가격이 높기 때문이다. 가격과 비용의 차이가 커지면 커질수록 생산활동은 더욱 활발히 이루어진다.

2. 〈그림 2〉처럼 판매되는 가격보다 이를 사용할 때 느끼

는 효용이 더욱 높은 경우 시장에서는 어떤 활동이 발생할까? '소비'활동이 자연스레 발생할 수밖에 없다. 효용과 가격의 간격이 넓을수록 소비활동은 더욱 활발해진다. 반면 빵 값을 사람들의 효용보다 높게 책정하거나 주위의 빵집보다 높게 책정할 경우에 그 빵은 소비되지 않을 것이다.

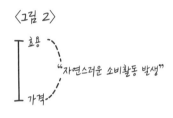

〈그림 2〉

효용
"자연스러운 소비활동 발생"
가격

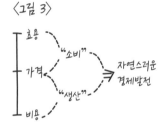

〈그림 3〉

효용
"소비"
가격        자연스러운
"생산"      경제발전
비용

3. 결국 〈그림 3〉처럼 가격이 효용과 비용의 사이에 존재하면 자연스레 생산과 소비, 생산을 위한 투자활동이 생성되며 경제를 발전시킨다. 효용과 비용의 차이가 크면 클수록 생산과 소비활동들은 더욱 활발해질 것이고, 때문에 경제는 더

욱 발전한다. 즉 효용과 비용의 차이가 만들어내는 자연발생적 경제활동이 국부의 원천이 된다.

〈그림 4〉

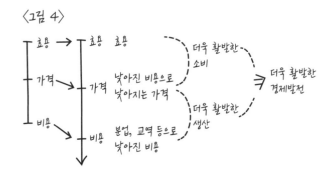

4. 분업은 상품을 생산하는 비용을 낮춰주는 데 현격한 기여를 한다. 즉 〈그림 4〉처럼 분업으로 효용과 비용의 차이가 확대되어 더욱 활발한 경제활동이 일어나므로 분업이야말로 최고 부의 원천이라 할 수 있다. 무역(국가 간 분업)도 상품의 생산비용을 낮추는 데 큰 기여를 하기에 보호무역보다는 자유무역이 국부에 도움을 준다. 어느 상품을 생산하는 데 자국에서는 5의 비용이 들고 다른 나라에서는 3의 비용이 든다면 상품을 수입하는 것이 더 활발하게 '보이지 않는 손'을 작동시키기 때문이다.

5. 가격이 자연스럽게 효용과 비용의 사이에 존재하는 것이 일반적이므로 경제는 자동적으로 발전하게 되어 있다. 때

문에 정부는 이렇게 자동적으로 작동하는 '보이지 않는 손'에 일부러 개입할 필요가 없다. 하지만 가끔씩 가격과 효용의 차이가 너무 가까울 때 소비활동이 위축되기 때문에 보이지 않는 손의 작동이 원활하지 않을 수 있다. 때문에 독점이나 담합을 통한 인위적인 가격 상승을 정부는 감시하고 막아내는 파수꾼 역할을 해야 한다.

### ▨ '보이지 않는 손' → 자유시장주의 경제학의 이론적 토대
"일반적으로 상품의 가격이 생산비용보다는 높고 상품의 효용보다는 낮은 지점에 위치하고 있는 것은 자연스러운 일이다. 그리고 가격이 생산비용과 효용의 중간에 위치하는 한 생산과 소비활동이 자연스럽게 발생하여 국부가 발생하게 된다. 때문에 정부는 개입하지 않고 시장을 자유롭게 두어야 한다."

우리는 이제 '보이지 않는 손'을 포함한 《국부론》의 핵심 내용들을 이해하게 되었다. 아담 스미스는 국부를 그 나라가 가지고 있는 금이나 은, 땅덩어리도 아닌 국민들이 소비하고 생산하는 상품의 가치로 생각하였다. 더 많은 상품이 생산되어 소비되면 더 많은 경제발전이 이루어진다는 의미이다. 이 개념은 현재 나라의 경제성장을 측정하는 일반적인 통계치인 GDP(국내총생산)의 개념과 거의 같다. GDP는 어느 국가 안에서 가계, 기업, 정부 등 모든 경제주체가 일정 기간 동안 생산활동에 참여하여 창출한 부가가치로 정의되는데 그 부가가치의 계산은 최종 생산물의 거래된 시장가격의 총계로 하고 있기 때문이다.

## 조선에도 《국부론》이 있었다 : 케인스보다도 더 먼저 소비를 강조한 실학자 박제가의 《북학의》

'소비가 경제의 핵심'이라는 생각을 케인스보다도 먼저 주장한 이가 놀랍게도 우리나라에 있었는데 중상학파 실학자로 유명한 박제가 (1750~1805)이다.

그는 백성들의 근검절약하는 생활 풍습을 우리나라가 가난한 이유로 꼽으며 '우물물을 계속 길어야 마르지 않고 물이 계속 솟는다'며 소비와 생산의 관계를 역설했다. 이외에도 그는 '가장 약했던 신라가 삼국을 통일한 이유는 외국과 바다를 통한 무역을 한 데 있었다'며 외국과의 적극적인 통상을 주장했다. 또한, 나라 안에서는 활발한 유통을 위한 수레와 수레를 위한 길의 필요성을 주장하는 등 현대에 와서 재평가된 그의 경제학적 식견은 놀라울 정도이다. 상인을 천대하던 당시의 사농공상 제도를 폐지하고 상인의 수를 늘려야 나라가 부강해진다고 주장하기도 하였다.

그와 동시대 인물이라 할 수 있는 아담 스미스(1723~1790), 데이비드 리카도(1772~1823), 장바티스트 세Jean-Baptiste Say(1767~1832)와 같은 고전학파 경제학자들은 모두 소비보다는 공급에 경제의 초점을 맞추었다. 유효수요, 즉 소비를 강조한 케인스(1883~1946)는 박제가보다 100년 이상 후대의 인물이니, 경제를 발전시키기 위해서는 절약하지 않고 소비해야 한다는 그의 주장은 과히 그 시대에서는 선구적이었다 할 수 있다. 청나라의 문물을 소개하며 부국을 위한 그의 주장을 펼친 저서《북학의北學議》(1778)를 처음 내어놓은 시기도《국부론》(1776)과 비슷하다.

그는 연암 박지원의 제자였고 추사 김정희의 스승이었다. 박지원은 그가 쓴《북학의》를 보고 자신의 저서《열하일기熱河日記》(1780)와 그 뜻이 일치하여 마치 한 사람이 두 저서를 지은 듯하다고 하였다. 박제가는 수려한 외모와 해박한 지식으로 청나라에서 인기가 높았는데, 그의 제자라는 이유만으로 추사 김정희는 처음부터 청나라에서 환대를 받을 수 있었다고 한다.

하지만 그의 주장들은 당시 조선의 현실에서는 너무나 급진적인 것들이라 주위의 많은 반대와 조롱에 부딪쳤다. '우리말을 버리고 백성이 중국말을 써야 한다'는 등 경제적인 가치에 너무 경도되어 무리한 주장을 펼치기도 하였는데 이런 치우친 일부 주장 때문에 결국 그의 모든 주장들이 폄하된 것은 아닌지 추리되어 안타까운 마음이 크다. 그는 결국 노론 벽파의 미움을 받아 유배형에 처해지고 2년 반의 유배 생활 후 곧 (그의 주장 중 아무것도 관철시키지 못한 채) 생을 마감한다.

복잡한 경제환경 속의 현대사회에도 박제가처럼 '모든 사람이 잘살아야 한다'는 목표로 경제의 본질을 꿰뚫어보는 경제학자들이 많이 존재한다. 그들의 주장을 당파의 이념과 상관없이 잘 선별해 채택할 수 있는 정치인들의 혜안이 있었으면 하는 바람이다.

## 세 가지 가치로 본 경제발전의 원동력

가치를 통해 보이지 않는 손의 작동원리를 해석하는 방식은 더 나아가 다음과 같이 경제에 대해 더 많은 것을 설명해 낼 수 있다.

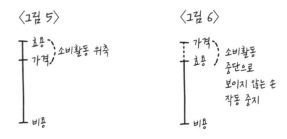

〈그림 5〉처럼 상품들의 가격이 너무 높아져 효용에 가까워질수록 소비활동은 위축되어 경제활동이 저하될 가능성이 높아진다. 상황이 더욱 악화되어 〈그림 6〉과 같이 시장이 과열되어 가격이 효용보다도 높은 상황이 되면 보이지 않는 손이 작동하지 않아 경제에 큰 해가 될 수 있다. 예컨대 1980년대 후반 일본의 부동산과 주식 버블, 2000년대 초반의 IT 버블, 금융위기 전의 서브프라임 모기지와 같은 부동산 버블들, 심지어는 네덜란드 튤립 버블 후 경제가 크게 손상되는 경우 등 수많은 역사적 사실들도 이 논리로 설명된다.

〈그림 7〉

또 한편으로는 〈그림 7〉처럼 가격이 너무 낮아져 비용과 근접할 경우 생산활동 측면에서의 경제활동이 위축될 수 있다. 소비력의 감소, 즉 수요의 감소는 상품 가격의 하락으로 이어져 이런 상황으로 연결될 수 있다. 이 상황을 극복하기 위해 생산자들은 끊임없이 상품의 비용을 낮추는 데 심혈을 기울인다.

아담 스미스가 분업이 경제발전의 원동력이라 그렇게 강조한 것도, 경제학자 리카도가 '비교우위론'을 통해 교역이 상품 생산의 비용을 낮추는 데 크게 기여하므로 자유무역을 해야 한다고 주장한 것도, 경제학자 슘페터Schumpeter(1883~1951)가 기업의 혁신이 경제발전의 원동력이 된다는 주장을 펼친 것도 모두 상품 생산에 드는 비용을 낮춤으로써 비용과 가격의 격차를 넓혀 보이지 않는 손을 더욱 원활이 작동시키기 때문이라고 해석할 수 있다.

〈그림 8〉

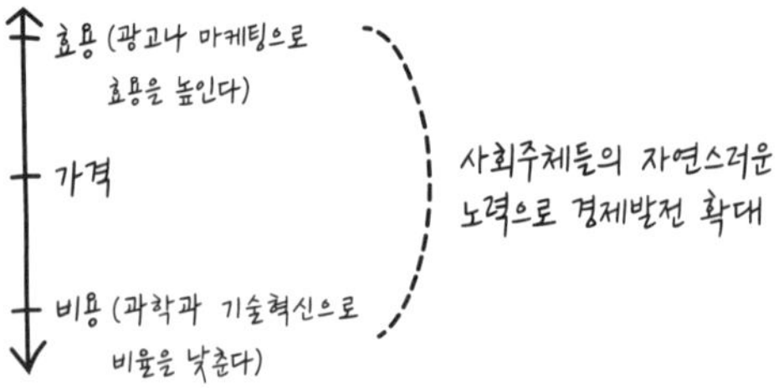

효용 (광고나 마케팅으로
        효용을 높인다)

가격

비용 (과학과 기술혁신으로
        비용을 낮춘다)

사회주체들의 자연스러운
노력으로 경제발전 확대

　〈그림 8〉에서 볼 수 있는 것처럼 분업과 무역을 포함한 많은 과학과 기술 혁신은 상품의 비용을 낮추거나 새로운 상품의 효용을 탄생시키고 기존 상품의 효용을 높이기 위해 존재한다고 해도 과언이 아닐 것이다. 철기의 생산과 산업혁명은 세상에 존재하는 수많은 생산물의 비용을 엄청 낮췄기에 경제발전에 어마하게 기여하였다. 시멘트, 자동차, 세탁기, 전화기, 화학비료의 발명은 건축 비용, 운송 비용, 세탁 비용, 통신 비용, 농사 비용을 크게 낮춰주며 경제를 발전시켜왔다. 영화나 TV는 비용에 비해 새롭고도 강력한 효용을 탄생시키며 경제를 발전시켰다. 이런 원리를 통해 과학은 경제를 지속적으로 발전시키는 역할을 한다. 한편 광고나 마케팅도 소비자들의 상품에 대한 효용을 이래저래 높이며 소비를 촉진, 경제를 보다 활성화시키는 역할을 한다고 볼 수 있다.

과학과 기술 혁신 → 상품의 생산비용 하락 → 비용과 효용의 차이 확대
→ 생산 & 소비량 증가 → 경제발전

과학과 기술 혁신 → 새로운 상품의 탄생 → 새로운 효용의 탄생
→생산 & 소비량 증가 → 경제발전

이런 논리를 통하여 우리는 자신의 일을 하는 수많은 사람들이 자신도 모르게 국가의 경제발전에 기여하고 있다는 사실을 알 수 있다. 더본코리아의 백종원 대표와 같은 요식업 사업가는 비슷한 효용을 제공하지만 생산요소비용이 보다 낮은 먹거리 상품을 저렴한 가격에 제공함으로써 '보이지 않는 손' 기능을 활성화하여 경제에 기여한 셈이다. 또, 어느 과자회사가 평소의 감자칩에 벌꿀을 살짝 가미하여 큰 비용의 증가 없이 보다 높은 효용의 상품을 소비자에게 제공할 수 있었다면 이 또한 효용의 증대를 통한 '보이지 않는 손' 기능을 활성화하여 경제에 기여한 예가 되는 것이다.

하지만 이 경제에의 기여는 어떤 인류애적인 감정 때문에 일어나는 것이 아니라 이윤을 내려는 생산 판매자의 이기심 때문이다. 생산자가 자유시장의 경쟁 속에서 생존하기 위해 자연스레 실행하는 효용의 증대 노력, 비용의 감소 노력이 곧 경제를 지속적으로 발전시켜나가는 원동력이며 이러한 논리가 '보이지 않는 손'과 《국부론》의 핵심인 것을 이해하자.

# 스마트폰, 금융위기의 극복에 기여하다?

"금융위기가 발생했을 때 상황은 절망적이었죠. 많은 분들이 비관적인 전망을 쏟아내었죠. 그러는 와중에 스마트폰이 탄생하였고 이내 대중화되는 것을 보고는 이 스마트폰이야말로 수많은 상품을 생산하는 비용을 낮추어주기에 경제발전에 큰 도움이 되고 결국 금융위기에서 벗어나게 해주는 주요 동력이 될 것이라 생각했어요."

어느 경제 관련 팟캐스트(팟빵)에 출연하여 효용, 가격, 비용의 가치를 이용한 '보이지 않는 손'을 설명하고 경제발전에 기여한 과학기술 발전의 예시로 스마트폰을 든 적이 있었다. 곧바로 사회자의 질문이 이어졌다.

"스마트폰이 경제에 큰 도움이 되었다고요? 하지만 이것 때문에 어려움을 겪는 사람들도 얼마나 많은데요? 책이 안 팔리니까 출판사도 어려워지고, 신문 배달원도 사라지게 되었고 말이죠. 스마트폰이 경제를 활성화시킨 예라면 어떤 것이 있죠?"

"팟캐스트(팟빵)요."

팟캐스트(팟빵), 유튜브, 배달 어플리케이션, 핀테크 등등 스마트폰은 스스로 상품이기도 하지만 상당히 많은 종류의 상품을 소비자들에게 공급하는 생산 수단이 되기도 했다. 결과적으로 수많은 서비스와 재화를 생산할 때 드는 비용을 절감시켜주었다. 그래서 비록 이 때문에 경쟁력이 약화되어 어려워진 일부 산업이 있기는 하겠지만 총체적으로 스마트폰을 통한 경제활동은 어마어마하게 커졌을 것이라 쉽게 추론할 수 있다. 현재 전 세계의 주식시장을 이끄는 FANG(페이스북, 아마존, 넷플릭스, 구글)은 스마트폰이 견인한 경제성장을 증명하는 거대 기업들이다.

## 베스트셀러 2: 《자본론》
# '보이지 않는 손'은
# 고장 날 것이다

### 마르크스는 왜 자본주의의 몰락을 확신했나

많은 사람들이 마르크스는 자본주의를 무조건 나쁜 것으로 보고 전면 부정했던 경제학자로 생각하고 있겠지만 사실 꼭 그런 것은 아니다. 오히려 그는 자본주의의 탁월한 성과를 인정한 경제학자다. 그가 주장한 것은 자본주의가 상당한 경제적인 성과를 내지만 그 절정기에 구조적인 문제로 몰락할 것이며, 몰락한 자본주의가 남겨놓은 비옥한 경제적 산물을 사회주의가 획득하고 이에 뿌리내려야 한다고 주장하였다. 그는 자본주의의 몰락은 자본주의의 모순으로 인한 노동자들의 반발과 혁명을 통해 완성될 것이라고 예견하였다. 그리고 그 필연성을 증명하기 위해 20년간 연구에 몰두하였고 그 결과물이 《자본론》으로 나오게 된 것이다.

물론 예견한 혁명은 일어나지 않았다. 자본주의의 종말이 없었기에 그의 주장과 이론이 완전히 틀렸다고 평가하는 사람도 많다. 하지만 1930년 전후에 있었던 전 세계적인 대공황으로 자본주의는 마치 마르크스가 예언했던 노동자 혁명 단계의 직전까지 그대로 현실화되는 상황을 경험하였다. 대공황 이전과 이후에도 자본주의 체제는 숱한 위기를 거쳐야만 했고 현재도 자본주의 체제가 반복되는 경제위기의 트라우마에서 완전히 벗어났다고 아무도 단언할 수 없는 상황이다. 게다가 노동운동, 계획경제, 사회민주주의 등 마르크스가 주장했던 여러 모습들은 이미 어느 정도 수정된 모습으로 현재 자본주의 시스템에서 인정되며 존재하고 있다.

우리가 알아야 할 중요한 것은 그가 도대체 어떤 이유와 논리로 자본주의의 종말을 예견했는가에 있다. 비용과 효용의 사이에 가격이 형성되는 것은 너무나 자연스러운 현상이기에 '보이지 않는 손'이 작동하지 않을 것이라고 예상한다는 것은 명확한 근거를 가지고 있지 않으면 불가능하다. 가만히 두어도 돌아간다는 '보이지 않는 손'이 어떤 이유로 작동하지 않을 수 있는가 하는 확신에 찬 마르크스의 생각을 읽는 것은, 자본주의의 보다 나은 미래의 해법을 위해 매우 중요한 일이다. 고장 난 것을 제대로 수리하려면 고장의 원인을 제대로 알아야 하기 때문이다.

## 자본주의 오작동의 원리

자본주의가 발전할수록 생산물의 양은 점점 커진다. 과학과 기술 혁신의 발전으로 생산비용이 계속 하락하기 때문이다. 아담 스미스를 비롯한 고전경제학파 경제학자들은 이렇게 생산된 모든 상품들은 가격이 효용보다 낮게(잘 안 팔릴 때는 상당히 낮게) 형성된다면 소비될 수 있다고 믿었다. 생산된 것은 결국 모두 소비된다는 장바티스트 세의 '세의 법칙'은 고전경제학파의 중요한 기본 논리이다.

하지만 마르크스가 지적한 문제는 그렇게나 많이 생산된 상품의 수요자 대부분이 노동자들이라는 것이다. 생산물은 계속 많아지는데 이를 모두 소비시키려면 바로 소비의 주체인 노동자들의 소득도 그만큼 늘어나야 한다. 하지만 마르크스는 자본주의의 생리상 이윤을 배분하는 주체인 자본가는 노동자들에게 그만큼의 돈을 나눠주지 않을 것이라 생각했

KARL MARX

다. 지주도 상품 가격의 상당 부문을 지대(임대료)로 보상받고자 요구할 것이므로 결국 노동자들에게 돌아갈 몫은 증가하는 상품의 양에 비해 점점 줄어들 것이라 보았다. 아무리 가격보다 효용이 높아도 소비자가 그 가격을 지불할 돈이 없다면 소비활동이 멈춰 보이지 않는 손이 작동하지 못하는 상황이 올 것이라는 논리가 가능하다. 생산량이 많아지면 이를 소비할 돈이 더 필요해진다. 결국 생산이 절정을 이루는 자본주의의 황금기에 노동자의 소득 총계와 생산금액 총계의 차이가 극대화될수록 시스템 오작동 가능성이 높아진다는 것이다. 자본주의가 가장 융성할 때 자본주의의 붕괴가 발생한다는 그의 예견은 이 논리와 통한다.

한편, 생산되어도 소비가 되지 않는 상품은 자본가들의 손해로 연결된다. 이들의 손해는 결국 생산활동의 침체로 이어지며 이는 다시 노동자의 소득 저하로 이어져 소비를 감소시킨다. 결국 효용, 가격, 비용의 가치 매커니즘으로 움직이던 보이지 않는 손 엔진이 멈추면서 경제는 피폐해지고, 소득이 사라져 소비를 하지 못하는 노동자들은 어려움을 견디다 못해 혁명을 일으켜 자본주의를 붕괴시킨다는 것이 수천 쪽에 달하는 《자본론》의 요지라 할 수 있다.

《자본론》이 발표된 지 약 60년 후 미국을 중심으로 마르크스가 예언한 보이지 않는 손의 오작동 현상과 유사한 상황이 실제로 발생했다. 바로 전 세계를 공포로 몰아넣었던 대공황이다.

## AI와 로봇의 등장: 이제 인간들의 직업은 사라지는 것일까?

"앞으로 로봇들이 일을 다하면 사람들은 어떻게 먹고 사노?"

"로봇이 못하는 무슨 일이든 하며 살 거 같은데?"

"앞으로는 펀드매니저 직업도 없어지지 않을까? AI가 수익률이 더 좋을 테니 말이야."

"……."

2016년 알파고와 이세돌의 바둑 대결에서 이세돌이 패전한 사실은 이를 지켜보던 사람들에게 큰 충격을 안겨주었다. 이후부터 많은 사람들이 앞으로 결국에는 인공지능의 시대가 오리라는 생각을 가지게 된 듯하다. 로봇의 진화도 빠르다. 불과 몇 년 전만 해도 천천히 걷는 2족 로봇도 만들기 힘들었지만, 지금은 경사진 지역에서도 걷고 뛰거나 공중제비까지 할 수 있는 휴머노이드 로봇들까지 보인다.

1998년 방한했을 때 당시 김대중 대통령에게 "첫째도 브로드밴드(초고속 인터넷), 둘째도 브로드밴드"라고 조언했던(결국 이 조언은 시의적절하였다) 소프트뱅크의 손정의 회장이 2019년에 다시 방한하여 문재인 대통령을 만나서는 이렇게 조언했다. "첫째도 AI(인공지능), 둘째도 AI"라고 말이다. 앞으로 인공지능 분야에 막대한 자금들이 계속 투입될 것이며 그 발전 속도도 기하급수적이 될 것이라는 생각이 들게 하는 대목이다.

인공지능과 로봇의 발전이 우리 인간의 삶에 어떤 영향을 주게 될까? 보이지 않는 손의 원리를 생각하면 인간 세상에 필요한 재화나 서비스를 생산하는 데 필요한 비용은 혁신적으로 낮아질 것이다. 때문에 보다 많은 생산이 가능해져 경제발전에 큰 몫을 하게 될 것이다. 하지만 마르크스에 의하면 너무 많은 생산과 이에 비해 낮은 소비자들의 소득으로 인해 보이지 않는 손이 오작동을 일으킬 수 있음을 경제 정책가들은 유념해야 할 것이다.

AI와 로봇의 발전에 대해 일반 사람들이 가장 궁금해하는 것은 미래에 결국 이들에 의하여 사람들의 직업이 다 사라지는 것은 아닌가 하는 것일 것이다. 사람처럼 아니 그 이상의 능력으로 생각하고 움직일 수 있는 로봇들이 대량생산된다면 충분히 그럴 개연성이 있어 보인다. 하지만 현재 우리는 자본주의 체제에서 살고 있고 AI나 로봇을 개발하는 주체는 기업들임을 상기해보자. 자본주의 체제는 보이지 않는 손이 계속 작동해야만 유지될 수 있고 이를 위해서는 기업이 생산하는 상품을 구매할 소비자와 소비할 돈이 필요하다는 것도 상기하자.

산업혁명 이후 과학이나 기술의 혁신은 수많은 직업이 사라지는 배경이 되었다. 하지만 반대로 수많은 직업을 탄생시키는 역할도 하였다. 자동차의 탄생으로 마부가 사라지는 대신 택시 운전사라는 직업이 새로 생기고 스마트폰의 개발로 신문사나 출판사들이 많은 어려움을 겪는 대신 유튜브나 팟캐스트 플랫폼을 이용한 작은 방송국들이 우후죽순 생겨나고 반도체 산업은 호황을 누렸다. 이처럼 AI와 로봇의 발전으로 많은 직업들이 사라지게 될 것이지만, 동시에 우리들이 알지 못했던 새로운 직업들이 많이 생겨나리라고 예상한다.

한편 새로운 직업을 통해서든 아니면 정부의 보조금을 통해서든 소비자들은 어느 정도 새로 생산되는 상품을 소비할 돈을 지급받게 될 것이다. 아니면 정부가 직접 상품을 구입하여 사용자들에게 나누어 주는 복지정책이 확대될 수도 있을 것이다. 어떤 식이든 생산된 상품이 소비되어야 보이지 않는 손이 계속 작동되고, 보이지 않는 손이 계속 작동하여야만 기업이 이윤을 만들어내고 AI와 로봇의 발전을 지속시킬 수 있을 것이다. 때문에 자본주의 시스템이 지속되는 한, 또 이 시스템을 유지하기 위해서라도 소비자들에게는 필요한 소득이 지급될 것이다. 이로써 이 소득을 위한 새로운 직업들은 계속 생겨날 것이라는 예상을 해보게 된다. 사라질 직업에 대한 막연한 불안감보다는 앞으로 새롭게 탄생할 새로운 직업들에 대한 희망을 가지는 것이 낫지 않을까?

# 보이지 않는 손이
# 보여주지 않는 영역,
# 정부의 경제 개입

경제활동의 3대 주체로 가계, 기업, 정부를 꼽는다. 하지만 정부의 개입 없이도 국가경제는 충분히 작동할 수 있다는 '보이지 않는 손'의 원리에서는 기업의 생산활동과 가계의 소비활동 두 가지만이 크게 부각되고 있다. 하지만 현 세대에서는 국가경제에서 정부가 차지하는 역할이 상당히 클 수밖에 없다는 사실에 어떤 이견도 없을 것이다. 정부의 역할을 크게 강조하는 케인스의《일반이론》을 이해하기에 앞서 정부가 실행할 수 있는 두 가지 경제정책, 통화정책과 재정정책에 대해서 알아보자. 엄밀히 따지면 통화정책을 실행하는 대부분 중앙은행의 경우 정부와는 독립된 별도의 기관으로 봐야 하지만 경제적인 공권력을 공유한다는 이유로 통상 포괄적인 개념의 정부에 포함하고 있다.

## 가뭄과 홍수에 수문을 열고 닫는 중앙은행의 통화정책

각국의 중앙은행들은 시중 물가를 일정 목표 범위 내에서 움직이게 하고 국내 경제를 적정 수준으로 발전시키는 매우 중요한 역할을 수행하며, 이를 위해 시중에 유통되는 자금(통화량)의 양을 조절하는 엄청난 권한을 부여 받아 실행하고 있다. 이들은 기준금리 수준 결정, 시중 은행의 지급준비율 결정, 통안채 발행량 조정 등의 방법을 통해 시중 통화량을 조절하는데 이 중 기준금리 수준을 조절하는 방식이 가장 강력한 방식으로 통용된다.

기준금리는 시장에서 유통되는 시장금리가 아니라 유일하게 인위적으로 결정하는 정책금리다. 주로 중앙은행이 시중 은행에 단기 자금을 빌려줄 때의 금리를 뜻하는데, 예컨대 한국의 기준금리는 한국은행이 시중 은행과 거래하는 단기 금리의 일종인 7일물 RP금리이다. 기준금리를 낮추면 시중 은행들도 더 낮은 금리로 자금을 가계나 기업에 대출해줄 수

| | 통화량 확대 | 통화량 흡수 |
|---|---|---|
| 기준금리 | 인하 | 인상 |
| 지급준비율 | 인하 | 인상 |
| 통안채 발행 잔고 | 축소 | 증가 |
| 효과 | 풍부해진 시중 자금으로 경제를 활성화시킨다. | 축소된 시중 자금으로 경제 과열, 물가 상승을 진정시킨다. |
| 부작용 | 물가를 상승시킬 수 있다. | 속도 조절 실패로 경제에 충격을 줄 수 있다. |

있게 되므로 시중 통화량은 증가한다. 중앙은행이 기준금리를 올리면 반대의 상황이 일어나 시중 통화량은 흡수된다.

'지급준비율'이란 은행이 수신하고 있는 예금의 일부를 중앙은행에 예치해야 하는 비율이다. 따라서 지급준비율을 높일수록 시중의 통화량을 흡수하는 효과가 있다. 예컨대 중앙은행이 지급준비율을 5%에서 8%로 상승시킬 경우, 시중 은행들은 자신들이 수신한 예금금액의 3%를 추가로 더 중앙은행에 예치해야 하므로 시중 통화량은 줄어들 것이다.

한편 중앙은행이 발행하는 채권을 통안채 또는 통화증권이라고 한다. 통안채의 발행량(발행 잔고)을 증가시키면 시중의 자금이 채권 매입 자금으로 흡수되어 통화량이 감소하고

## 경제성장률/물가상승률 평균치와 기준금리의 비교

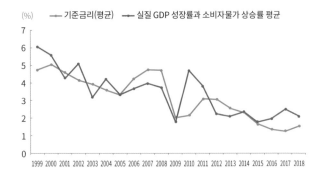

주: 한국은행 기준금리의 경우 2008년 2월까지는 콜금리목표, 2008년 3월부터는 한국은행 기준금리
자료: 한국은행, 통계청

발행량을 감소시키면 통화량이 증가한다.

일반적으로 한국은행이 통화량을 확대하는 정책들을 실행하면 시중에 자금이 더욱 풍부해지고 이 풍부해진 자금들은 기업의 투자와 개인의 소비를 증가시켜 경제를 활성화시키는 효과를 준다. 하지만 풍부해진 자금은 물가를 오르게하는 부작용을 만들어낼 수 있다. 반대로 한국은행이 통화량을 축소시키는 정책들을 실행하면 기업 투자나 개인 소비가 감소되어 경기 과열이나 물가 상승을 진정시키는 효과를 줄 수 있지만, 이런 시도가 자칫 뜨거운 엔진에 찬물을 끼얹어 엔진을 깨트려버리는 식의 경제 충격을 야기할 위험도 있다.

옆의 그래프는 한국은행의 기준금리 수준이 경제성장률과 물가상승률의 평균치와 비슷한 추이를 보이며 움직이는 모습을 보여주고 있다. 이는 경제성장률이 낮아지고 물가상승률이 낮아지면 한국은행이 통화량 확대를 통한 경기 진작을 위해 기준금리를 인하시키는 수단을 동원하기 때문이다.

경기가 좋지 않을 때, 위의 방식들을 통하여 시중에 자금을 풀어 시장의 경제활동을 활발히 하고자 하는데, 이는 마치 논밭에 가뭄이 심할 때 수문을 열어 댐에 저장된 물을 방류하는 것과 같다. 경기가 과열되거나 물가가 많이 오를 때 시중의 자금을 흡수하여 경제활동을 진정시키는 일은 마치 홍수가 났을 때 댐의 수문을 닫아 논밭이 넘치지 않도록 조절하는 일과 같다.

통화정책은 즉각적으로 실행할 수 있는 아주 강력한 경기조절 수단이긴 하지만 너무 광범위한 방식이기에 정밀하지 못하다는 단점도 있다. 때문에 실행 효과가 즉각 나타나지 않거나 원래 의도보다 너무 과도한 결과가 나타날 수 있으며, 의도한 위치와는 다른 곳에서 문제가 생기는 부작용이 있을 수 있다. 가뭄으로 논밭에 물을 대려 댐을 방류했는데 물이 논밭으로 가지 않고 다른 곳으로 다 새어버린다든지, 아니면 수영장이나 사우나 같은 엉뚱한 곳으로 모두 가버리든지, 아니면 너무 많은 물의 방류로 오리려 논밭이 잠겨버린다든지 하는 그런 부작용이다.

이런 통화정책의 단점을 극복하기 위해 정부는 의도하는 곳으로 방류한 자금을 보내고 의도한 곳에서 자금이 모일 수 있도록, 보다 정밀한 수단인 재정정책을 통화정책과 더불어 실행한다.

## 어디서 물을 모아서 어느 곳으로 물길을 내어야 하나?
## 최고의 천재 엘리트들이 결정해야 할 재정정책

정부가 경제활동에 영향력을 행사하기 위해 세금을 거두고, 국채를 발행해 재원을 마련하여 고용 증대·물가 안정·경제 발전·공평한 소득 분배·효율적인 자원 배분·국가 안전 등의 목표를 위해 정부지출을 조정하는 전반적인 정책을 재정정책이라 한다. 정부가 재정정책을 적극적으로 실행할 때는 거두어들일 수 있는 세금보다 더 큰돈을 지출해야 하기 때문에 모자라는 돈은 국채를 발행해 충당한다. 경기를 부양하기 위해 실행하는 확장재정정책은 채권을 많이 발행하는 적자 재정정책인 경우가 많다. 경기가 과열 양상을 보일 때 정부는 세입보다 세출이 더 작은 긴축재정정책을 펼치게 된다.

- ▨ **경기 부양을 위해 정부가 돈이 필요할 때:**
  세출 > 세입
  →국채 발행=적자재정정책 = 확대재정정책 = 경기부양정책
- ▨ **경기 진정을 위해 정부지출을 축소할 때:**
  세출 < 세입
  → 국채 상환=흑자재정정책 = 긴축재정정책 = 경기진정정책
- ▨ **세출 = 세입 → 균형재정정책**

재정정책은 결국 정부의 세입과 세출을 구체적으로 조정하여 어느 방향에서 돈을 가져와서 어느 방향으로 돈을 흘려보낼지를 결정하여 유도하는 역할을 한다. 일반적으로 국가가 발전하여 성숙해지고 경제 시스템이 선진화될수록 이미 재정정책의 한계효과가 떨어져 보다 정밀하고 섬세한 정책 실행이 요구된다. 이런 나라에서는 경제성이 높은 SOC(사회간접자본: 도로, 다리, 댐, 공항, 철도 등의 공공 시설) 투자처는 이미 개발이 완료된 경우가 많기 때문이다.

개발 국가에서 시행하는 초기 단계의 주요 고속도로나 철도, 공항 등 SOC 건설은 경제성이 높은 경우가 많아 마치 강하게 밀어붙이면 되는 멀리 던지기 시합과 같다. 반면 이미 산업화가 진행된 나라의 경우 경제성이 높은 효율적인 곳에 자금을 집행하는 다트 게임과 같은 정밀함이 요구된다. 때문에 어마어마한 국민의 세금으로 국가의 재정정책을 설계하는 정

책 당국자들은 어느 분야보다도 더 투자 감각이 풍부하고 높은 혜안을 지닌 국가 최고의 엘리트들로 구성되어야 한다.

나라의 재정을 집행하는 세출정책 못지않게 필요한 재원을 누구에게서 거둬들일지를 결정하는 세입정책도 경제에 미치는 영향이 지대하다. 세입정책은 특히나 재산의 재분배에 큰 영향을 줄 수 있다. 국가의 세입은 크게 소비세, 소득세, 보유세로 나누어진다. 국부의 분배 효과를 중요하게 생각하는 진보 성향의 정부일수록 보유세 > 소득세 > 소비세의 순으로 세금을 높이려는 경향이 높다. 반면 보수 성향의 정부의 경우 반대의 세입정책을 펼치는 경우가 많다. 소비세의 경우 저소득층도 부담해야 하는 비중이 높은 반면, 소득세나 보유세의 경우 일반적으로 소득이나 보유 자산이 많을수록 세금이 가중되는 누진제가 적용되기 때문이다.

정부의 정치 성향에 따른 세입정책 차이의 사례를 보면 과거 노무현 정부 시절 종합부동산세와 같은 보유세를 크게 올

**세금의 종류와 예시**

| 소비세 | 소득세 | 보유세 |
| --- | --- | --- |
| 부가가치세, 주세, 유류세, 담배세, 교통세, 특수소비세 | 근로소득세, 양도소득세, 종합소득세, 법인세 | 재산세, 종합부동산세 |

렸다. 이후 이명박과 박근혜 정부 시절에는 종합부동산세와 법인세를 낮추고 담배세와 같은 소비세를 올렸다. 다시 문재인 정부는 종합부동산세를 상향시키는 정책을 시행하였다. 한편 일본의 아베 정부는 부족한 정부 재원을 부가가치세를 적극적으로 상향시켜 충당하는 정책을 펼치는 등 세입정책만 보더라도 정부의 정치 성향을 간파할 수 있는 경우가 많다.

## 정부의 세입정책들에 대한 단상

어디서 어떻게 세금을 거둬들이느냐의 문제는 오래전 중국의 제자백가 시대부터 다뤄진 매우 중요한 경제정책의 핵심이었다. 주택세를 많이 물리면 사람들이 큰 집을 짓지 않고 농사세를 많이 물리면 농산물 생산이 감소한다는 관중의 말처럼 세입정책은 국민들의 경제뿐 아니라 사회문화적인 생활에도 큰 영향을 준다.

네덜란드나 베트남을 여행하다 보면 유독 건물의 정면 폭이 좁은 집들을 많이 볼 수 있는데 이는 건물의 폭에 비례하여 주택세를 부과했던 오랜 역사의 결과물이다. 국민들의 비만을 막기 위한 비만세, 특정 투자 자산에의 투기 자본 유입을 억제하기 위한 토빈세, 국민들의 사치품에 대한 소비를 줄이기 위한 특별소비세를 도입하는 등 정부는 정부의 세밀한 정책 목표를 달성하기 위해 세금을 지정하는 경우가 많다. 러시아의 표트르 1세Pyotr I(1672~1725) 대제가 남성들의 수염에 고율의 수염세를 부과하면서 러시아 남성들의 서구화가 시작되었다는 이야기도 유명하다.

과거 20여 년간 국내에서 펼쳐진 세입정책은 우리들의 삶에 어떤 영향을 주었을까? 필자는 1999년부터 시행한 신용카드 사용액 소득공제 정책을 가장 성공적인 세입정책으로 꼽는다. 실질적으로 유리지갑 월급쟁이들의 소득과 소비량을 동시에 높여준 이 정책은 IMF 사태 이후 경제 침체기에 부족한 유효수요를 메워주는 경기 부양 효과를 낳았다. 이뿐 아니라 신용 거래 활성화를 통한 투명한 세무 처리 시스템을 국내에 정착시키는 데도 큰 몫을 하였다. 이후 2004~2006년에 있었던 전 세계적인 부동산 거품 시절, 정부가 펼쳤던 강력한 부동산세 관련 정책들은 부동산으로 흐르던 물길을 그나마 축소시켜 이후 전 세계 금융위기가 도래했을 때 한국의 금융기관들이 유독 건실할 수 있었던 데 큰 기여를 하였다 평가된다.

금융위기 이후 펼쳐진 세입정책 중 의도와는 다르게 진행된 것도 있다. 한국의 주식시장으로 흘러가는 양질의 자금 물길을 앗아간 일련의 정책들이 소위 '코리아 디스카운트 현상(전 세계 주식에 비하여 유독 한국의 주식들이 가치 대비 가격이 낮은 현상)'에 크게 일조하여 자본시장에 종사하는 필자를 안타깝게 한 일이 있었다. 주식을 장기 투자하는 경우 배당에 대한 세금을 면제해주는 세제 혜택이 슬그머니 사라지고, 이후 금융소득종합과세 기준이 4,000만 원에서 2,000만 원으로 하락된 것이다. 반면 부동산 관련 세금을 전폭적으로 인하해주자 배당을 목적으로 주식을 장기 투자하던 건전한 양질의 자금들이 대거 주식시장에서 빠져 나가 부동산시장 또는 해외 금융시장으로 이동해버렸다.

국민들의 안정된 경제 생활을 위해서는 주식에 장기 투자되는 바람직한 자산의 비중을 높이고 여기서 창출되는 배당 수익을 높여야 한다고 생각한다. 이를 위해 적어도 3년 이상 장기 보유하는 주식 등에서 창출되는 배당에 대한 세금은 면제해주고 금융종합과세의 기준을 상향하는 식의 세입정책이 필요하다. 국가 경제의 미래를 위해서는 기업의 미래가 밝아야 하고, 기업의 미래를 위해서는 자본시장이 활성화되

어야 하며, 이를 위해서는 건전한 국민 다수의 장기 자금들이 자본시
장에 머물러야 하기 때문이다.

## 베스트셀러 3: 《일반이론》
# 잘 고쳐 쓰면 되지,
# 이 좋은 걸 왜 버려?

"이 책을 내 주변의 동료들과 경제학자들을 위해 쓴다. 하지만 다른 일반 대중들도 이해할 수 있게 되기를 바란다."

-《일반이론》 서문 첫머리

《국부론》을 경제학의 성경으로 비유하는 경우가 많다.《국부론》이 경제학의 구약성서라면 케인스의 《일반이론》은 신약성서로 보아도 무방할 것이다. 아담 스미스, 리카도, 장바티스트 세, 마르크스에 이르기까지의 경제학자들을 고전학파(또는 고전경제학파)라고 부르는 이유는 아마 경제학을 케인스 이전과 이후로 나누고, 이전의 경제학을 고전이라 통칭하

고자 함이었을 것이다. 케인스의 《일반이론》으로 자본주의는
수정되고 다시 큰 도약을 하게 된다.

'정반합'이라는 철학 용어가 있다. 아담 스미스의 《국부론》
이 '정正'이라면, 마르크스의 《자본론》이 '반反'이고, 케인스의
《일반이론》은 이들을 통합하는 '합合'의 역할을 한다. 《일반
이론》은 《국부론》과 《자본론》의 기본적인 개념을 인정하되
일부를 부정하여 수정한다. 생산된 상품의 가격이 비용보다
높으면 무조건 소비된다는 아담 스미스를 포함한 고전경제학
자들의 생각을 전적으로 반박하면서, 노동자가 소비할 돈이
없으면 보이지 않는 손이 작동하지 않는다고 주장한다는 점
에서 마르크스와 유사하다. 하지만 《일반이론》은 보이지 않
는 손이 작동하지 않을 때의 해법을 제시함으로써 혁명을 통
한 자본주의의 종말이라는 마르크스의 예측을 일축했다. 자
본주의가 고장 나면 잘 고쳐 쓰면 되지, 버릴 필요는 없다는
것이다.

## 정부지출로 유효수요를 유지하고 확대하라

케인스의 해법을 한 단어로 요약하라면 '유효수요(소비로 연결되는 돈)'이다. 유효수요의 부족으로 일시적으로 보이지 않는 손이 잘 작동하지 않을 때 정부가 소비자(노동자)들에게 소비할 수 있는 돈을 만들어주라는 것이다. 즉 경제가 침체되어 있을 때에는 정부가 빚을 얻어서라도 정부지출을 늘려 소비자들이 직접 소비할 수 있는 돈을 지원해주어야 한다는 것. 부족한 유효수요로 꺼져가는 소비의 불씨에 정부가 기름을 조금 부어주면 불씨가 타올라 다시 보이지 않는 손이 작동할 수 있다는 것이다.

케인스주의를 대표하는 정책은 ① 불황이 닥쳤을 때 대규모 공공사업 등을 통하여 부족한 유효수요를 단기적으로 크게 공급하는 공공지출 정책들과 ② 평소 서민들의 부족한 소득을 보완해 꾸준히 유효수요를 창출시키는 다양한 근로 및 복지정책으로 구분할 수 있다. 전자가 많이 아플 때 치료를 위해 먹는 항생제라면, 후자는 평소 건강 유지와 병 예방을 위해 꾸준히 먹는 비타민으로 비유할 수 있다.

대공황 이후 많은 정부들이 케인스주의를 채택하는 과정에서 두 가지 정책을 혼재하여 사용해왔다. 일본이나 한국,

## 두 종류의 케인스주의 정부 재정정책

| | 공공사업 정책 | 근로복지 정책 |
|---|---|---|
| 내용 | 깊은 불황을 단기적으로 회복시키기 위해 실행하는 대규모 공공사업 정책 | 서민들의 부족한 소득을 보완해 꾸준히 유효수요를 창출시키는 정책 |
| 정책 예시 | 아이젠하워 대통령의 대규모 고속도로 건설 사업, 박정희 대통령의 새마을운동, 김대중 대통령의 벤처 육성 사업 | 각종 의료정책, 노동자들의 세금 감면 정책, 각종 연금정책, 출산 장려 정책, 최저생계비 또는 최저소득 정책 등 |
| 대표 국가 | 미국 및 동아시아 국가들 | 유럽 국가들 |
| 복합 정책 예시 | 가장 성공한 케인스주의 정책으로는 루스벨트 대통령의 '뉴딜' 정책과 히틀러의 '뉴플랜' 정책이 손꼽힌다. 후버댐이나 아우토반 등 대규모 공공사업 정책과 사회보장제도, 노동자 권익 향상 등 각종 근로복지 정책들이 총망라되었다. | |
| 효과 | 노동자 소득 대폭 확대, 관련 민간기업 이익 증가로 경제 촉진 | 복지 증가로 노동자들이 수령하는 임금에서 소비로 연결되는 금액의 비중 증가 |
| 실패 사례 | 1990년대 불황 회복을 위한 일본의 대규모 SOC 건설 | 베네수엘라의 포퓰리즘 정책 |
| 비유 | 많이 아플 때 조제해 먹는 항생제 | 평소 건강 유지를 위해 먹는 비타민 |
| 대표 문구 | "장기적으로 우리는 모두 죽는다." | "요람에서 무덤까지." |

중국 같은 동아시아권의 경우 과거 공공사업 정책을 주요한 수단으로 사용했다. 산업화와 경제 회복을 동시에 이끌고자 했던 것이다. 반면, 유럽(특히 북유럽)의 경우는 재정의 상당 부

분을 국민들의 복지를 위하여 쏟아부어 경제 침체를 극복한 사례를 만들어냈다.

"장기적으로 우리는 모두 죽는다"
: 장기 처방을 주장하는 자유시장주의자들에게 고함

어느 나라의 총생산이 한 빵집에서 생산하는 총 30개의 빵이고 이 나라의 총소득도 빵 30개 정도라고 가정하자. 한데 어느 날 이 빵집의 생산 기술이 발달하여 40개의 빵을 만들 수 있게 되었고, 이를 같은 가격으로 팔기 시작하면 어떻게 될까? 총소득은 여전히 빵 30개밖에 살 수 없는 수준이기에 30개의 빵이 소비되고, 빵 10개는 팔리지 않고 남아돌게 될 것이다. 그래서 빵집의 수익성이 떨어지고, 빵집은 종업원들을 해고한다. 해고된 종업원들은 더 이상 빵을 사지 못하기 때문에 이제는 빵의 수요가 예컨대 24개로 줄어들 수 있다.

이렇게 상황이 악화되는 불경기가 오면 정부에서 이때까지 모아놓은 세금을 쓰든지 아니면 빚을 지더라도 국민들에게 모자라는 16개의 빵 값을 어떤 방식으로든지 도와주면 다시 40개의 빵이 소비되고 빵집은 종업원들을 고용할 수 있다. 그래서 빵을 살 수 있는 사람들의 수가 늘어나는 선순환이 계속되어 결국 정부가 빚을 갚고도 여전히 사람들이 빵을 40개 살 수 있는 때가 온다는 것이 《일반이론》에 나오는 대규모 재정 투입 사업에 대한 주장이다. 물론 16개의 빵 값을 상품권 등으로 일시적으로 도와주는 것이 아니라 그 돈으로 빵집으로 가는 길을 보수하거나 빵집으로 가는 공짜 셔틀버스를 운영하여 노동자들에게 지급하면 더욱 효율적일 것이다.

이에 반해 자유시장주의 경제학자들은 이런 경우에도 가만히 내버려 두어야 한다고 주장한다. 결국 시간이 지나면 빵 값이 내려가든지, 빵 생산이 줄어들든지, 아니면 국민의 소득이 증가하든지 하여 다시 모든 빵이 소비된다고 믿는 것이다. 이렇듯 대규모 재정 투입의 단기적인 처방을 비난하며 "어차피 시간이 지나면 불황은 결국 회복된다"고 주장하는 자유시장주의 경제학자들에게 케인스는 "장기적으로 우리는 모두 죽는다"라는 말을 남기며 단기 처방의 불가피함을 피력했다.

"요람에서 무덤까지"
: 분배와 복지는 연민보다 유효수요 때문

유효수요는 더 많은 숫자의 사람들이 소비할 여력이 있을 때 크게 높아진다. 예컨대 빵이 50개 생산되는 어느 나라에

JOHN MAYNARD KEYNES

서 10명의 소비자가 있고 1명이 최대 빵 5개를 먹을 수 있으며 이 나라의 총소득이 빵 50개 정도라고 가정하자.

만약 이곳의 총소득 50개가 고르게 10명에게 분배된다면 10명 모두 빵을 5개씩 소비할 수 있어 유효수요는 빵 50개가 된다. 하지만 이곳의 소득이 불평등하여 총소득 50 중 8명이 3의 소득을 가져가고 나머지 2명이 13의 소득을 얻게 된다면 이 빵에 대한 유효수요는 (8명×3개) + (2명×5개) = 34개로 줄어들게 될 것이다. 때문에 빵집 주인들의 입장 또는 국부의 입장에서는 소득이 고르게 분포될수록 유리해진다. 소득의 균형과 분배가 케인스주의자들의 주요 관심사가 되는 이유이다. 특기할 것은 케인스주의자들의 입장은 빵집 주인, 즉 생산자 또는 기업의 입장과 크게 다르지 않다는 데에 있다. 유효수요를 높여 기업이 생산한 상품을 소비할 여력을 높이는 데 집중하는 케인스주의가 일반적으로 사람들이 오해하고 있는 것처럼 결코 반기업적 이론이 아님을 확인하자.

승수효과가 높을수록 국가의 총 유효수요는 높아진다. 승수효과는 케인스가《일반이론》에서 강하게 주장하였는데 재정정책을 통한 정부지출이 10이라면, 이 돈이 돌고 돌아 총 유효수요는 그 몇 배나 될 수 있다는 개념이다. 예컨대 정부가 노동자들에게 10을 지출했을 때 노동자들은 그 10 중에 7을 소비하고 3을 저축하게 된다. 소비한 7은 다시 다른 사람의 소득이 되고 그중 5를 다시 소비하고 2를 저축하는 식으로 소비는 계속 소득과 연결되어 결국 정부지출의 몇 배나 되는 총 유효수요 효과를 만들어낸다. 따라서 10의 소득을 받으면 그중 5를 소비하는 계층보다 8을 소비하는 계층으로 정부지출이 행해지는 것이 승수효과가 높아 경기 부양에 유리하다. 이러한 연유로 소득의 상당 부분을 소비로 지출하는 서민에게 혜택을 많이 주는 복지정책의 이론적 토대가 된다.

《일반이론》, 즉 케인스주의를 많이 적용하는 정부일수록 정책 실행을 위해 세금을 많이 걷기도 하고 세금 지출도 많이 하는, 이른바 큰 정부가 되어야 한다. 이때 필요한 세금은 주로 고소득층과 부유층으로부터 걷고 세금 지출은 주로 중산층과 서민들을 위해야 하는 것이 케인스주의의 원칙이다. 때문에 복지정책은 주요한 케인스주의 정책이 되었다. 하지만 힘없는 노동자들에 대한 연민의 정은 오히려 《국부론》에서는 일부 보이지만, 건조한 《일반이론》 책 안에서는 찾아보기 어렵다. 케인스주의자들은 불평등이나 위화감 차원의 사회적·정치적인 이유가 아니라, 보다 많은 유효수요 창출을 위해서는 그렇게 하는 것이 유리하다는 경제적인 이유에서 복지정책을 주장하고 있다.

유럽권 특히 북유럽에서는 과거 대공황에서 벗어날 때 노동정책과 복지정책을 개선하여 유효수요를 늘리는 방식을 주로 사용했다. 영국에서는 경제학자 윌리엄 베버리지William Beveridge(1879~1963)의 보고서를 토대로 1942년 법제화된 사회보장제도의 슬로건으로 '요람에서 무덤까지(정부가 책임진다)'라는 말이 성행하였다. 이후 스웨덴에서는 '태아에서 천국까지'란 말로 수정되어 쓰이고 있다.

## 케인스주의 추종자가 소비하고 투자하는 방식은?

케인스 추종자라 자처하는 필자는 평소 승수효과가 높은 소비를 하려고 노력하는 편이다. 예컨대 같은 금액으로 상품을 구매할 때 보다 상품의 비용에 노동비의 비중이 높은 것을 선택하려 한다. 조금 더 가격을 지불하더라도 셀프 주유소보다는 근로자가 기름을 넣어주는 주유소를 선호하며, 새 의류를 구입하기에 앞서 가지고 있는 유행 지난 옷을 다시 수선하는 것을 우선한다. 주유소 아르바이트 학생에게 지급되는 임금, 수선공에게 지불되는 임금들은 유효수요를 높이는 승수효과가 높은 축에 들 것이다. 중고시장에서 물품을 구입하는 것도 마찬가지 아닐까? 중고 오디오 세트 값으로 지불한 돈은 임대료나 다른 자본 비용으로 새지 않고 100% 판매자의 소득이 되어 또 다른 소비를 부르며 승수효과를 발생시킬 것이다.

한편 케인스는 '이자 소득자는 안락사시켜야 한다'는 다소 극단적인 어조로 안전자산 투자자들을 경멸하였다. 반면 주식 투자에 대한 사랑은 지대했다. 위원으로 소속된 각종 기금에서도 주식 투자의 확대를 지속적으로 주장하며, 본인 스스로도 재산의 상당액을 주식 투자에 할당했다. 부동산에 대해서는 큰 언급이 없었는데 이는 이미 아담 스미스 또는 데이비드 리카도(고전주의 경제학의 완성자로 불린다)와 같이 고전주의 경제학에서도 부동산으로 수입을 얻는 지주들을 '기생충'이라는 다소 과한 표현을 쓰는 등 부동산 임대 소득에 대해서는 부정적으로 다루었기에 그 궤를 같이한 것으로 인식된다. 또한 부동산의 보유는 보유한 재산을 다 쓰고 죽으라는 그의 발언과도 상치될 것이다.

투자에 관해서는 케인스도 자본가들의 이익이 국가 경제의 가장 큰 발전 요소이자 동기로 본 데이비드 리카도의 견해와 함께하는 셈이다. 한편 케인스는 '향후 자금 공급이 늘어 금리가 하락, 이자 소득이 쪼그라들어 이자 소득자는 소멸될 것'으로 주장한 바 있다. 최근 전 세계적인 저금리 시대가 도래한 모습으로 보아 마치 그의 예언이 적중한 것으로 보인다.


## 《일반이론》의 올바른 사용설명서


필자는 보이지 않는 손의 오작동 원인(부족한 유효수요)과 해법(유효수요를 보충해줘라)을 정확하게 인식한 《일반이론》의 본질을 잘 이해하여 적용하면 수정된 '보이지 않는 손'이 완벽한 시스템이 될 수 있다고 믿고 있다. 하지만 주의해야 할 것이 있다. 《일반이론》의 효과를 제대로 얻기 위해서는 그때그때 상황에 맞는 시의적절하고도 창조적인 정책 실행이 필요하다. 시간이 갈수록 《일반이론》을 적용해야 하는 환경과 상황이 변화하고 있어 과거에는 충분히 효과가 났던 방법이 현재에 와서는 전혀 소용이 없는 경우도 많기 때문이다.

예컨대 케인스식 정책의 아시아 대표격이며 한국에서는 크게 성공한 것으로 평가받는 '새마을운동'을 아프리카와 동남아시아의 여러 나라에서 전수받아 시도하였지만 아직 크게 성공한 사례는 보이지 않는다. 대공황 시절의 미국이나 해방 이후 한국과 같이 국가가 개발 단계에 있을 경우 도로나 다리, 댐 건설과 같은 대규모 토목 공사는 미래에 더 큰 부가가치를 창출할 수 있는 좋은 투자임과 동시에 정부지출의 상당 부분이 노동자에게 돌아갔기에 유효수요를 증가시킬 수 있는 좋은 정책이기도 하였다. 하지만 현대에 들어서는 선진국들의 경우 경기를 부양하기 위해 대규모 토목 공사를 진행하여 성공한 사례는 거의 없다.

케인스는 그의 이론을 적용할 때 유연함을 요구하였다. 그는 "사실이 바뀌면 저는 이를 인정하고 생각을 바꿉니다. 당신은 어떻게 하나요?"라고 말하며, 자신의 이론이나 생각이 항상 절대적이지 않다고 여겼고, 사람들에게 항상 새로운 생각을 하도록 요구하였다. 하지만 《일반이론》을 경제정책으로 적용하는 세월이 오래 지속될수록 그 본질을 착오하거나 곡해하고 더 나아가 이를 악용하는 사례까지 생겨났다. 그런 부분적인 사례 때문에《일반이론》, 즉 케인스주의 전체가 오해를 받고 부정되기도 한다.《일반이론》을 정책에 적용할 때 그 본질에 맞는 올바른 사용법은 다음과 같다.

**[사용법 1: 경제 사이클을 정확히 진단하라]**
**경제가 충분히 침체되었을 때에만 정부지출을 확대하고 경제가 좋을 때에는 지출을 줄이고 세금을 많이 거둬들여 미래의 침체기에 사용할 돈을 비축해야 한다.**

정부지출의 확대는 곧 시중에 돈이 더 많이 풀리는 것이고 상품에 대한 수요를 증가시키는 것이다. 시중에 돈이 풀리고 상품의 수요가 늘어나면 상품의 물가가 상승하는 것이 일반적인 현상이지만 생산된 상품들에 대한 수요가 충분하지 않는 불황일 경우에는 그렇지 않다. 정부지출을 높여도 물가가 오르지 않거나 적게 오르는 불황일 때에 대규모 재정정책의 효과가 제대로 발생한다. 케인스라고 할 때 적자 재정부터 떠올리는 것은 상당한 오해다. 케인스는 불황일 때는 적자 재정을 감수해야 한다고 했지만, 일반적인 경제 상황일때는 균형재정을, 경기 활황일 때는 긴축재정을 주장했다.

재정을 투입하여 유효수요를 확대시켜도 이로 인해 물가가 많이 오르면 효과가 없을뿐더러 나중을 위해 써야 할 소중한 재정 자원을 낭비하는 모양이 된다. 빵을 두 개 사 먹으라고 돈을 줬는데 빵 값이 두 배로 뛰어 결국 빵은 한 개밖에 못 사 먹는 꼴이면 낭패다. 경기가 나쁘지 않을 때 정부지출을 크게 하는 것은 케인스주의가 아니라 포퓰리즘이다. 때문에 확대재정정책을 실행할 때 경제 사이클의 정확한 진단과 실행 시 물가로의 전이 여부의 올바른 판단이 필요하다. 봄에는 호미를 들고 나가야지 낫을 들고 나가면 낭패일 것이다.

**[사용법 2: 유효수요 창출에 집중하라]**
**정부지출은 최대한 유효수요를 많이 유발하는 곳에 실행되어야 한다.**

유효수요를 최대한 많이 창출하기 위해서는 정책을 실행하는 상황에서 고용효과가 높아 노동비로 지출이 많이 되고 이를 통해 승수효과가 높은 곳으로 지출되는 것이 중요하다. 한때 케인스주의 정책의 상징물처럼 여겨지는 미국의 후버댐 건설과 독일의 아우토반 건설처럼 개발 단계 국가에서의 토목공사는 노동비로 지출되는 비중이 50%에 육박하거나 넘어설 정도로 많았다. 이들 정책은 고용유발계수와 승수효과가 높았기에 성공적인 정부정책으로 평가받을 수 있었다.

반면 현대 선진국에서의 대규모 SOC 사업은 기계와 기술이 차지하는 자본비용 비중이 높아 고용유발계수와 승수효과도 상당히 낮아 주의가 필요하다.

서민들에게 혜택이 가면서 이들을 통해 소비를 많이 하도록 하는 정책들이 승수효과가 높다. 월급쟁이들에게 신용카드 사용 내역이나 현금영수증을 통해서 세금을 감면해주는 것은 매우 좋은 승수효과를 냈다. 자본가나 지주들이 소득에서 소비하는 비중보다는 월급쟁이들의 소득에서 소비하는 비중이 월등히 높기 때문이다. 일반 노동자들에게 되돌려주는 세금은 다시 소비로 연결될 가능성이 크다.

1997년 IMF 사태 이후 최악의 경기 침체 상황에 빠졌을 때, 김대중 정부가 실행한 IT 관련 벤처기업 육성 사업은 성공한 정책으로 평가되고 있다. 관련 업종의 정부 지원금과 장려정책 등으로 당시 중소기업들의 성장기여율과 고용기여율이 크게 높아졌다. 당시 IT 산업에 지원된 자금의 상당 부문이 노동자들에게 돌아가 승수효과를 높였고(IT 기업에 들어가는 대부분의 돈은 컴퓨터 구입비와 기술자 월급이다) 경제위기에서 탈출하는 데 큰 기여를 하였을 것으로 판단된다. 비록 나중에 '코스닥 거품 붕괴' 등의 부작용이 있었지만 이 정책을 토대로 한국은 IT 강국의 반열에 올라섰으며, 엄청난 경제발전에 보탬이 되었을 것이라는 유추를 쉽게 할 수 있다.

　기차나 버스 등 대중교통비를 싼 가격에 서민들에게 제공한다든지, 고령자들에게 무료로 대중교통을 이용할 수 있게 하는 것도 승수효과 차원에서 매우 좋은 정책이라고 본다. 서민들이 주로 이용하는 대중교통비를 1만 원 싸게 책정하는 것은 서민의 소득이 1만 원 올라가는 것으로 연결된다. 게다가 사람들이 대중교통을 통해 보다 많은 이동을 한다는 것은 보다 많은 소비를 하며 승수효과를 높인다는 말과 같다. 연로한 어르신들이 집에 가만히 있는 것보다 무료 전철을 이용하여 온양온천도 가고 양수리 수종사도 가고 춘천에도 가서 휴양하며 식사라도 하면서 그 지역의 소득을 높이는 식이다. 물론 이런 활동으로 건강이나 즐거움 등 경제 외적으로도 좋은 효용을 얻게 되는 것은 덤이다.

　반면 일본의 경우 일반 물가 수준에 비해 철도나 버스 교통비 또는 고속도로 통행료가 상당히 비싼 편이다. 이래서는 서민들이 마음 놓고 교외로 다닐 수가 없다. 한국의 많은 사람들이 등산, 하이킹 등 교외 활동을 취미로 가지는 것(한국의 아웃도어 의류나 용품의 판매량은 여느 나라에 비해 압도적이다)과 대조적으로 일본의 고령자나 여성들의 경우 뜨개질, 화초 기르기 등 주로 집이나 동네 안에서 (유효수요에는 큰 도움이 되지 않는) 취미생활을 즐기는 편이다. 대중교통과 관련된 정부의 재정 투입은 크게 아까워하지 않아도 좋을 것 같다.

**[사용법 3: 하얀 코끼리 정책을 경계하라]**
**정부 정책은 경제적으로도 효율성이 있는 곳에 실행되어야**
**한다.**

앞서 언급했던 후버댐 건설과 아우토반 건설은 투자된 인프라의 장기적인 경제성, 즉 투자 효과도 뛰어난 더할 나위 없이 성공한 정책이 되었다. 후버댐에서 생산되는 전력으로 라스베이거스라는 도시가 탄생할 수 있었고, 아우토반은 현재까지도 독일 자동차산업과 물류의 근본이 되고 있다. 반면 1990년대에 일본이 건설했던 도로는 다람쥐만 다니는 길이라는 조롱을 받고 있고, 섬과 섬을 잇는 다리들에는 다니는 차량들이 드문드문하여, 지속적으로 재정에 부담만 되고 있어 전형적으로 실패한 '하얀 코끼리 정책'으로 볼 수 있다.

경제적으로 효율적이지 못한, 즉 경제적 부가가치를 생산해내지 못하는 공공사업은 그만큼의 돈을 태워 없애는 것과 같다. 일본 사례와 같은 쓸데없는 공공사업처럼, 만약 1조 원을 투입했다면 그중의 1,000억 원은 노동비로 지급되어 승수효과가 일부 발생됐겠지만, 나머지 9,000억 원의 세금은 그냥 날려 먹은 꼴이다. 그럴 바에는 케인스의 말처럼, 땅 속 깊이 현금을 묻어 놓고 서민들에게 땅을 파서 돈을 가져가게 하는 것이 차라리 나을 것이다(물론 정부가 경제성이 높은 곳에 투자하며 고용을 증대시키는 것이 최선이라는 말을 덧붙였다). 1조 원 모두가 승수효과와 함께 많은 유효수요를 창출해낼 것이기 때문이다.

알아두면 쓸모 있는 경제상식

## 경제학에서 '하얀 코끼리'란?

고대 태국의 왕이 마음에 들지 않는 신하에게 하얀 코끼리를 하사했다는 고사에서 유래한 경제용어이다. 하얀 코끼리를 유지하기 위해서는 엄청난 사료비가 들지만 왕이 하사한 영물에게 일도 시킬 수 없어 큰 골칫거리가 된다. 이처럼 큰돈을 들여 건설했지만 장기적으로 경제성이 떨어지거나 적자가 나는 시설물을 '하얀 코끼리'라고 부른다. 우리나라의 경우, 엄청난 규모의 정부 또는 지방정부의 재정으로 건설된 인천 아시아올림픽 경기장 시설, 평창 동계올림픽 시설, 영암 F1 경기장, 4대강 토목공사 등이 현재 하얀 코끼리 취급을 받고 있다.

# 한눈에 보는 경제학파와
# 경제사상 총정리

경제학을 공부하고 있으려면 많은 경제학파 또는 경제주의 이야기가 나와 혼란을 주는 경향이 있다. 때문에 나름의 방식으로 이를 정리해보고자 한다. 경제학파는 경제주체를 개인으로 보는지 계급으로 보는지, 정부의 시장 개입을 지지하는지 반대하는지, 시장은 효율적인지 비효율적인지, 인간은 경제적으로 합리적인지 아닌지 등의 관점 차이로 분류해볼 수 있다. 각종 경제학파들이 어떤 관점들과 특성을 지니고 있는지 대략적으로 이해해보자.

## 국부에 대한 고찰,
## 고전주의 경제학파

'고전적 자유주의'라고도 불린다. 아담 스미스의 '보이지 않는 손'을 통하여 자유시장경제를 주장한 최초의 경제학파다. 리카도는 비교우위론을 주장하며 자유 교역이 국가경제에 큰 도움이 된다는 주장을 펼쳤고 맬서스Malthus(1766~1834)는 '인구론'을 통하여 인구 증가로 경제가 어려움에 처해질 것이라는 비관론을 주장하였다. 맬서스의 인구론은 자원이 부족하기에 인구의 증가는 경제 악화의 원인이라는 논리를 제공하였다. 이 논리는 인구 증가 요인이 되는 복지정책을 반대하는 세력들의 근거 이론이 되어, 마치 '고전주의 경제학은 반反복지 경제학'이라는 오명을 지금까지 얻고 있다.

고전주의학파는 경제활동에서 소비보다는 생산을 보다 중요하게 생각한다. 이는 당시에는 아직 산업화 초기 단계에 있었기에 현대와 같은 대량생산의 상황을 목격하지 못한 이유에서 비롯된 것으로 추론한다. 장바티스트 세는 "생산된 모든 상품은 소비된다"는 '세의 법칙'으로 '보이지 않는 손'의 원리(가격이 비용과 효용의 사이에 있으면 상품이 거래된다)를 지원하고 있다.

**고전주의 경제학파 개요**

| | |
|---|---|
| 주요 경제학자 | 아담 스미스, 리카도, 맬서스, 장바티스트 세 |
| 주요 경제주체 | 지주, 자본가, 노동자 계급을 통해 경제활동 설명 |
| 주요 경제활동 | 생산(빵집 주인, 핀 생산 등 생산자 활동에 초점) |
| 정부의 시장 개입 | 반대(자유시장주의의 효시) |
| 시장에 대한 시각 | 효율적 시장 |
| 인간에 대한 시각 | 이기적·합리적인 존재 |
| 주요 활동 시기 | 1776《국부론》 발간)~1870(신고전학파 등장) |
| 기타 | 마르크스를 고전학파의 계승자로 보는 견해가 많다. |


## 수요와 공급의 법칙, 신고전주의 경제학파

고전주의의 이론들을 계승·발전·보완하며 미시경제학으로 구체화시킨 경제학파다. 케인스의 스승이었던 알프레드 마샬Alfred Marshall(1842~1924)을 중심으로 한계효용 이론과 그 유명한 수요공급 이론을 중심으로 가치론을 발전시켰다.

인간은 합리적인 주체라는 '호모 이코노미쿠스Homo Economicus'의 개념과 모든 정보는 합리적인 시장에 즉시 전달되어 가격에 반영된다는 '효율적 시장가설'을 더욱 공고히 하여 신고전학파의 근본 가정이 되었다. 대공황 발생 전까지 주류경제학의 위치를 차지했던 신고전학파는 대공황 이후 케인스학파에 그 지위를 물려주었다. 그러다 오일쇼크 이후, 같은 핏줄이라고도 볼 수 있는 신자유주의 경제학파와 함께 다시 주류경제학의 위치를 되찾았지만 2008년 금융위기 이후 그 위상을 많이 상실하였다.

〈알프레드 마샬의 '수요와 공급 곡선' 그래프〉

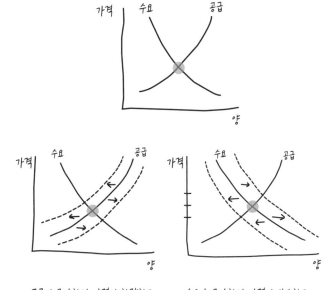

공급이 증가하면 가격이 하락하고
공급이 감소하면 가격이 상승한다.

수요가 증가하면 가격이 상승하고
수요가 감소하면 가격이 하락한다.

## 신고전주의 경제학파 개요

| | |
|---|---|
| 주요 경제학자 | 레옹 발라, 알프레드 마샬, 아서 피구(캠브리지학파) |
| 주요 경제주체 | 개인 |
| 주요 경제활동 | 소비와 교환 |
| 시장에 대한 시각 | 효율적 시장 |
| 정부의 시장 개입 | 반대(자유시장주의를 계승하지만 다소 약화) |
| 인간에 대한 시각 | 이기적·합리적인 존재 |
| 주요 활동 시기 | 1870~1929(보불전쟁 이후 대공황 전 평화 시대) |
| 주요 이론 | 한계효용의 법칙, 수요공급 법칙을 통한 미시경제 |

## 초 강성 자유시장주의, 오스트리아학파

대공황 이후 득세하던 케인스주의에 묻혀 발언권을 크게 얻지는 못했지만 사회주의에 대항하는 자유시장주의의 입장에서 꾸준히 연구를 지속한 경제학파다. 오스트리아학파는 정부의 경제정책 개입을 극단적으로 반대한다. 자유시장주의 신봉자인 루트비히 폰 미제스Ludwig von Mises(1881~1973)와 그의 제자 프리드리히 하이에크Friedrich Hayek(1899~1992)가 그 중심에 있다. 사회주의자들에 대한 반발이 연구의 주요 계

## 오스트리아학파 개요

| 주요 경제학자 | 폰 미제스, 하이에크 |
|---|---|
| 주요 경제주체 | 개인 |
| 주요 경제활동 | 교환 |
| 시장에 대한 시각 | 뇌세포처럼 복잡하여 함부로 건드리면 안 된다. |
| 정부의 시장 개입 | 절대 반대(극단적 자유시장주의) |
| 인간에 대한 시각 | 그리 합리적이지 않다. |
| 주요 활동 시기 | 없음. 이후 신자유주의의 모태가 된다. |

기가 된 배경이 있어서 그런지 정치적 성향이 강한 학파이기도 하다.

고전주의학파나 신고전주의학파는 인간과 시장이 합리적이기에 정부가 시장에 개입해서는 안 된다고 주장하는 반면, 오스트리아학파는 개인도 합리적이지 않고 시장 또한 뇌세포처럼 너무 복잡하고 불확실하기 때문에 괜히 인위적인 변수를 주어 재앙을 만들지 말고 아무것도 하지 말라는 논리를 세운다. 활동 기간 중 크게 부각되지는 않았지만 1980년대부터 주류경제학이 된 신자유주의 경제학의 모태가 된다.

## 《국부론》에서 거시경제학을 계승·수정한 케인스학파

고전주의학파의 가치 이론들이 신고전주의학파들의 미시경제(소비자와 생산자 중심의 시장경제) 분야로 계승·발전되었다면, '경제학 3대 베스트셀러'에서 살펴보았듯이 고전주의학파의 국부를 위한 고찰, 즉 거시경제(정부 중심의 정책경제) 분야는 마르크스를 거쳐 케인스학파로 계승·발전되었다고 보아야 한다.

케인스학파는 고전주의학파와 신고전주의학파들이 주장하는 주요 가정들을 모두 부정하며 이들과 대립하게 된다. 1972년 노벨 경제학상을 수상한 J.R. 힉스John Richard Hicks(1904~1989)는 케인스의 생각과 주장을 'IS-LM 곡선'이라는 그래프로 표현하였다. 1970년 노벨 경제학상을 수상한

**케인스학파가 부정한 고전학파/신고전학파들의 주요 주장 3가지**

| 주요 주장 | 주장의 내용 |
| --- | --- |
| 세의 법칙 | 생산된 상품들은 결국 모두 소비된다. |
| 호모 이코노미쿠스 | 인간은 경제적으로 매우 합리적인 존재이다. |
| 효율적 시장 | 자유시장은 항상 모든 가격들을 합리적으로 결정시킨다. |

## 케인스학파 개요

| 주요 경제학자 | 케인스, J.R.힉스, 폴 새뮤얼슨 |
|---|---|
| 주요 경제주체 | 지주, 자본가, 노동자 계급 + 정부 |
| 주요 경제활동 | 소비(한 사람의 지출은 다른 사람의 소득이다) |
| 시장에 대한 시각 | 비효율적 시장 |
| 정부의 시장 개입 | 찬성 |
| 인간에 대한 시각 | 이기적·합리적인 존재 부정 |
| 주요 활동 시기 | 1933~1973(대공황 이후 오일쇼크 시기까지) |
| 주요 용어 | 유효수요, 승수효과 |

폴 새뮤얼슨Paul Samuelson(1915~2009)은 케인스와 힉스의 거시경제 이론과 신고전주의학파들의 미시경제 이론을 종합하여 역사상 가장 많이 팔린 경제학 교재를 발간한다.

케인스학파는 1930년대 대공황 시절 이후 전 세계 주류경제학으로 인정받다가 1970년대 오일쇼크 후 신자유주의에 주류경제학의 자리를 뺏겼다. 하지만 여전히 정부 정책의 주요한 경제이론 토대가 되고 있다. 2008년 금융위기 후 다시 큰 주목을 받고 있다.

## 케인스주의를 누르고 주류경제학으로 올라선, 신자유주의 경제학

두 차례에 걸친 오일쇼크의 영향으로 케인스주의 시대가 막을 내리고 보수 정치가들인 영국의 마거릿 대처Margaret Thatcher(1925~2013) 수상과 미국의 로널드 레이건Ronald Reagan(1911~2004) 대통령에 의해 부활된 자유시장주의 경제학이다. 신자유주의 경제학은 신고전학파와 오스트리아학파 그리고 통화론자들인 시카고학파 등 이전의 주류경제학이었던 케인스주의식 경제정책에 반대하는 많은 학파나 경제학자들이 포함된 포괄적인 개념으로 볼 수 있다. 정부의 인위적인 경제 개입을 반대하는 모든 경제학을 망라하면 자유시장주의 경제학으로 표현할 수 있는데, 이 안에서 고전적 자유주의와 구분하기 위해 '신자유주의'로 명칭된 듯하다.

세입과 세출을 줄이는 작은 정부를 지향하는 신자유주의자들의 기본 주장은 근본적으로 부유층의 감세와 복지제도의 축소를 뜻한다. 실제 1970년대 이후 주류경제학이 케인스주의에서 신자유주의로 전환된 이후 고소득층과 부유층의 세율은 급속히 낮아졌다.

통화론자의 아버지이자 시카고학파의 수장격인 밀턴 프리

드먼Miton Friedman (1912~2006)을 신자유주의 경제학의 대표적인 주자로 본다. 그는 대공황 등 경제위기도 유효수요의 부족이기보다는 정부의 억제로 인한 통화량의 부족에서 온 것이라 주장했다. 또한 정부는 경제주체들이 통화량의 증가 속도를 예측할 수 있도록 일정한 속도로 관리해야 한다고 주장하였다.

하지만 이런 주장도 새로운 위기인 2008년 세계 금융위기를 제대로 막아내지도, 설명해내지도 못했다. 대공황이라는 자유시장의 실패로 고전주의 경제학이 지위를 상실한 것처럼 신자유주의도 세계 금융위기라는 시장의 실패 이후 주류

## 신자유주의 경제학 개요

| | |
|---|---|
| 주요 경제학자 | 밀턴 프리드먼, 아서 래퍼, 그레고리 맨큐 |
| 주요 경제주체 | 정부를 제외한 모든 경제주체 |
| 주요 경제활동 | 여러 학파마다 다양하며 복합적이다. |
| 시장에 대한 시각 | 효율적 시장 |
| 정부의 시장 개입 | 반대 |
| 인간에 대한 시각 | 합리적이다. |
| 주요 활동 시기 | 1973~2008 (오일쇼크 시기 이후 세계금융위기까지) |
| 주요 사상 | 자유보다 평등을 중요시하는 사회는 둘 다 얻을 수 없지만 평등보다 자유를 중요시하는 사회는 이 둘 다 얻을 수 있다. |

경제학으로서의 지위를 급격히 상실한다. 하버드대학교에서는 일부 학생들이 신자유주의 스타 경제학자인 그레고리 맨큐Gregory Mankiw(1958~, 그를 뉴케인지언이라고 보는 견해가 많지만 필자는 신자유주의자로 구분한다)의 수업을 거부하는 운동을 벌이는 진풍경이 벌어지기도 하였다.

## 돈 잃는 사람들의 마음을 분석하는, 행동경제학

행동경제학은 투자론 또는 경제학을 심리학의 관점에서 해석하고 설명하는 학문이다. 행동경제학에서는 인간이 경제적인 활동에서는 이성보다는 감정적으로 행동하는 경향이 높기에 '경제는 이성이 아닌 심리가 지배한다'는 관점을 가지고 있다. 때문에 '인간은 모두 경제적으로 이성적이며 합리적이기에 시장을 자유롭게 두어야 한다'는, 즉 호모 이코노미쿠스라는 가정을 대전제로 하는 자유시장주의 경제학 입장과 대립되는 학문이기도 하다. 심리학자였던 대니얼 카너먼Daniel Kahneman이 그의 심리학 논문을 의도적으로 경제학술지에 게재한 사건이 행동경제학의 모태가 된다.

행동경제학에 대한 지지는 학계보다는 실전 투자를 하는

## 행동경제학 개요

| 주요 경제학자 | 대니얼 카너먼, 리처드 탈러, 미 세일러 |
|---|---|
| 주요 경제주체 | 개인, 군중 |
| 주요 경제활동 | 소비, 매매 |
| 시장에 대한 시각 | 비효율적 시장 |
| 정부의 시장 개입 | N.A.(관계 없음) |
| 인간에 대한 시각 | 이기적, 합리적인 존재 부정 |
| 주요 활동시기 | 2008년 ~ 현재 |
| 주요 사상 | 인간은 경제적으로 합리적인 판단을 못하는 경우가 많다. |

금융업계에서 많이 나왔다. 특히 2008년 서브프라임 모기지 사태 및 금융위기를 겪은 뒤에는 지지율이 더욱 높아졌다고 한다. 기존의 주류 경제학(신고전주의 또는 신자유주의 경제학)으로는 설명하기 힘든 일련의 사태들에 대한 타당한 설명이 필요했기 때문이다. 2002년 대니얼 카너먼 이후 많은 행동경제학자들이 최근 노벨경제학상을 수상하고 있다.

# 차가운 머리, 따뜻한 가슴
# 케인스의 프로파일

"너는 결국 경제학자가 될 거야."

-알프레드 마샬

우연일까 필연일까, 마르크스가 사망한 해인 1883년, 아담 스미스의
생일과 같은 6월 5일 탄생한 케인스는 교육계와 정치계에서 활약하던
부모님 슬하 유복한 환경에서 자라났다. 이튼스쿨, 케임브리지대학과
같은 명문 학교에서 장학금을 받는 수재였지만 당대 최고의 경제학 교
수인 '알프레드 마샬'의 교수직 제안을 케인스는 거절한다. '교수 월급
으로는 먹고 살기 힘들다'는 이유 때문이다. 교수직을 거절한 뒤 국가
고시를 통해 재정 관련 공무원이 된다. 당시 2위로 합격하는데 1위가
되지 못한 이유가 경제학 부문 성적이 나빠서였다. 이에 대해 케인스는
'나의 경제이론을 이해하지 못한다'며 평가자들을 비난하였다고 한다.
모든 엘리트적인 조건을 가지고 있으면서도 반항아적 기질을 가졌던
천재, 케인스는 평소 주위 사람들을 놀라게 하며 관심을 끄는 재주를
가졌다.

"케인스, 당신에게 글 쓰는 재주가 있음을 인정하기 싫었어요. 신
은 나에게 수학에 대한 어떤 재능도 주지 않았거든요."

-케인스의 기고문을 본 버지니아 울프

1차 세계대전이 끝난 후 베르사유협정에 영국 대표자들의 일원으로
참가한 케인스는 전범인 독일에 엄청난 규모의 배상금을 물리는 조약

결과에 크게 반대하고 항의하며 모든 공직을 그만두는 사표를 쓴다. 직업이 없어진 그는 '복수심 가득한 베르사유조약의 결과로 나중에 엄청난 재앙이 유럽에 닥칠 것이다'는 내용이 담긴《평화의 경제적 귀결The Economic Consequences of the Peace》이라는 책을 썼고, 이 책은 곧 큰 반향을 일으키며 그의 첫 번째 베스트셀러가 된다.

베르사유조약 이후 유럽의 경제가 어려워질 것으로 예상했기에 그는 개인적으로 영국 파운드화를 대량 매도하고 미국 달러를 대량 매수하는 환 투기를 실행하여 큰돈을 벌기도 한다. 하지만 당시 영국의 재무장관 처칠은 파운드화 약세를 방어하기 위해 파운드화의 금본위제 복귀를 결정하는데 이에 케인스는 '앞으로 영국의 수출이 어려워질 것이다'라며 크게 반발하였다. 그는 즉시 책을 내어놓는데 그 책의 제목이 이번엔《처칠의 경제적 귀결The Economic Consequences of Churchill》이었다.

그의 예언은 적중하였다. 과도한 배상금으로 독일의 경제는 크게 어려워졌고 덩달아 유럽 경제에도 좋지 않은 영향을 주었다. 결국 '전쟁 배상금'을 지불하지 않겠다는 공약의 히틀러가 당선되었고 그 공약을 지킨다는 것은 또 다른 큰 갈등을 의미하였다. 케인스 역시 '경제 요인이 역사를 움직이게 된다'는 경제사관으로 미래를 예측하는 혜안을 가졌던 것이다.

그리 길지 않았던 생애 동안 그는 고위공무원, 경제학 강사, 국회의원, 투기꾼, 유명 경제지 발행인, 영국은행장, 보험사 이사회 의장, 학교기금관리위원, 베스트셀러 저자, 컬럼리스트 등의 직업을 가졌고 나중에는 귀족 작위까지 받게 된다. 평소 인문학에 관심이 높아 미술품·고서 수집가이기도 했으며 연극계의 큰손 후원자이기도 하여 예술협회장까지 역임하였다.

1925년 그의 결혼 발표는 또 세상을 깜짝 놀라게 하였다. 그의 결혼 상대가 당대 최고의 아이돌이었던 러시아 출신 발레리나 '리디아 로포코바'였기 때문이다. 사교계에서 쌓은 많은 문인들과의 친분이 그의 유려한 문체에 큰 영향을 끼쳤을 것이라는 추리도 가능하다. 그는 글 솜씨가 특별했는데, 저술했던 경제학 서적과는 별도로 수많은 경제 관련 에세이와 기고문들로 세상 사람들을 움직였다. 그의 부부와 버지니아 울프의 부부는 매년 크리스마스 파티를 함께 하는 절친한 사이였다고 한다.

"나의 새 이론이 정치적 견해에 흡수될 때 그 결과가 어떻게 될 지에 대해서는 나도 예측하기 어렵습니다."
– 《일반이론》 발간 직전 케인스가 버나드 쇼에게 쓴 편지 중

케인스는 수학 천재였지만 수학을 싫어했고 당시 경제학이 현실을 직관하지 못하고 수식에 매달려 있다고 크게 비난했다. 《확률론A Treatise on Probability》(1921), 《화폐개혁론A Tract on Monetary Reform》(1923), 《화폐론A Treatise on Money》(1930), 《일반이론》(1936) 등의 저서를 통해 그의 이론들을 정립시킨다. 당시 주류경제학자들은 '보이지 않는 손'을 신봉하였기에, 정부가 경제를 위해 많은 개입을 해야 한다는 케인스의 이론들은 당시 큰 반향을 일으켰다.

그의 정치 성향은 당연히 진보주의 쪽이었지만 마르크스에 대해서는 질색했다. 마르크스 예찬가였던 친구 버나드 쇼와의 논쟁은 당시 좋은 가십거리였다고 한다. 고전주의를 신봉하던 보수주의 정책 당국자들은 항상 자신들 정책에 신랄한 비판을 가하는 케인스와 척을 졌다. 반면 당시 진보주의 정책 당국자들 중에는 그의 추종자들이 많아 뉴딜 정책 등 루스벨트의 정부 개입 정책에 많은 영향을 주었다. 정책 당국자들은 케인스의 명성을 이용하기도 하였는데 케인스의 분석으로 검증받았다며 자신의 정책 주장을 펼치는 식이었다. 사실 필자를 포함한 많은 추종자들은 자신들의 경제적 혹은 정치적 견해를 관철시키고 싶은 욕심에 케인스의 사상과 자신들의 생각을 마리아주

Marriage(결합)시키는 경향이 있다.

'노동하지 않고 부를 쌓은 자 여기 잠들다.'
-케인스의 묘비명으로 알려진 글귀

'주식 투자로 크게 돈을 번, 흔치 않은 경제학자!'
-영국 정부 청사에 걸려진 케인스의 초상화 밑의 글귀

케인스가 주식 투자로 크게 성공한 이야기도 유명하다. 그는 1920년대 파운드화를 매도하는 환 투자로 대박을 터트렸지만 가격을 예측하는 모멘텀 투자를 일삼다가 대공황 때에는 큰 손해를 보기도 한다. 이후 그는 투자에 대한 엄청난 연구 끝에 투자 대상의 가치를 분석하는 가치투자가 투자로 성공할 수 있는 유일한 길이라는 사실을 깨닫고 이를 실천하여 큰 성공을 한다. 여러 기록들로 남겨진 그의 가치투자 철학과 방법론들은 워런 버핏 등 수많은 가치투자자들의 것과 유사한데 시기적으로는 가치투자의 아버지 또는 선구자라 불리는 벤자민 그레이엄Benjamin Graham보다도 앞선다.

그는 '한 사람의 지출은 다른 사람의 소득이 된다'라는 지론을 가지고 있었다. 소비하지 않고 보유하는 돈을 죄악시했고 단순 이자 소득자들을 경멸했다. 때문에 계속 소비하여 자신이 죽는 순간 소유하는 돈이 제로가 된다면 가장 효율적으로 돈을 잘 쓰는 것이라 주장하며 실천하고자 노력했다. 하지만 평소 상당한 규모의 기부와 소비를 했음에도 그의 가치투자가 성공하여 어쩔 수 없이 많은 유산을 남겼다.

"진심으로 후회되는 건 샴페인을 더 많이 마시지 못한 일."
-존 메이어드 케인스

그는 재무부와 중앙은행의 경제정책에 대해 조롱과 비판을 일삼았기에 평소 정책 당국자들에게는 미운 털 같은 존재였다. 하지만 2차 세계대전이 발발하자 미국으로부터의 대규모 차관이 필요했던 영국 정부는 케인스에게 손을 벌려 구원투수 역할을 부탁하였고 건강하지 못한 상황임에도 케인스는 결국 재무부 자문위원과 영란은행 이사 등을 역임하며 마지막 일생을 조국을 위해 헌신한다. 그는 건강이 악화된 시점에서도 여전히 큰돈이 남아 있자 유효수요를 위해 더 많은 소비를 했어야 한다는 뜻으로, "샴페인을 더 많이 마셨어야 했어"라는 마지막 말을 남겼다.

# 경제지표를 바라보는 눈, 달라야 앞선다

## 경제성장률, 무엇을 놓치고 있나?

한 해 동안 국내에서 이루어진 모든 최종 생산물이 시장에서 거래된 가치를 GDP(국내총생산)라고 한다. 생산물이 거래되는 가격, 즉 교환가치로 측정되는 모든 부가가치의 합계이기도 하다. 예컨대 어느 출판사에서 종이 100만 원, 기타 재료비 100만 원을 들여 책을 출판한 후 이를 300만 원에 판매했다면 최종 생산물인 300만 원만이 GDP로 산입된다. 이는 다시 종이 100만 원 + 기타 재료비 100만 원 + 출판사의 부가가치 100만 원으로 나눌 수 있다. 한 나라의 GDP는 최종 생산물의 가격을 지불한 목적이나 주체별로 나누어 크게 소비(주로 가계), 투자(주로 기업), 정부지출, 해외 순수출로 나누어 계산할 수도 있다.

GDP = 소비 + 투자 + 정부지출 + 해외 순수출
= 국내에서 생산된 모든 최종 생산물들의 교환가치의 합

GDP는 '보이지 않는 손'을 통하여 보다 많은 상품이 생산되어 소비되는 것이 보다 많은 국부를 창출하는 것이라는 아담 스미스의 개념과 일맥상통한다. 또한 아직까지 국부의 측정을 위한 가장 현실적인 지표로 평가받고 있다. 하지만 GDP는 상품의 교환가치만을 측정한다는 이유로 꽤 많은 사각지대가 있다는 맹점이 있다. 다음은 GDP가 놓치는 사각지대들의 예시다.

**GDP의 사각지대**

1. 자급자족 상품처럼 생산되기는 하지만, 거래되지 않는 것의 가치는 GDP에 산입되지 않는다. 만약 어느 개인이 1,000원짜리 라면 한 봉지를 사서 집에서 조리해 먹었다면 이 활동에서 생성된 총 GDP는 1,000원으로 계산되는 반면, 같은 라면을 분식집에 가서 3,000원을 지불하고 사 먹었다

면 생성된 GDP는 3,000원으로 계산된다. 아직도 매년 김장 철이 되면 많은 집에서 엄청난 노동력이 투입되어 엄청난 가치의 김치를 생산해내지만 재료 값 외에는 이들 생산분이 산입되지 않는다. 전업 주부가 가정에서 한 요리, 텃밭에서 기른 야채 등 가사일로 창출된 가치도 지불된 가격이 없기에 산입되지 않는다.

2. 홍수나 지진 같은 천재지변이 일어나 국민의 재산이 크게 파손되는 상황이 발생하면 국가의 GDP가 증가한다는 사실도 아이러니하다. 천재지변은 생산자들에게는 잠시의 이득이 될 수 있어도 소비자들에게는 오래 남는 큰 아픔이다. 하지만 GDP에서는 파손된 것을 차감하지 않고 파손된 것을 메우기 위해 새로 구매하는 것 즉 생산자에게 잠시 이득인 것만을 산입한다.

3. 실업급여·기초연금·무상 급식·무료 교통비·사회봉사 활동 등 사회복지 지출의 경우, 효용은 매우 높지만 가격으로 지불되지 않는 활동이나 거래의 상당 부분은 GDP에 산입되지 않는다. 예컨대 필자가 직접 독거노인의 집에 도배를 해드리는 경우와 어느 도배업체에 비용을 지불하고 도배를 맡기는 경우, 사회에서 얻는 효용은 같지만 전자의 활동은 GDP에 산입되지 않는다.

4. GDP 산정에도 '평균치의 함정'이 존재한다. 대다수 구성원의 부가가치 창출 양은 적지만 소수 구성원의 부가가치 창출 양이 매우 클 경우, GDP는 대다수가 느끼는 정도에 비해 매우 크게 나타날 수 있다. 전체 비중 가운데 대기업의 경제 규모가 가장 큰 비중을 차지하는 한국의 경우도 평균치의 함정에 쉽게 빠질 수 있다. 전 세계 1인당 GDP 1위와 2위를 다투고 있는 카타르나 마카오의 경우, 소수의 기업이나 개인들이 소유하고 있는 석유 산업과 카지노 산업으로 생산되는 GDP 총계가 높다. 이처럼 소수 인구로 인해 1인당 GDP가 높아졌지만 정작 서민들의 부는 세계 1·2위와는 거리가 있다.

5. 해외 기업이 우리나라에서 큰 부를 얻고 그 부를 배당 등을 통해서 해외로 유출시켜도 그 부는 국내 토종 기업이 번 돈과 똑같이 GDP에 산입된다. 예컨대, 우리나라에 위치한 어느 외국인 기업이 100억 원의 상품을 해외에서 수입한 후 이를 100억 원의 인건비와 비용을 들인 후 300억 원으로 수출한 후 이익금 100억 원을 모두 배당으로 가져갔다고 하자. 이는 우리나라 치킨 자영업자들이 100억 원어치의 닭을 수입한 후 이를 조리하여 국내에서 300억 원의 매출을 올린 것과 똑같이 GDP는 200억 원으로 계산된다. 하지만 우리나라 미래의 유효수요 가계소득 효과를 따진다면 후자의 경우의

경제 효과가 훨씬 높다.

6. 게임, 도박, 매춘 등 불법적인 요소가 많은 지하경제도 GDP에 산입되지 않는다. 후진국일수록 세금 통계가 잡히지 않는 음성거래가 많아 실제 경제 규모에 비해 GDP 통계가 적게 산정되는 경향이 있다.

종합해보면 GDP는 국민이 얻는 효용보다는 거래되는 상품의 가격에 좌우되고 가계의 소득이나 소비보다는 기업의 생산을 중요시하는 경향이 크다. 때문에 오로지 GDP를 높이는 데에만 정부의 목표가 주어진다면 사회복지 정책과 같이 다수의 국민이 얻는 효용을 높이는 정책보다도 대규모 토목공사 등 일시적으로 GDP를 증가시킬 수 있는 단기적인 정책을 실행하고픈 유혹을 받게 될 것이다. 한편 삼성전자, 현대자동차 등 외국인 지분율이 50%가 넘는 수출 대기업들 비중이 높은 우리나라의 경우에는 이들의 성과에 의한 GDP의 왜곡 현상이 크게 나타날 수 있다. 이들 대기업들의 성과가 우리나라 국부에 미치는 영향은 크다. 하지만 이들의 단기적인 성과 변동에 의한 착시로 우리나라 중산층, 서민들의 경제 상황과 현실이 잘못 읽혀져서는 안 될 것이다. GDP는 중요한 지표이지만 결코 맹신해서는 안 될 지표이다.

이런 GDP에 대한 불신은 필자의 것만이 아니다. 꽤 많은 경제학자들이 GDP의 맹점에 대하여 얘기하고 있는데 2008년에는 전前 프랑스 대통령 니콜라 사르코지Nicolas Sarkozy의 제안으로 조지프 스티글리츠Joseph Stiglitz, 아마르티아 센Amartya Sen 등 노벨 경제학상 수상자들을 중심으로 위원회를 구성, GDP를 대신하여 제대로 국가경제를 측정할 지표를 찾는 작업을 하기도 하였다. 비록 이들이 GDP를 대체할 만한 완벽한 지표를 찾은 것은 아니었지만 향후 생산보다는 소득과 소비를, 기업보다는 가계의 입장을, 재산의 총량보다는 재산의 분배를, 단순한 부富보다는 삶의 질을 중요시하는 지표를 개발하여 GDP를 보완할 것을 권고하는 보고서를 발표하였다. GDP는 주요 경제지표이지만 결코 최종 목표 지표가 되어서는 안 된다.

## 평균치 통계의 함정

"한국 부자 상위 1%의 평균 재산은 30억 원!"

만약 이런 기사를 접했을 때 사람들은 어떻게 이 기사의 내용을 해석하고 사실을 인지할까? 먼저 '30억 원이 있어야 상위 1% 부자가 될 수 있다'고 오해하는 사람들이 의외로 많다. 하지만 한국의 1%라면 약 50만 명이며, 이 50만 명의 평균 재산이 30억 원이라는 이야기이지, 50만 명째의 부자가 30억 원을 보유하고 있다는 이야기는 결코 아니다.

'평균이 30억 원이니까 30억 원을 보유하면 상위 1%의 중간인 0.5% 수준, 즉 25만 명째 정도의 부자가 되겠구나'라는 오해도 많이 가진다. 하지만 실상은 크게 다르다. 이런 경우 수백 억, 수천 억 원의 재산을 보유한 소수의 수치들 때문에 평균이 중간값보다 매우 높게 계산되는 '평균치 통계의 함정' 때문이다. 이는 통계 수치를 곡해하게 만드는 많은 함정들 중 대표적인 것이다. '평균치 통계의 함정'은 평균치와 실제 중간값 또는 다수의 값이 큰 차이를 보이는데도 단지 평균치를 사실로 인식하게 만들어 왜곡된 정보를 얻게 하는 오류를 발생시킨다.

예컨대, 100명을 대상으로 한 통계 조사에서 99명은 1개의 핸드폰을 보유하고 있는데, 단 1명이 수집 목적으로 100개의 핸드폰을 보유하고 있었다면, 100명에 대한 핸드폰 개수의 평균값은 약 2개로 계산해 발표될 것이다. 그리고 이 통계치를 바라보는 사람들은 이들 100명 모두가 2개의 핸드폰을 보유한 것으로 인식하는 오해를 하게 된다.

경제 관련 통계에서 '평균치의 함정'은 소수 최상위층 또는 소수 최하위층의 값 괴리가 크면 클수록 커진다. 부의 편차가 심할수록 평균 가계 재산, 1인당 GDP 등 많은 경제통계에서 평균치와 중간값의 차이가 커지므로 경제 통계 수치를 참조할 때 많은 주의를 기울여야 하는 이유이다.

## 경제성장률, 정체되거나 낮아지면 정말 큰일나는가?

GDP성장률로 대표되는 경제성장률은 금융시장에서도 자산 가격 전망을 위해 가장 의미 있는 수치로 인식된다. 경제성장률 전망에 따라 전 세계 주식시장과 채권시장이 상당한 규모로 요동친다. 경제성장률이 평소보다 조금이라도 안 좋아지면 각종 언론에서도 난리가 난다. GDP성장률을 높이는 것이 모든 정부 경제정책의 큰 목표가 되는 이유다. 하지만 필자는 선진국 대열에 접어들면서 저성장 국면으로 접어드는 현상은 자연스러운 노화 현상이지 병에 걸린 것이 아니라고 보며, 때문에 0.1%, 0.2%의 GDP성장률 변화에 경도되어 호들갑을 떠는 것을 경계해야 한다고 번번이 강조한다. 1인당 GDP 수준이 2~3만 달러를 넘어선 이후부터 경제성장률이 급격히 낮아지는 모습은 일반적인 현상으로 보아야 할 것이다.

이해를 돕기 위해 국가의 경제성장률을 개인의 상황에 비유해보겠다. 작년의 GDP보다 올해의 GDP가 얼마나 늘었냐를 따지는 GDP성장률은 마치 한 개인이 작년에 벌어들인 돈보다 올해 번 돈이 얼마나 더 늘었는지 그 소득증가율을 따지는 것과 같다. 그런데 연봉 3억 원의 고액 연봉자가 있다고 하자. 작년 연봉이 3억 원이었는데 올해도 연봉 3억 원이라면 이 사람의 소득증가율은 0%가 될 것이다. 한데 이 사람의 생활에 0%의 성장률이 심각한 영향을 끼칠까? 물론 기분은 좀 나쁠 수 있지만, 실제 그의 경제생활에는 별로 심각한 문제가 생기지 않을 것이다. 작년에 3억 원을 받다가 올해 2억 7,000만 원을 받게 되어 성장률이 -10%가 되었다 하더라도 그의 경제생활은 큰 지장이 없을 가능성이 높다.

이와 마찬가지로 1인당 GDP 수준이 3만 달러가 넘어서는 선진국이 되면 경제성장률은 그리 중요하지 않다는 사실을 깨달아야 한다. 오히려 정부는 경제성장률이 예전처럼 높지 않다는 걱정과 조바심으로 지금까지 차곡차곡 벌어놓은 재산으로 갑작스레 무리한 사업을 하는 방식을 경계하며 정책을 펼쳐야 한다. GDP성장률은 방향성 차원에서 상당히 중요한 지표임을 부인할 수는 없다. 하지만 GDP 수치가 항상 절대적인 것은 아니며 오차 범위도 꽤 크다는 사실을 염두에 두며 읽고 해석해야 한다.

한편 소득이 낮은 개인일수록 소득증가율은 중요하다. 어떤 사람이 2,000만 원 수준의 연봉을 받으며 빠듯하게 생활한다고 했을 때, 그 사람의 연봉이 다음 해에 10% 상승한 2,200만 원 정도가 되지 못한다면 더욱 생활이 어려워지는 심각한 상황을 맞을 수도 있다. 1인당 GDP 수준이 1만 달러가 되지 못하는 후진국이나 개발도상국의 경우 경제성장률이 높게 나와야 하는 중요한 이유다.

## 차라리 GDP 수치를
## 무시했더라면(일본의 사례)

일본이 그랬다. 잃어버린 10년 이후에도 일본의 성제성장률은 거의 0~1% 수준에서 정체되어 있어 이제 경제성장률에 문제가 생긴 지 30년 가까이 지났다. 필자는 일본의 경제를 두고 '부자는 망해도 30년은 간다(원래 알려진 문구는 '부자는 망해도 3년은 간다'이다)라는 비유를 자주 한다. 물론 그동안 일본의 위상이 좀 떨어지기는 했지만 오랫동안 성장률에 문제가 있었던 것치고는 아직 건재하다는 표현이 맞을 것이다. 일본이 해외 투자처에서 벌어들이고 있는 배당과 이자 등 투자소득수지가 한 해에 200조 원을 훌쩍 뛰어넘기도 한다. 사람으로 따지면, 젊을 때에는 열심히 일하며 월급으로 생활하다 노후에는 그동안 모아 놓은 자산에서 나오는 이자나 배당·연금으로 먹고사는 격이다. 1억 2,000만 명이 넘는 인구 규모로 내수 경제도 탄탄하다.

앞에서 설명했듯이 일본의 제로 성장률은 별로 큰 문제가 아니었으며 지금도 심각한 문제가 아니라 판단된다. 나이가 먹어갔지만 적절한 운동과 적절한 비타민 섭취 등으로 건강에 유의하면 충분히 오래 살 수 있는 상황이었다. 오히려 문제는 GDP라는 수치에 너무 몰입되어 이를 되살리기 위해 펼친 과도한 정책들로 발생하고 있다. 유효수요 확대라는 케인스 《일반이론》의 올바른 사용법을 무시하고, 오로지 GDP성장률이란 통계 수치를 진작시키기 위해 정부가 투입한 엄청난 재정정책이 막대한 국가 부채라는 부메랑이 되어 지금 일본의 발목을 붙잡고 있는 것이다. 사람이 다니지 않는 섬과 섬 사이에 큰돈을 들여 다리를 놓는 식의 대규모 토목공사도, 인구가 줄어가는 상황에서 무리하게 실행한 주택 가격 부양책도, 여전히 거품이 제거되지 않아 고평가된 주식시장에 투입한 인위적인 부양책도 경제성장률 상향에는 실패한 채 막대한 재정 적자와 국가 부채라는 멍에만 남겼다.

통계를 보면 2018년 기준 일본의 국가 채무는 GDP의 230%를 넘어섰다. GDP의 40% 수준인 우리나라와는 비교가 되지 않는 수준이다. 이미 무디스 등 신용평가기관에서 평가하는 일본의 국가신용등급은 우리나라보다도 한두 단계 아래이다. 노화를 자연스러운 현상으로 받아들이지 않고 너무 심각한 상황으로 인식하여 마치 회춘이라도 하려는 듯 무리한 성형과 보약을 남용하다 부작용만 얻고 가산을 탕진하는 모습과 유사하다. 설상가상으로 지금의 아베 정부는 '물가상승률 2%!'라는, 필자로서는 도저히 이해 못할 수치적 경제

목표를 세우고 정책을 펼치고 있다. 어마어마한 재정 적자와 국가 부채 증가를 감수한 2010년대 아베노믹스도 결국 원하는 통계 지표 효과는 얻지 못한 채 국민의 효용과 행복을 앗아가고 있다. '잃어버린 30년' 이전에는 존재하지도 않았던 일본의 소비세가 1990년대 5%로 올라섰고, 아베 정부의 집권 이후 5%에서 8%를 거쳐 10%로 확대되었다. 물가 상승 목표를 위해 소비세 인상이 필요하다는 해괴망측한 논리도 제기되고 있다 한다. 정부의 지속되는 실책을 국민들 특히 서민들의 고통으로 메워주고 있는 셈이다.

일본을 반면교사 삼아야 한다. 낮아진 경제성장률에 호들갑 떨지 말고 미래의 가능성을 위해 부동산과 주식의 거품을 적절히 제거하면서 부작용을 최소화시키고, 그 많던 재정을 유효수요를 극대화하는 곳에 사용했더라면 지금의 일본은 훨씬 부강한 나라를 유지하고 있었을 것이다. 일시적인 경제성장률 제고를 위해 국가 부채나 민간 부채를 급격히 증가시켜 국가의 미래 잠재력을 훼손하는 식의 경제정책은 앞으로 최대한 경계해야 한다. 재정을 결정하는 경제정책 수립자들이 경제성장률보다는 항상 국민들의 효용, 소득 하위계층의 소득이나 국가경쟁력 제고를 목표로 삼아야 하는 이유이다.

## 경제성장률을 바라보는 투자자의 마음가짐

"다음에 IMF 사태 같은 상황이 한 번만 더 오면, 돈을 엄청 많이 벌 수 있을 건데."

2000년대 중반, 오랜 친구 K가 입버릇처럼 하던 얘기다. 주식, 채권, 부동산, 심지어 골프회원권 등 IMF 사태 당시에는 모든 자산들의 가격이 폭락하였다. 경제위기가 왔을 때 무엇이든 적극적으로 사두었으면 큰돈을 벌었을 테니 다시 한 번 그런 기회가 오면 놓치지 않겠다는 뜻이었다.

하지만 몇 년 후 금융위기라는 경제위기가 다시 찾아왔고, 주식 가격이 불과 1년 전의 반 토막이 나는 상황이 발생하였지만, K는 수년 전의 장담처럼 가격이 폭락하고 있는 자산들을 쉽사리 매수하지 못했다. 세상의 모든 뉴스들이 앞으로 전 세계 경제지표가 크게 악화될 것이라고 떠들어댔고, 유명 파워블로거의 비관적인 경제 전망에 주가는 거센 풍랑 속의 조각배처럼 위태로웠다.

하지만 그다음 해부터 주가는 이들의 전망을 비웃으며 큰 폭으로 반등했다. 어쩌면 그들의 경제 전망은 크게 틀린 것이 아니었다. 비록 마이너스 성장률과 같은 큰 불황은 없었지만 금융위기 이후 2009년부터 2018년까지 10년간 실질경제성장률은 이전에 비하여 큰 폭으로 하락한 2.8%대에 불과하였다. 하지만 이 10년 동안 적어도 한국거래소에 상장되어 있는 주식들의 ROE(순자산대비 순이익) 평균은 약 10% 수준이었다. 매년 10%의 돈을 벌어 2% 내외는 배당으로 지급하고 남는 약 8%의 이익유보금만큼 기업들의 자산이 꾸준히 쌓여 기업이 보유하게 된 재산은 2배 이상이 되었을 것이다. 예컨대 2008년 말 6,800원 정도에 불과했던 삼성전자의 주당 순자산가치는 2018년 말 3만 5,000원대가 되었고, 2008년 말 3만 6,000원대였던 신한지주의 순자산가치는 2018년 말 7만 5,000원대가 되었다. 최근의 경제성장률은 어느 때보다 낮았지만 상장 기업들이 이익을 쌓아가는 속도는 어느 때보다 빨랐던 것이다.

결론적으로 ① 어느 나라의 경제성장률의 방향(변곡점)을 예측하기는 어렵다는(특히 결정적인 시점에서) 점과 ② 경제성장률의 수치와 기업들의 이익 수치는 방향성은 같을 수 있으나 절대적인 수치로 상응하지는 않는다는 점 등의 이유로 한 나라의 경제성장률 전망을 통한 주식시장 전망은 적중률이 현저히 떨어진다. 필자의 경우, 경제성장률 전망 수치를 믿고 순응하는 투자보다는 이를 역이용하는 투자 방식을 이용한다. 즉 시장에 경제성장률 지표가 너무 과도하게 반영되어 실제 기업들의 가치에 비해 너무 큰 폭으로 주가가 하락하거나 상승할 때, 이를 매수나 매도의 기회로 삼는 식의 투자가 더욱 성공률이 높다고 믿고 있다.

# 또 하나의 함정,
# 소비자물가지수에 대한 단상

"통계가 상식적이 아닐 때에는 통계보다 감각에 의존하는 편이 더 현명하다."

-케인스

물가의 상승은 곧 통화의 가치를 떨어뜨려 가계의 구매력을 하락시킨다. 때문에 소비자물가지수는 중앙은행이 통화정책을 펼칠 때 가장 중요하게 생각하는 통계치이다. 통계청에 따르면 2016년에는 1.0%, 2017년에는 1.9%, 2018년도에는 1.5%를 기록하는 등 최근 우리나라의 소비자물가지수 상승률이 상당히 낮은 수준을 기록하는 중이다. 그리고 소비자물가지수가 많이 오르지 않는다는 이유로 물가 상승에 대한 우려는 별로 하지 않는 정책들을 이리저리 펼치고 있다.

동의하는가? 최근 3년간 아파트 매매가 또는 전세값이 치솟았고 웬만한 식당의 밥 한 끼 가격도 10~20% 이상으로 훌쩍 뛰어오르는 등 우리가 직접 체감하고 감당해야 할 물가는 꽤 빠른 속도로 올라가고 있다. 그런데도 소비자물가지수란 계기판은 오히려 정책 당국자들로 하여금 디플레이션을 우려하게 하는 수치를 가리키고 있다. 버스 승객들은 버스의 속도가 너무 빨라 불안에 떨고 있는데 버스 기사는 고장 난 계기판에 나타난 속도가 너무 낮다며 버스 속도를 더욱 올리는 형국이다. 왜 이런 상황이 발생하는 걸까?

우리가 소비자물가지수를 측정하는 가장 큰 이유는 일반 가계들이 삶을 살아가는 데 있어 필요한 비용의 정도가 어느 정도 증가하고 있는지를 측정하기 위함이다. 그렇다면 최대한 국민들의 생활에 밀접한 비용의 측정이 필요하고 최대한 국민들의 생활 수준의 변화가 반영된 물가의 측정이 필요하다.

만약에 대다수 국민들이 신형 LED TV를 구매하고 있는데 물가의 측정은 과거에 쓰던 브라운관 TV의 가격 등락을 측정하고 있다면 이치에 맞지 않을 것이다. 국민들의 생활 수준이 높아져 이제는 버터로 만들어진 빵을 많이 소비하고 있는데 물가는 여전히 마가린으로 만들어진 빵 가격을 측정하고 있다면 물가를 측정하는 취지를 잘못 이해하고 있는 것이라 본다. 만약 어느 갈비탕 집이 갈비탕 가격을 2만 원에서 1만 8,000원으로 낮추는 대신 사용하는 식재료는 한우 갈비에서 수입산 갈비로 바꾸었다면 이 갈비탕 물가는 낮아진 것일까?

소비자물가지수에서 주거비가 차지하는 비중이 약 9.4%에 불과한 것도 이해 못할 대목이다. 그것도 전셋값(4.9%)과 월셋값(4.5%)이 전부다. 최근 서울의 아파트 가격이 급등하여 젊은이들이 집을 장만할 꿈을 포기하고 있고, 웬만한 월급쟁이들도 빠듯이 돈을 모아 재계약 시 오른 전세금을 충당하려 해도 돈이 모자라 전세금 대출이 급증하고 있는 형편이다. 그런데 한국은행이 내놓은 자료를 보면, 2016~2018년 3년간 국민들이 지불하는 주거비가 매년 불과 평균 약 1.3% 증가한 것으로 집계되어 있다(2015년 주택임차료를 100으로 보았을 때 2018년 주택임차료는 104.15). 수치로만 보면 우리나라 주거 비용이 너무 안 올라 부동산 불경기를 걱정해야 할 정도이다. 우리나라 가구 순자산 중 부동산이 차지하는 비중이 70% 이상인데, 부동산의 매매 가격 상승이 물가지수에 포함되지 않는 것도 옳지 않다.

국민이 거래하고 있는 상품의 가격뿐 아니라 국민들이 느끼는 효용도 소중하다면, 실제 소비하고 있는 상품의 물가도 중요하지만 소비하고 싶어 하는 상품의 물가 등락도 중요하다. 한우의 가격이 너무 올라 사람들이 한우를 먹지 않고 소시지를 찾는 사람들이 늘어났다면, 사람들이 많이 먹는다며 소시지 가격만 측정하며 식품 가격이 내렸다고 할 것인가? 소비자물가지수를 구성하는 바스켓이 국민의 생활 비용 부담을 제대로 반영하고 있지 못하다면 바스켓 내의 상품들과 그 가중치들을 더욱 면밀히 검토해보아야 한다. 소비자물가지수가 제대로 체감 물가를 반영할 방법이 없다면 아예 다른 종류, 다른 방식의 물가지수 측정도 검토해볼 필요가 있을 것이다. 계기판이 제대로 되어 있어야 한국은행과 정부가 제대로 운전할 수 있다.

제3장

# 펀드매니저의
# 눈으로 바라본
# 경제사 (下)
### - 대량생산 시대에 반복되는
### 자본주의의 위기와 극복

## 자본주의의 위기를 어떻게 바라보고, 미래를 설계할 것인가

　1장에서 자본주의가 태동하고 형성되는 모습을 지켜봤다면 이 장에서는 자본주의가 풍요 속에서도 갑자기 위기를 맞고 또 이 위기를 극복하다가도 또다시 문제가 발생하는 모습들을 다루게 된다. 2장에서 다루었던 몇몇 중요한 거시경제철학과 사상들을 이해하게 되었다면 대공황 이후 스태그플레이션, 일본의 버블경제 붕괴, 한국의 IMF 외환위기, 세계 금융위기에 이르기까지 많은 굴곡의 경제사를 보다 흥미롭게 지켜볼 수 있을 것이다. 어떤 이유로 위기가 발생하고 어떤 방법으로 위기를 극복하게 되는지, 그리고 왜 이런 일들이 반복되는지 등을 살펴본다면 현재의 복잡한 상황에서도 향후의 그려질 그림에 대하여 윤곽을 더 선명하게 파악할 수 있는 혜안을 갖추어 나가게 될 것이다.

한편 그리 길지 않은 역사를 통해서도 점점 더 분명해지는 사실은 자본주의 시스템은 분명 모순도 많고 간혹 위험한 상황에 처하기도 하지만, 스스로의 치유 능력도 상당하며 앞이 캄캄한 위기에서도 어떻게든 빛을 찾아내는 생존력 또한 대단하다는 사실이다. 숱한 어려움과 위기 속에서 굴곡을 보이면서도 의외로 꾸준히 전 세계 기업들과 가계들의 부는 성장하여왔다. 바로 지금도 미국과 중국의 무역 분쟁이 한창이고 이에 세계경제는 불안하여 한 치 앞을 보기 힘든 상황이다. 하지만 그런 와중에서도 미국의 주가지수는 사상 최고치를 갱신하고 있다. 자본주의의 자연 치유력과 생존력을 믿는다면 보다 희망적이고 낙천적인 믿음을 가지고 투자에 임할 수 있을 것이다.

# 2차 산업혁명이 이끈
# '벨 에포크'와 '위대한 개츠비' 시대

## 2차 산업혁명의 아름다운 시절,
## 중산층이 형성되다

미국에서는 남북전쟁이 끝나고 곧이어 유럽에서는 프로이센·프랑스전쟁이 끝나면서 이후 1차 세계대전 전까지 40년이 넘는 평화의 시대가 찾아온다. 오랜 전쟁으로 피폐해졌던 유럽은 비스마르크의 현명한 외교력으로 오랜만에 오랜 평화를 유지하게 되는데, 세계 열강들은 이 평화의 시기를 이용, 산업혁명의 도약에 박차를 가한다.

일반적으로 이 시기를 2차 산업혁명의 시대라고 이야기한다. 1차 산업혁명은 영국을 중심으로 일어났지만 2차 산업혁명은 남북전쟁과 프로이센·프랑스전쟁의 승자인 미국 북부와 독일을 중심으로 이루어졌다. 이 두 나라는 영국이 이미 이루어놓은 1차 산업혁명의 노하우를 빠르게 습득하여 기초 도약의 비용을 절감할 수 있었고 더 새롭고 더 발전한 기계들을 개발할 경제적 여력이 높았다. 독일에게는 프랑스로부터 받은 전쟁배상금이 큰 도움이 되었다. 미국은 텍사스 지역, 서부 지역 등으로 영토를 넓히고 대륙횡단 철도를 건설하며 경제력을 키우는 중이었다.

증기기관, 방직기, 석탄, 철도, 소비재 산업 등이 1차 산업혁명을 대표하는 용어라면 전기, 석유, 라디오, 전화, 영화, 자동차, 인쇄기, 중화학공업, 컨베이어 시스템 등이 2차 산업혁명을 대표하는 용어라 할 수 있다. 미국의 토마스 에디슨 Thomas Edison(1847~1931), 헨리 포드Henry Ford(1863~1947), 테슬러Tesla(1856~1943), 독일의 루돌프 디젤Rudolf Diesel(1858~1913) 등이 2차 산업혁명의 대표적 인물들이다. 수많은 발명품들과 기술 혁신은 새로운 효용의 상품을 만들고 수많은 상품들의 생산비용을 낮추어 '보이지 않는 손'의 작동이 최고조에 달하는 원동력이 되었다. 한편 대량생산의 시기를 맞아 과거 상품의 부족에 대한 우려는 사라져 소비와 거래에 대한 연구에 집중하는 신고전학파 경제학이 탄생하여 고전학파를 발전·계승한다.

한편 1차 산업혁명 때와는 달리 2차 산업혁명이 지속되는 시기에는 노동자와 농민들의 경제 상황이 점차 개선되어 마침내 중산층이 형성되기 시작하였다. 1800년대 중반부터는 노동자의 권익을 위해 공장법 또는 노동 관련 법들이 영국 등 여러 나라에서 제정되었고 노동조합의 개념도 생겨나고 있었다. 화학비료의 발명으로 식량 생산이 증가하고 소비재의 대량생산으로 노동자들이 과거에는 꿈꾸지도 못했던 상품들을 소유하기 시작했다. 2차 산업혁명의 효과들이 크게 나타난 1880년대부터 1차 세계대전 이전까지의 유럽을 '벨 에포크Belle Époque(좋은 시절을 뜻하는 프랑스어)' 시대라고도 부른다. 이렇게 긴 평화의 시대는 독일 비스마르크 재상의 교묘한 외교력과 강력한 정치력으로 가능했다는 평가를 많이 받는다.

## 대량생산, 갈등과 전쟁의 원인이 되다

하지만 이런 좋은 시절은 산업혁명을 이룬 세계 열강들만을 위한 축제였으며 산업화를 거치지 못한 많은 나라들은 산업화된 열강들의 먹잇감이 된 불행한 시기이기도 하다. 수많은 아프리카와 아시아의 나라들이 영국이나 프랑스에 점령되었고 벨기에, 미국, 일본 등이 뒤이어 식민지를 쟁탈했다. 1868년 메이지유신을 단행한 일본은 이후의 산업화로 벨 에포크를 누렸던 열강에 포함되었지만 구한말 조선은 그 희생양이 되었다(1910년의 경술국치). 거대한 청나라도 일본(1894~1895의 청일전쟁)에 유린당했다.

산업혁명을 통한 풍부한 상품의 대량생산은 자본주의의 황금기를 이끌면서도 일찍이 생각지도 못했던 자본주의 모순과 갈등을 잉태하고 있었고, 향후 1차 세계대전과 대공황의 단초가 되었다고도 볼 수 있다. 대량생산으로 상품이 넘쳐났지만 이를 소비할 수요처는 생산과 비례하여 늘지 못했다. 그러한 이유로 보호무역, 식민지 쟁탈 등 자국에서 생산된 상품의 수요처를 확보하려는 노력과 갈등이 생겨나기 시작한 것이다. 특히 인도 등 해외 식민지에 큰 내수시장을 보유한 영국(간디가 항상 물레를 옆에 두고 있었던 이유가 영국의 면직물을 수입해야 했던 까닭에 인도의 면직물 산업이 피폐해졌기 때문이었다)이나 영토가 계속 확장되고 인구 유입이 지속되던 미국과 달리 독일의 경우, 일찍이 식민지 확대에 소극적이었던 바람에 발달한 과학기술로 생산된 상품의 양에 비해 이를 소비할 수 있는 수요자의 수가 부족해지는 문제가 생겼다. 독일은 이 문제를 무역으로 해결하고자 했으나 다른 열강들의 보호무역주의, 독점주의 등으로 점차 갈등이 커져갔다.

1888년 약관의 나이로 황제가 된 빌헬름 2세Wilhelm II(1859~1941)는 과잉생산의 문제를 식민지·쟁취와 동구권 및 아랍권으로 영토를 확대하여 해결하려는 욕구를 가졌다. 그는 즉위 때부터 비스마르크와 그의 평화 유지를 위한 정책들을 마뜩잖게 여겨 그를 1890년에 해임하였는데 그 이후부터 유럽에 점점 긴장감이 퍼지기 시작한다. 이후 그는 많은 열강들과 갈등을 일으키다 결국 벨 에포크 시대의 평화를 깨뜨리고 1차 세계대전을 일으키는 전범이 된다.

| 투자자의 경제학 파노라마 |

## 2차 산업혁명 시기에 지어진 백조의 성, 광인의 대박 투자였나?

독일 바이에른 지역 퓌센에는 매일 수많은 관광객들이 몰려가는 아름다운 '백조의 성' 노이슈반슈타인이 있다. 이 성을 지은 루트비히 2세 Ludwig II(1845~1886)는 어릴 때부터 감수성이 뛰어났으며 예술을 사랑했다. 흠모하던 작곡가 바그너를 곁에 불러 막대한 지원을 하다가 주위의 원성이 높아지자 그를 멀리했지만 이후 스스로 거대한 조각품(이 성은 실제 적을 방어하거나 주거할 수 있는 기능이 별로 없다)을 만드는 예술가가 된다.

당시 바이에른은 통일 전 독일에서 프로이센에 이어 두 번째로 큰 왕국이었다. 1866년에는 프로이센의 독일 통일에 반대하여 오스트리아와 힘을 합하여 맞섰지만 패배 후 1870년의 프로이센·프랑스전쟁에서는 프로이센의 편을 든다. 노이슈반슈타인 성은 1869년부터 지어지기 시작하는데 비스마르크가 프로이센·프랑스전쟁 직전 바이에른을 회유하기 위해 지원한 거액의 자금으로 성의 건축을 실행하게 했다는 이야기가 있다.

무리한 성의 건축으로 결국 왕실 자금은 바닥이 났고(당시 420만 마르크의 비용이 들었다는데 현재 금액으로 환산하면 1,000억 원에도 훨씬 못 미친다고 하니 경제 효과에 비하면 그렇게 큰돈이 든 것도 아닌 것 아닐까?) 이에 비난이 거세어졌다. 루트비히 2세는 결국 정신병자로 몰려 퇴위를 당하고, 며칠 후 의문의 죽음을 맞이한다. 유럽 전역에 산업혁명이 한창일 시기, 인적도 드물던 산속 깊이 왕실 자금을 탕진하며 만든 어마어마한 조각품이 후대 지역경제에 큰 도움이 되고 있는 아이러니한 상황은, 시를 사랑하고 바그너를 사랑한 루트비히 2세의 높은 예술적 안목 덕분일까?

(히틀러도 바그너를 광적으로 좋아했고, 이 성 또한 너무나 좋아했다 한다. 게다가 루트비히 2세와 히틀러는 자신이 죽게 되면 이 성을 폭파해달라는 말을 남겼다고 한다.)

## 미국으로 패권이 넘어가다

제1차 세계대전으로 피폐해지던 유럽경제와는 달리 군수물자 등으로 계속 호황을 누리던 미국은 1917년 마침내 연합군의 편에 서서 전쟁에 참여한다. 당시 윌슨 대통령이 밝힌 대로 '민주주의 국가로 뭉친 연합군 국가들을 보호해야 한다'는 명분이 컸지만, 다시 경제사관의 입장에서 보자면 당시 연합군 국가들에게 막대한 군비를 빌려준 J.P.모건 등 금융계로부터의 압력이 컸기 때문이라는 설이 우세하다.

1차 세계대전의 후광 효과를 입어 번영의 시대를 더욱 오래 구가한 미국의 분위기는 1925년에 출간된 스콧 피츠제럴드Scott Fitzgerald(1896~1940)의 명작 《위대한 개츠비》의 분위기에서 잘 느낄 수 있다. 이 소설의 배경은 1차 세계대전이 끝난 직후인 1920년 전후의 뉴욕 지역인데 여기에 그려낸 대저택, 고급 자동차, 파티, 불륜 등 당시의 흥청망청하는 모습과 마지막의 급격한 몰락은 마치 아슬아슬한 호황기를 겪다 마침내 대공황에 들어서는 미국의 당시 경제사를 보는 듯하다. 때문에 혹자는 미국의 산업화 이후 대공황 전까지의 오랜 황금기를 '위대한 개츠비 시대'라고 부르기도 한다.

산업화와 자본주의화가 빠르게 진행되면서 미국에서 나타난 뚜렷한 현상은 공룡 기업들의 등장이었다. 록펠러Rockefeller(1839~1937)는 석유산업, 카네기Carnegie(1835~1919)는 철강산업, 밴더빌트Vanderbilt(1821~1885)는 철도산업을, J.P.모건은 금융업을, 그리고 포드Ford와 GM은 자동차산업을 거의 독점하다시피 하였다. 시어도어 루스벨트Theodore Roos-

evelt(1858~1919) 등 개혁 성향을 가진 대통령들이 독과점 철폐를 위해 노력했지만 크게 실효성 있는 성과는 없었던 듯하다. 일찍부터 아담 스미스는 독과점이 '보이지 않는 손'의 암적 존재라고 하지 않았던가. 거대 기업 중심의 대량생산 체제는 '위대한 개츠비'의 노란색 롤스로이스처럼 마지막을 향해 질주하였다.

## 2차 산업혁명의 유산, 벨 에포크 시대의 문화

프로이센·프랑스전쟁 후 평화와 경제력의 조합으로 파리를 중심으로 유럽에는 패션, 예술, 유흥, 철학 등 많은 분야에서 새로운 문화 부흥이 일어나는데 이때부터 1차 세계대전 발발(1914) 전의 시기를 '벨 에포크' 시대라 부른다.

미술의 경우 우리에게 매우 익숙한 모네Monet, 세잔Cézanne, 르누아르Renoir, 드가Degas, 쇠라Seurat, 고갱Gauguin, 고흐Gogh 등의 인상주의-후기 인상주의 흐름이 프로이센·프랑스전쟁 직후부터 생겨나 1900년대 초반까지 지속되며 벨 에포크 시대를 대표하였다. 뒤이어 피카소Picasso 등의 입체주의, 에곤 쉴레Egon Schiele, 클림트Klimt, 뭉크Munch의 표현주의도 이 시대에 탄생하며 회화의 전성기를 구가하였다. 드뷔시Debussy, 라벨Ravel이 대표하는 인상주의 음악과 바그너Wagner, 베르디Verdi, 푸치니Puccini의 오페라가 성행했다. 코난 도일Conan Doyle의 셜록 홈즈 시리즈나 모리스 르블랑Maurice Leblanc의 아르센 뤼팽 시리즈는 벨 에포크 시대의 영국과 프랑스의 느낌을 생생하게 전달하고 있다

(특히 뤼팽 시리즈에서 느낄 수 있는 관습에 매이지 않는 자유분방함이나 가볍고 밝은 낙천적인 모습은 실로 당시 '벨 에포크' 시대에 세계의 중심이 프랑스임을 느끼게 한다).

1889년에 에펠탑이 완성되었고 카바레 물랑루즈도 오픈되었다. 화려한 쁘렝땅 백화점과 라파예트 백화점이 이 시절에 개축되거나 새로 지어진다. 쿠베르탱Coubertin 남작은 1892년 평화를 상징하는 올림픽 정신을 주창하고 1896년 그리스의 아테네에서 제1회 올림픽 대회를 개최하였다. 패션 분야에서는 수많은 패션 디자이너들이 출현하며 활약하기 시작한 때이기도 하다. 예를 들어 샤넬 여사가 파리에서 자신의 첫 가게를 연 해는 1909년이었다. 한잔의 다즐링 홍차와 함께 드뷔시의 음악을 들으면서 모네나 에곤 쉴레의 작품을 감상하거나 뤼팽 시리즈를 읽으며 한 번쯤 '벨 에포크'의 정취에 흠뻑 빠져보자.

# 대공황,
# 드디어 올 것이 왔다

"난 많은 걸 가졌지만 실상은 껍데기야"

-영화 〈위대한 개츠비〉 중에서

대공황 발생 시기의 구체적인 상황은 마르크스의 예측과 상당히 일치한다. 19세기 후반기부터 전기와 석유를 이용한 과학과 기술의 혁신으로 수많은 상품들이 쏟아져 나왔다. 에디슨의 백열전구 개발이 '보이지 않는 손'을 통해 얼마나 경제 발전에 영향을 크게 끼칠 수 있었나 하는 것은 이제 여러분도 잘 이해할 수 있으리라 믿는다. 1903년부터는 포드의 컨베이어 시스템(대량생산 시스템)에 의해 일반 노동자들도 구매할 수 있을 정도의 가격으로 자동차가 생산되기 시작했다. 1911년에는 메이택 사社에서 전기 세탁기가, GE 사社에서는 가정용 냉장고가 최초로 출시된다. 1920년대 초반에는 미국, 영국, 프랑스, 독일 등 선진국에서 최초로 라디오 방송이 시작되고 고가의 라디오가 생산되기 시작한다.

대공황의 원인이 상품의 홍수임을 추리할 수 있게 하는 대목은 할부 판매이다. 1920년대에 '위대한 개츠비' 시절이 절정에 달했을 때에는 할부 판매가 성행하기 시작했다. 물밀듯이 쏟아져 나오는 상품들을 소비자(노동자)들이 충분히 소비할 여력이 없자, 자동차와 고가의 가전제품들을 중심으로 한 할부 판매가 저하된 구매력에 산소호흡기의 역할을 하였다. GM 자동차는 1919년 GMAG라는 금융회사를 차린 후 할부 판매를 통해 급성장할 수 있었다. 참고로 세계 최초의 가정용품 할부 판매는 1856년에 그 유명한 '싱어' 재봉틀이 효시였다고 한다.

수많은 사람들이 빚을 내어 구매한 것은 할부 판매 상품만이 아니었다. 당시 부동산 담보대출 등으로도 가계부채가 급증하였다. 대출한 돈으로 그들은 활황이었던 부동산과 주식을 구매하여 이들 시장에 거품 가격들을 만들어내었다. 하지만 1920년 말경에도 사람들은 여전히 자신들의 화려한 날들이 지속될 것으로 여겼다. 주식시장은 연일 활황이었고 미국 가구의 절반이 자동차를 보유하게 되었다. 주식 대폭락 불과 한 달 전인 1929년 9월 예일대학교의 스타 교수이자 계량경제학의 아버지라 불리는 어빙 피셔Irving Fisher(1867~1947)가 "주가는 고원에 올라와 있어 (골짜기 같은) 하락장이 없을 것이다"라고 공언하기도 했다. 마지막 순간까지 연인 데이지를 믿으며 그녀의 전화를 기다렸던 개츠비처럼 사람들은 모든 것이 순탄할 것이라 여기며 희망에 부풀었다.

"우리가 두려워해야 할 것은 두려움뿐입니다."
-1933년, 제32대 대통령에 취임된 프랭클린 루스벨트의 연설문 중

1929년 10월 24일 뉴욕 증시의 대폭락으로 시작된 대공황은 이후 1933년까지 깊은 수렁 속에서 헤맨다. 수많은 기업들이 도산하고 살아남은 기업들도 노동자들을 해고했다. 노동자의 약 30%가 실업자가 되었고 살아남은 일자리의 질도 현저히 떨어져 중산층이 사라지게 되었다. US은행 등 과도한 대출을 해주었던 은행들이 파산하기 시작했고 유행처럼 번진 뱅크런Bank Run은 1년간 1,000개를 훌쩍 뛰어넘는 수의 은행들을 문 닫게 하였다. 1933년, 구세주 프랭클린 루스벨

트Franklin Roosevelt(1882~1945)가 제32대 미국 대통령이 되기 전까지 미국발 전 세계적인 대공황은 마르크스가 일찍이 예견했던 자본주의 침몰 모습 그대로였다.

앙드레 코스톨라니Andre Kostolany(1906~1999)는 그의 저서에서 호황기에서 대공황의 나락으로 떨어진 당시 상황을 다음과 같이 풍자하였다. "캐딜락을 타고 월스트리트를 누비던 12만 3,884명의 투자자들은 이제 걸어서 다녀야 했다. 더 이상 애인을 부양할 능력이 없는 17만 3,397명의 유부남들은 조강지처에게 돌아가야만 했다. 지하철을 이용하지 않았던 사람들이 이제 지하철을 이용해야 했기에 1억 1,183만 5,248개의 5센트 동전을 새로 찍어내야 했다."

루스벨트는 대선 당시 대공황 발발 이전의 9년간, 즉 '위대한 개츠비' 시대의 절정기를 '금 송아지를 숭배하고 주식 시세에 미쳐 있던 신기루의 세월'이라고 규정하였고, 대공황 발발 이후 3년간을 '식량 배급 줄 안에서의 재앙과 절망의 시간'으로 표현하였다. 취임 기간 동안 그는 당시까지 존재하지 않았던 혁명적인 정책들을 쏟아냈다. 바로 '뉴딜 정책'으로 불리는 모든 정책들의 목표는 중산층, 즉 서민 살리기에 있었다. 공공사업 확대로 노동자들의 일자리를 구제하는 한편 노동자의 권리를 보장하는 와그너법과 각종 복지법을 제정하였다. 실업보험, 노령연금, 장애인보험, 하루 8시간 표준 노동 시간, 시간 외 근무 시간, 최저임금제 등의 노동 복지 개념들이 이때부터 시작되었다 해도 과언이 아닐 것이다. 뉴딜 정책은 전에는 존재하지 않았던 금융개혁들도 포함하고 있다. 예금보험공사를 세워 서민들의 예금을 보장해주어 은행들의 안정성을 높여주는 대신 일반 시중 은행과 투자 은행을 분리시키는 등 규제를 강화하여 금융 소비자들을 보호하는 데 주력하였다. 덕분에 다시 은행을 통해 돈이 돌기 시작했다.

루스벨트의 정책들은 케인스가 주장해오던 경제이론들이 그대로 현실화되는 모습이었다. 확장적인 재정정책으로 노동자들의 부족한 소득을 채워주는 데 집중했던 정책들은 유효수요를 높여 다시 보이지 않는 손을 가동하기 시작하였다. 제대로 된 처방책인 뉴딜 정책으로 미국은 조금씩 회복 기미를 보인다.

망해가던 독일은 히틀러 집권 후 어떻게 경제강국·군사대국이 되어 전 세계를 상대로 전쟁을 일으켰나?

미국발 대공황은 순식간에 전 세계로 확산되었다. 특히 1차 세계대전에 패배한 후 막대한 전쟁배상금의 부담으로 하이퍼 인플레이션 등 최악의 상황을 겪은 후 미국의 도움으로 조금씩 회복되는 기미를 보이던 독일이 문제였다. 대공황 발발로 미국의 코가 석자가 되자 지원이 중단되었고, 독일은 실업률이 40%에 달하는 등 최악의 상황이 되었다. 1933년(루스벨트가 미국 대통령으로 취임한 해이기도 하다) 전쟁배상금 문제를 해결하겠다는 공약을 내건 아돌프 히틀러Adolf Hitler(1889~1945)와 나치당이 독일을 집권하게 되었다.

이쯤 되면 한 번쯤 궁금해하지 않을 수 없다. 패전 후 그렇게 어렵던 경제 속에서, 거기다 악독한 히틀러가 집권한 상황에서 어떻게 독일은 몇 년 만에 세계의 많은 강국들과 대적할 수 있는 군사력과 경제력을 갖출 수 있었을까?

집권 후 히틀러의 경제정책은 놀랍도록 루스벨트의 것과 닮았었다. 루스벨트의 정책이 '뉴딜(제1차 뉴딜, 제2차 뉴딜 등)'이라면 히틀러의 경제정책은 '뉴플랜(제1차 경제계획, 제2차 경제계획 등)'이었는데 그 규모나 과감성 면에서는 뉴플랜이 뉴딜을 훨씬 앞섰다. 먼저 대규모 공채를 발행하여 엄청난 규모의 아우토반을 건설하고 도시 재정비 사업 등의 공공사업을 진행하며 실업률을 낮추는 데 주력하였다. 아우토반 건설에 드는 비용의 거의 절반이 노동자 임금으로 지불되었으니 이 공사는 가히 유효수요 창출의 화수분이 되었다. 중소기업을 우대하였고 국민차(폭스바겐)를 보급하고 노동 환경을 개선하고 노동자들의 세금을 감세하는 등 서민들의 복지에 힘쓴 것도 유효수요 확대에 크게 기여하였다.

독일이 망하면 전쟁배상금을 못 받는 영국과 프랑스도 망하고, 영국과 프랑스가 망하면 이들의 국채를 잔뜩 가지고 있는 미국도 망한다는 논리로 열강들의 지원도 다시 끌어내었다. 결정적인 요인은 심리전이었다. 선전과 선동에 능한 나치당은 1936년 베를린올림픽 개최 등 국민들에게 잘살 수 있다는 희망을 심어주는 데 온갖 수단을 동원했다. 국민들의 심리적인 자신감은 경제 효과를 배가시켰을 것이다. 결과적으로 독일은 1938년에는 이미 거의 완전고용에 이르는 등 세계 대공황에서 탈출하는 모습을 보여 사실상 케인스의 주장들이 옳다는 사실을 가장 먼저 증명한 국가가 된다.

하지만 히틀러의 욕심은 여기서 그치지 않았다. 제2차 경제계획의 모토는 독일만을 위한 '자급자족' 경제였는데 이를 위해서는 엄청난 철광석 매장량을 가진 알자스로렌 지역, 유전을 보유한 폴란드 등 더 많은 영토가 필요하였다. 전쟁을 준비하던 히틀러는 막대한 군사비 지출로 재정이 어려워지자 유대인들을 억압하며 재산을 환수하기 시작하고 그때까지 독일경제 부흥의 지휘자였던 샤하트 재정관을 군사비 지

출을 방해한다는 이유로 사임하는 등 실정을 저지르다 결국

2차 세계대전(1939~1945)을 일으킨다.

# 케인스주의가 수정한 자본주의, 황금기를 누리다

## 미국과 달러, 세계경제의 중심이 되다

1차 세계대전의 수혜를 입어 강국으로 올라섰던 미국은 2차 세계대전을 거치며 초강대국이 되어 세계의 패권을 차지한다. 전쟁 초기 군수산업으로 경제는 부흥했고 뒤늦게 뛰어든 전쟁에서는 큰 경제적 손실 없이 비교적 짧은 시간에 승전국이 되었다. 1944년 미국 뉴햄프셔의 브레튼우즈에서 개최된 국제회의에서 '브레튼우즈 체제'가 도입되었다. 풍부한 금을 소유한 미국의 달러는 금과 같은 대우를 받게 되었고 자칫 망가질 수도 있었던 서구권 국가들의 통화가치는 미국 달러와 인위적으로 고정되어 미국으로부터 경제력을 보장받게 되었다. 그 결과 관련된 각국의 통화도 환율 변동 우려 없이 마음껏 무역이나 자금 결제 등을 실행할 수 있게 되었다.

이때부터 미국 달러는 고정환율 체제가 된 세계 통화의 중심이 되었다. 이는 당시 미국의 금 보유량이 전 세계의 70%에 달하였기에 가능한 일이었다. 브레튼우즈 체제는 기본적으로 미국의 막강한 경제력과 이를 토대로 다른 나라들에 대한 어느 정도 미국의 희생을 전제로 설계된 것이라 보아야 한다. 한편 이 회의는 향후 전 세계의 금융 시스템 안정을 위한 두 기관을 발족시키는데 그것이 국제통화기금(IMF)과 세계은행(IBRI)이다. 전쟁의 수혜로 소득이 높아져 있던 미국 국민들은 전쟁이 끝난 후 상당한 소비 지출을 하며 각국의 상품 소비처가 되어주었다. 1947년에 발표된 마셜플랜 이후 미국은 서구 우방 국가들에게 막대한 경제적 지원을 하며 명실상부한 세계의 맏형 역할을 하기도 하였다. 비록 소련과의 체제 갈등으로 마찰적인 부분(한국전쟁 등)이 있었지만 2차 세계대전 이후 미국경제와 연동된 세계경제는 꽤 장기적인 황금기를 맞는다.

참고로 브레튼우즈 체제의 준비 과정에서 '가상통화인 방코르Bancor를 세계 공통 기축통화로 사용하자'는 케인스의 안과 '달러를 기축통화로 통용하자'는 미국 재무부 관료 화이트의 안이 충돌하여 논쟁되다 결국 화이트의 안이 채택되었다. 하지만 1970년대 초 미국의 경제력 약화로 결국 금본위제를 포기하게 되었고 이후부터 세계경제는 불안한 등락을 지속한다. 서브프라임 문제로 인한 금융위기, 미국과 중국의 무역 분쟁 등으로 미국의 경제력이 약해져 전 세계 경제 상황이 악화되는 여러 가지 모습을 지켜보고 있자니, 그 당시 천하무적이었던 미국의 경제력이 언젠가 약해질 수도 있으므로 '보다 더 강력한 세계 통용 가상화폐를 만들자'고 한 케인스의 혜안에 감탄할 따름이다.

"우리 모두는 케인스주의자입니다."

- 1971년 리처드 닉슨

2차 세계대전 이후부터 세계경제 황금기의 이론적 배경은 케인스주의 경제학이었다. '요람에서 무덤까지'란 구호로 대표되는 여러 복지 제도들이 확대되었고 노동자의 권익이 크게 보장되는 등 각 나라별로 자본주의 체계를 기본으로 사회주의식 경제 시스템을 도입하는 혼합경제체제를 구축하는 시도를 하였다. 일본, 한국, 프랑스 등은 루즈벨트의 '뉴딜', 히틀러의 '뉴플랜', 스탈린의 '경제개발 5개년 계획'과 유사한 경제개발계획을 통해 경제 부양에 성공하기도 하였다.

경기가 활황일 때 세금으로 비축해둔 돈으로 경기가 불황 기미를 보일 때 강력한 재정정책을 펼쳐 불황을 없애는 케인스식 처방은 상당히 오랜 기간 잘 운영되어 선진국들과 개발도상국들의 경제 호황을 이끌고 서민들을 풍요롭게 만들었다. 다만 이러한 정책들을 정부가 수행하는 데 필요한 자금을 높은 세율의 세금으로 대주어야 하는 고소득층과 고액 자산가들의 불만은 꽤 높았을 것이다.

세계적인 경제 호황기의 혜택을 일본과 한국도 얻게 된다. 일본은 패전 후 얼마 지나지 않아 발발한 한국전쟁에서 입은 엄청난 경제적 수혜와 미국의 큰 소비력을 이용한 상품 수출로 경제대국으로 도약한다. 한국도 경제개발 5개년 계획, 새마을운동 등 케인스식 경제부흥 노력과 IMF 외환위기 이후 수출 주도 산업의 활성화로 빠른 속도의 경제발전을 이룩한다.

케인스주의의 영향력은 1971년 미국의 37대 대통령 리처드 닉슨Richard Nixon(1913~1994)의 발언에서도 잘 알 수 있다. 어느 언론사와의 인터뷰 뒤 자신도 케인스주의를 지지한다는 이야기를 하였는데 그 말이 "우리는 모두 케인스주의자이다"라는 어록으로 남아 있다. 케인스주의와 적자재정정책에 반대가 높았던 공화당 대통령으로서는 상당히 파격적인 발언이었고, 그 정도로 케인스주의는 정치 이념이나 경제 사상을 떠나 많은 사람들의 지지를 받았다. 케인스의 저서《일반이론》이 정말로 이제는 일반적인 이론이 된 것이다.

## 운칠기삼? 케인스주의 경제정책의 우수 사례 '새마을운동'

박정희 전 대통령은 한 나라를 혼자서 17년간(1963~ 1979)이나 통치했던 독재자였다는 사실에도 불구하고 지금도 한국의 많은 보수 세력의 우상이 되고 있다. 그의 재임 기간 동안 후진국이었던 한국을 눈부신 양적 경제성장을 통해 강력한 개발도상국으로 만든 치적이 가장 큰 이유일 것이다. 그의 경제 치적을 부정하는 사람도 많다. 박 전대통령이 아니었다 해도 미국의 경제 지원, 우수한 한국 노동자들의 큰 희생 등으로 한국의 빠른 경제성장은 어차피 가능했을 것이라는 논리다. 경부고속도로의 건설이라는 치적조차도 당시 야당의 리더였던 김대중 씨가 주장했던 동서횡단도로 건설을 실행했다면 더 큰 경제 효과를 얻었을 것이라는 주장도 있다.

한국 경제사에 존재하는 '새마을운동'을 빼고 케인스주의를 논하기는 어려울 듯하다. 새마을운동은 1971년부터 시행된 정부 주도의 농촌 근대화 운동이었다. 정부의 지원과 농촌의 유휴 노동력이 결합하여 마을마다 포장도로, 다리 등 인프라가 구축되었고 초가집이 사라지는 등 농촌 생활 환경이 급속히 개선되었다. 물론 비판의 여지가 없는 것은 아니지만 수요가 부족하고 경기가 부진할 때에 정부의 재정을 대거 투입하여 소외된 지역의 복지와 인프라를 향상시키는 방식으로 한국의 급속한 경제발전에 기여한 점은 케인스주의자의 입장에서 박수를 쳐줄 만하다.

새마을운동의 배경을 살펴보면 새옹지마 같은 운도 따랐음을 알 수 있다. 당시의 공급과잉과 수출과 내수 부진으로 시멘트 생산 업체들의 시멘트 재고가 엄청나게 쌓였다. 도산 위기에 빠진 시멘트 업체들의 요청에 정부는 1천만 포대 이상의 시멘트를 구입하여 1970년 겨울, 전국 농촌 마을에 시멘트를 무상으로 제공하였다 한다. 1972년에는 더 많은 시멘트와 함께 당시 공급 과잉이었던 철근도 나눠주었다. 이런 무상 자재를 제공하며 마을마다 여러 가지 재생 사업을 하도록 유도하였던 것이 새마을운동의 시작점이 되었던 것이다. 타이밍도 절묘했다. 1973년 오일쇼크가 일어나 물가가 폭등하기 전, 저렴한 기름 값으로 생산된 자재들을 이용하여 많은 건설을 할 수 있었던 것도 행운이었다.

경제개발 5개년 계획, 새마을운동 등 박정희 정부 시절에는 자유주의 경제이론과 거리가 멀며 오히려 강한 정부 주도 계획경제가 중심이 되는 사회주의 경제이론 또는 케인스주의 경제이론과 가까운 정책들이 크게 펼쳐지며 당시 시대상을 반영했다.

# 오일쇼크가 유발한
# 케인스주의의 충격

오랜 무역수지 적자, 베트콩의 항전으로
미국에서 금이 빠져나가다

세계경제는 여전히 좋았지만 미국 달러가 중심이 되는 브
레튼우즈 체제는 조금씩 금이 가기 시작했다. 미국의 서방국
원조, 오랜 무역수지 적자, 결정적으로 1964년부터 본격화된
미국의 오랜 베트남전쟁 참전으로 미국이 보유한 금의 양이
크게 줄기 시작하였다. 유출된 금이 다른 서방 국가들로 흘러
들어가며, 미국이 세계 금의 상당 부분을 보유하였기에 가능
했던 브레튼우즈 체제를 더 이상 유지하기 어렵게 된 것이다.

미국은 금 보유량의 상황을 반영하여 달러에 대한 각국의 통화가치를 절상하자고 요구하였으나 유럽 국가들은 이를 받아들이지 않았다.

결국 닉슨 대통령의 재임 기간이던 1971년에 달러의 금본위제가 폐지되었다. 이후 빠른 속도로 환율 체제가 고정환율에서 변동환율로 바뀌었다. 일부 경제학자들은 이 문제가 경제에 악영향을 주었다고 하지만, 필자의 경우 환율 체제의 변화 자체가 큰 문제가 되었거나 이 때문에 큰 어려움이 온 것은 아니라 본다. 고정환율 제도는 어차피 영원히 유지되기는 어려운 시스템이기에 시간이 지나면서 자연스레 변동환율 제도로 바뀌는 것이 오히려 당시 상황에서는 바람직하였다는 생각이다. 하지만 오랜 기간 유지되던 체제가 한순간에 바뀌어 불안감이 조성되어 있을 때 어떤 불행한 이벤트가 발행하면 그 파급효과는 클 수 있다. 집에서 옷을 벗고 있는 것은 평소에 큰 문제가 아니지만 옷을 벗고 있을 때 강도가 침입하면 방어력이 급격히 떨어지는 것처럼 말이다. 금본위제가 폐기된 후 오래지 않아 오일쇼크라는 강도가 침입하였다.

## 지금까지 이런 상황은 없었다
## 스태그플레이션의 충격

1973년 오일쇼크가 시작된다. 오일쇼크는 10월 6일에 발발한 제4차 중동전쟁의 연장선이었다. 전쟁에서 패배한 아랍 국가들의 석유수출기구(OPEC)는 이스라엘이 아랍 점령 지역에서 철수할 것을 요구하며 원유 가격을 인상하고 원유 감산에 들어가며 석유를 정치적인 무기로 사용하기 시작한다. 석유 가격은 1년 만에 4배가량 폭등하였다. 석유 가격의 상승은 산업화가 진행된 나라들의 모든 상품들의 가격 상승을 의미하였다. 2장에서 이미 고찰한 것처럼 생산비용의 급격한 상승은 '보이지 않는 손'의 작동을 심각하게 훼손하는 요인이 되었다. 경제학적으로 아랍권의 담합으로 인한 오일쇼크는 일종의 전쟁이나 자연재해 같은 특수한 외부 요인으로 보아야 한다. 이런 외부 요인으로 인해 발생한 문제는 일반적인 경제해법으로 풀기 어렵다. 이런 상황에서는 케인스주의식 해법도 통하지 않았다. 물가가 계속 발목을 잡은 경기는 어떤 부양책을 써도 쉽게 불황에서 벗어나지 못했다.

대부분 경제가 좋지 않을 때에는 수요 감소로 물가가 잘 오르지 않는 것이 상식적인 현상이다. 때문에 불경기일 때에는 물가 우려는 크게 하지 않으면서 시장에 많은 자금을 투입하는 재정정책을 펼칠 수 있다. 하지만 오일쇼크로 물가가 급등하자 이야기가 달라졌다. 이번 '보이지 않는 손'의 오작동 요인은 수요 부족에 더해진 물가 요인이었다. 경기는 안 좋은데 물가는 오르고, 경기를 살리려고 재정을 투입하니, 물가가 더 올랐으며 오른 물가는 다시 경기를 더 침체시키는 스태그플레이션stagflation을 발생시켰다. 이후 오일쇼크는 꽤 오랜 기간 세계경제의 발목을 잡았다. 어느 정도 위기가 진정되려는 1978년부터는 이란의 이슬람혁명, 이란·이라크 전쟁 등으로 제2차 오일쇼크가 발생하였기 때문이다.

수십 년간 지속되었던 황금기는 이렇게 케인스가 미처 생각지 못했던 변수로 막을 내린다. 아쉬운 점은, 당시 경제 정책가들이 《일반이론》의 본질을 좀 더 깊게 이해했다면 상황이 훨씬 나아졌을 것이다. 오일쇼크 시기 불황의 원인은 유효수요 부족만이 아니었다. 그럼에도 불구하고 닉슨 대통령, 포드 대통령, 카터 대통령 등이 약 10년간 경기 부양을 위해 재정정책을 확대해 유효수요를 높이려는 단순한 처방만을 반복했고, 재정 확대를 위해 중산층의 세금까지 높였다. 중산층들은 높아진 물가와 세금의 이중고에 처해져 소비력을 잃었고 그때 이후 지금까지 황금기의 영광을 다시 찾지 못하게 되었다.

# 다시 주류가 된 자유시장주의, 줄어가는 중산층

## 신자유주의의 부활

거의 10년간 이어진 오일쇼크의 여파로 황금기는 막을 내리고 어려워진 경제상황에 대해 억울한 책임을 지며 케인스주의 또한 막을 내린다. 때마침 보수주의 정치인으로서 1979년 영국의 수상으로 임명된 마거릿 대처와 1981년 미국의 대통령으로 취임한 로널드 레이건의 등장과 함께 밀턴 프리드먼의 시카고학파를 중심으로 한 신자유주의 경제학이 주류경제학으로 자리 잡게 되었다.

자유시장주의경제는 곧 재정 지출의 축소와 작은 정부를

뜻한다. 하지만 어쩐 일인지 신자유주의자들은 레이건 대통령의 어마어마한 군사비 지출에 대하여서는 아무런 비판 없이 입을 다물었다. 부자 감세와 군사비 지출 확대는 막대한 재정 적자를 발생시켰고 레이건 대통령은 취임 당시 세계 최대 채권국이었던 미국을 불과 4년이 지난 1985년에 세계 최대 채무국으로 바꾸는 기적(?) 같은 일을 이루었다. 한편 1980년대 초 인플레이션을 억제하기 위해 FRB에서는 20%까지 기준금리를 인상하였다. 이 금리는 달러의 강세를 의미했다. 상당한 달러의 강세는 결국 미국의 무역수지 적자 기조를 크게 심화시켰다(환율과 무역수지의 관계에 대한 설명은 제4장에 자세히 설명되어 있음). 미국은 이 시기부터 시작된 재정 적자와 무역수지 적자라는 쌍둥이 적자의 시대에서 지금까지도 벗어나지 못하고 있다.

아이러니하게도 미국의 재정 적자는 작은 정부를 지향하는 레이건 대통령과 아버지 부시 대통령, 아들 부시 대통령의 공화당이 집권할 때마다 크게 확대되었다. 때문에 큰 정부를 지향하는 클린턴 대통령이나 오바마 대통령의 민주당이 집권하게 되었을 때 이들은 오히려 자신들의 재정정책을 제대로 펼치기보다 불안해진 재정을 추스르고 위기에 빠진 경제를 다시 회복시키는 데 전력을 다해야 했다.

한편 케인스주의의 쇠퇴는 곧 복지정책의 후퇴와 부유층의 감세를 뜻했다. 1980년대에 들어서면서부터 지니계수는 악화되기 시작하였고 당시 시작된 전 세계적인 양극화 현상은 40년이 지난 지금까지 계속 심화되고 있다. 중산층이 갈수록 얇아지고 있는 것이다.

## 지니계수란?

국민들의 경제적 불평등과 소득 분배의 불공정성을 측정하는 대표적인 지표이다. 수치가 1에 가까울수록 불평등 정도가 심한 것이며 0에 가까울수록 불평등 정도가 약한 것이다.

시장 소득의 불평등을 측정한 '시장소득 지니계수'와 정부의 세금과 복지정책들을 총망라한 소득을 측정한 '가처분소득 지니계수'로 구분된다. 어느 가정 일원들이 한 해 동안 벌어들인 임금과 사업소득의 합이 총 1억 원이라고 해보자. 이 중 보험료와 세금을 2,000만 원 납부하였고 한 해 동안 받은 의료보험 지원 혜택이 500만 원, 국민연금 수령금이 1,000만 원이라면, 시장소득은 1억 원이지만 가처분소득은 '1억 원-2,000만 원+500만 원+1,000만 원'으로, 총 9,500만 원이 될 것이다. 우리나라의 경우 '시장소득 지니계수'는 OECD 국가들 중 상대적으로 낮은 편이며, '가처분소득 지니계수는' 상대적으로 높은 편이다. 정부의 정책들이 국민경제의 불평도 정도를 완화시키지 못하고 있다는 사실의 반증인 것이다.

## 산업혁명 성숙기에서의 대공황과 세계 금융위기, 역사는 반복되었다

황금기를 뒤로 한 채 복지가 후퇴하고 경제가 여러 방면에서 불안해지는 가운데에서도 1980년대부터 IT와 디지털, 인터넷과 컴퓨터, 스마트폰과 정보통신 등의 용어들로 대표되는 3차 산업혁명이 시작된다. 산업혁명은 한편으로는 경제발전을 의미하지만, 또 한편으로는 상품 종류의 확대와 대량생산으로 인해 소비자가 구매해야 할 상품의 양이 급증한다는 의미도 있다. 2차 산업혁명이 한창 진행되던 시기에 대공황이 발발했던 것처럼 3차 산업혁명이 한창 진행되던 2007~2008년에는 전 세계를 위기에 빠트린 금융위기가 발발한다.

세계 금융위기는 미국을 중심으로 막대한 서브프라임모기지(비우량 주택담보대출) 등을 통해 발생한 부동산시장 가격 거품이 일순간에 무너지며 대출을 했던 많은 금융기관들이 부실화되고 일부는 파산하며 세계경제에 큰 먹구름을 드리운 일련의 사태를 말한다.

1929년의 대공황과 2008년의 세계 금융위기는 유사한 점이 매우 많다. 두 경제위기의 다음과 같은 공통점을 살펴봄으로써 우리는 앞으로 언제 닥칠지 모르는 경제위기의 전조를 미리 파악하고 올바른 해법을 찾아가는 데 필요한 도움을 얻을 수 있을지 모른다.

### 공통점 ①: 산업혁명의 성숙기(생산 호황기)에 발발

대공황은 2차 산업혁명을 통한 대량생산이 한창일 때, 금융위기는 3차 산업혁명을 통한 대량생산이 한창일 때 발발하였다. 대공황 전 1920년대 자동차나 라디오 등의 보급 대수가 급증했다면 금융위기 전 2000년대에는 인터넷 컴퓨터, 핸드폰 등의 보급 대수가 급증하였다.

### 공통점 ②: 빈익빈부익부 심화.
### 생산 증가에 비해 낮은 서민들 소득 증가

두 위기 전 상당 기간 서민들의 소득은 늘어나는 상품의 증가만큼 빠르게 증가하지 못했다. 두 위기는 모두 자유시장주의 경제정책이 시행되던 때에 발발했는데 자유시장주의는 곧 복지의 축소를 뜻하고 복지의 축소는 곧 서민들의 유효수요가 줄어든다는 것을 의미한다. 아들 부시 대통령 시절, 부자 감세와 이로 인한 복지 축소로 미국 서민층은 점점 힘들어졌다. 당시 필자가 본 어느 다큐멘터리 영화는 미국 서민들의 피폐해진 삶을 다루고 있었는데 이라크전쟁 참전 군인을 모집하는 광고만이 덩그러이 남아 있는 삭막해진 작은 지방도시의 영화 속 풍경을 아직도 잊지 못한다. 2007년 다보스포럼에서는 '불안한 중산층(Anxious Middle)'이 주요한 포럼 주제로 다루어졌다.

### 공통점 ③: 가계부채의 빠른 증가

가계부채가 증가한다는 말은 곧 상품의 생산에 비해 부족한 가계소득을 의미한다. 대공황 전 부동산 담보대출, 주식 관련 대출 또는 할부 금융 등으로 가계부채가 증가한 모습은 금융위기 전 부동산 담보대출 등의 가계부채가 급증한 모습과 유사하다. 금융위기는 서브프라임 모기지 사태로부터 시작하는데 서브프라임 모기지는 신용등급이 낮은 가계에 대출하는 부동산 담보대출의 한 형태이다. 2008년 3분기 시점에서 미국의 주택담보대출은 9조 2,940억 달러(원화 환산 시 1경이 넘는다)로 사상 최고치를 경신했다. 두 번의 경제위기 직전에 사람들은 똑같이 빚을 져서 소비하였고, 빚을 져서 주식을 사고, 빚을 져서 부동산을 미친 듯이 매입하였다.

**공통점 ④: 부동산과 주식시장 과열(자산 버블)**

생산 호황기인 동시에 가계부채가 증가하는 상황에서는 많은 돈들이 자본시장이나 부동산시장으로 흘러들어가는 경향이 높았다. 경기도 좋아 보이고 남들의 경제 상황도 좋은 것처럼 보이는데 정작 자신의 소득과 부의 증가가 부족할 때, 사람들의 투기 경향은 높아진다. 투기 경향이 높아진다는 것은 가격이 계속 오르고 있는 자산에 투자할 때 다른 것은 따져보지도 않고 남들 따라서 투자하는 경향이 높아진다는 말과 같다. 다른 어떤 상품들과 마찬가지로 주식이나 부동산도 투기 등의 요인으로 인해 그 가격이 효용(미래가치 또는 사용가치로 측정할 수 있다)을 넘어설 때 언젠가 그 시장은 어느 순간 보이지 않는 손이 작동하지 않고 멈추어 버릴 가능성이 다분히 높아진다.

**공통점 ⑤: 시장 과열 진정을 위한 금리 인상(통화 긴축)이 방아쇠가 되다**

부동산시장 또는 주식시장의 지나친 과열은 결국 정부나 중앙은행의 통제를 받게 된다. 정부는 수냉식 엔진의 원리처럼 시장이라는 엔진이 뜨거워지면 조금씩 물을 부어 식혀주어야 할 필요가 있다. 하지만 평소 아무 조치를 하고 있지 않다가 이미 엔진이 너무 뜨거워져 있을 때 찬물을 갑자기 끼얹으면 엔진이 폭발해버릴 수도 있다. 대공황과 금융위기 때의 정책이 그랬다. 대공황이 발발하기 불과 수개월 전 미국은 주식 투기를 제지하러 기준금리를 큰 폭으로 올렸다. 금융위기 전 미국 중앙은행은 2004년 1%였던 정책금리를 2007년 5.25%까지 지속적으로 상향시켰다. 더 이상 대출을 하지 못하게 하려고 금리를 올렸는데 이미 저질러진 엄청난 양의 가계대출은 올라간 금리를 견디지 못하고 일순간 무너져 내렸다.

**공통점 ⑥: 많은 은행들의 파산**

대공황 당시 미국에서는 US은행 등 9,000개 이상의 은행이 파산하였다. 금융위기에는 베어스턴스, 리먼브라더스, 메릴린치 등 초대형 투자은행들이 파산하였고 기타 많은 금융기관들이 파산 위기에 내몰렸다. 위기 당시 은행의 파산은 연쇄적인 위기의 원인이기도 했으며 결과이기도 하였다. 은행 등 금융기관은 모든 경제위기의 중심에 있다. 위기 전 증폭된 부채를 제공해준 당사자들이기 때문이다.

**공통점 ⑦: 케인스식 해법으로 위기에서 탈출**

대공황 발발 후에 루스벨트 대통령이 있었다면 금융위기

이후 오바마 대통령이 있었다. 다행히 오바마는 자유시장주의 경제론을 믿지 않고 케인스주의를 신뢰하였다. 그는 통화 확대와 양적완화 정책 등 루스벨트 대통령보다도 더 과감한 금융통화정책을 밀어붙였고 '오바마 케어'로 대표되는 강력한 고용정책과 복지정책의 회복을 통해 유효수요를 창출하려 노력하였다. 당연히 어려움과 우여곡절이 많았지만 8년 후 오바마 대통령은 차기 대통령 트럼프에게 다시 상당히 부강해진 미국을 물려줄 수 있었다.

## ▨ 위기의 경로

상품 생산 증가(주가와 부동산시장 활황)

↓

그러나 소비자 소득은 정체(유효수요 부족)

↓

대출받아 소비(주식 및 부동산 투기)

↓

주식시장 또는 부동산시장 과열

↓

과열 식히고 대출 더 못하게 금리 인상

↓

기존 대출금리 부담 증가로 부실화

↓

은행 파산 등 위기 발생

# 반면교사,
# 일본의 잃어버린 30년*

남을 곤란하게 하면 자신도 어려워진다,
플라자합의

"1990년 일본 전체 부동산 가치는 미국 전체 땅값의 4배에 달했다. 심지어 도쿄 왕궁터의 가치가 캘리포니아나 캐나다 전체 땅값보다 높은 것으로 나타났다. (중략) 한편 도쿄의 긴자 구역 땅값이 1평방미터당 5,000만 엔까지 치솟자, 일본 정부는 지하 100미터

---

\* 플라자합의 이후 일본과 한국의 경제사를 이해하기 위해서는 환율과 국가경제 산 매커니즘을 먼저 이해해야 한다. 필요하다면 284~293쪽 '보이지 않는 손이 작동하는 환율시장, 그 대처법'의 일부를 먼저 살펴보는 것을 권한다.

아래에 도시를 건설하는 계획을 검토하기도 하였다."

-에드워드 챈슬러Edward Chancellor,《금융 투기의 역사Devil take the
   hindmost》중


레이건 정부의 어마어마한 쌍둥이 적자는 미국에 위기감
을 불러왔다. 반면 독일과 일본은 달러의 평가절상과 오일쇼
크의 수혜를 받아 큰 대미 흑자를 기록하고 있는 중이었다.
일례로 오일쇼크 때부터 기름을 적게 쓰는 일본과 독일의 소
형차들이 미국으로 엄청나게 팔려 나가기 시작했다. 절정에
달한 미국의 위기감은 뉴욕 플라자호텔에서 G5 회의를 개최
하게 만들었다. 이 회의에서 결국 독일 마르크화와 일본 엔화
의 평가절상을 유도하는 이른바 플라자합의를 하게 이른다.
이 합의는 이후 엔화 가격을 계속 상승시켜 급기야 약 3년 후
부터는 합의 이전보다 2배 오른 가격에서 움직이게 하였다.

1980년대 하반기 엔화 가격의 급격한 상승은 일본에 많
은 부작용을 주었다. 일본 제품의 가격이 2배로 올랐기에 당
연한 이야기지만 수출 경쟁력이 급격히 줄어들었고 일본 기
업들의 생산 시설이 재빠르게 해외로 빠져나가며 국내 경기
마저 위태로워졌다. 일본은 경기 침체를 우려하여 금리를 대
폭 인하했다. 금리 인하로 경기 불황은 진정되었지만 이번엔

시중 유동성이 너무 풍부해졌고, 부동산과 주식시장에서 투기 열풍이 불며 자산 가격에 버블이 발생하였다. 당시 계산상 일본의 부동산을 모두 팔면 미국의 부동산을 4번 매입할 수 있을 정도였다. 부동산 가격이 올라가자 기업들의 영업이익은 줄어들었지만 기업들이 보유한 부동산 가치를 따지면서 주식시장도 덩달아 급등하였다.

결국 과거 많은 버블의 붕괴처럼 이때도 자산 가격이 자산의 효용을 초과하는 상황으로 시장 시스템을 붕괴시켜갔다. 결국 자산 가격의 대폭락과 함께 위기가 찾아왔다. 일본의 자산버블 경제와 그 몰락은 앞에서 살펴본 1929년의 대공황과 2008년의 금융위기의 공통점과도 많은 유사한 모습을 보인다. 특히 부동산과 주식 등 투자 자산 가격의 거품은 그 투자 자산시장의 '보이지 않는 손' 작동을 멈추게 하였다. 결국 그 거품의 크기만큼 경제에 치명적인 타격을 준다는 교훈은 오랜 경제사의 많은 사례를 통하여 확신할 수 있을 것이다.

## 정부의 그릇된 정책은 경제를 더욱 어렵게 한다

대공황이나 세계 금융위기 때에는 단기간에 주가나 부동

산 가격이 폭락한 이후 급반등 또는 점진적인 반등세를 보이다 결국 몇 년 안에 가격을 회복한 바 있다. 하지만 일본 버블 경제 붕괴의 경우는 달랐다. 1989년 말 거의 4만 선에 육박했던 니케이지수는 1년 뒤 2만 4,000 수준으로 하락한 이후에도 계속 하락하며 등락하였다. 20년이 지난 2008년부터 2012년까지는 1만 밑에서 주가가 형성되었고, 30년이 지난 2019년 현재 주가는 어느 정도 반등하였지만 여전히 전 고점의 절반 수준인 2만 내외에서 등락하고 있다. 일본의 '잃어버린 10년'이라는 문구는 '잃어버린 20년'이 되더니 이제는 '잃어버린 30년'으로 불리고 있다.

지난 30년의 불황 기간 동안 일본은 적극적인 공공사업과 0%까지의 기준금리 인하를 통한 통화량 확대 등 엄청난 경기 부양책을 실행하여왔다. 하지만 왜 경제는 쉽사리 회복되지 못하며, 오랫동안 소위 '유동성 함정'에 빠져 있는 걸까? 필자가 판단하는 몇 가지 원인들을 살펴보면 앞으로 한국이 펼쳐나가야 할 경제정책들이 어떠해야 할지에 대한 힌트를 얻을 수 있을 것이다.

첫째, 1990년대에 실시된 엄청난 물량의 공공사업들이 유효수요나 효율성의 문제를 간과한 채 하얀 코끼리를 양산하였다.

이미 산업화가 진행된 일본의 경우 도로나 다리 건설과 같은 대규모 토목공사를 통해 노동자 임금으로 지급되는 금액 비중이 적어 승수효과가 낮았다. 또한 이미 필요한 곳에 SOC 시설이 대부분 마련되어 있는 상황에서 인위적으로 실행된 추가적인 SOC 사업은 경제성이 극도로 낮았다. 이미 많은 것을 갖추고 있는 나라였기에 정말 필요한 시설이 무엇인지 경제성을 따져 신중히 사업을 진행했어야 하였다. 하지만 정작 만들어진 것은 다람쥐만 다니는 길, 통행료보다 유지비가 훨씬 더 드는 다리, 비행기가 보이지 않는 공항들이었던 것이다.

결국 '제로 성장', '마이너스 성장' 등 피상적인 수치에 경도되어 너무 성급하게 무리한 정책을 시행한 것이 패인이었다. 당시 과한 거품을 걷어내어야 하는 일이 시급한 상황이었지만 오히려 고통스러운 수치에서 빨리 벗어나고픈 욕심에 일본은 앞을 내다보지 못하는 공공정책에 돈을 쏟아부었다. 일본의 사례는, 정부 재정은 물길을 터주는 역할을 해야지, 스스로 그 물이 되고자 해서는 안 된다는 교훈을 주었다.

둘째, 유효수요 창출을 위해서는 서민 또는 중산층의 소득이 매우 중요하나 이를 등한시하였다.

위기 이후 일본은 인건비 상승은 기업과 국가경쟁력의 약화라는 시각을 유지해왔고, 이 시각이 지속적으로 경제정책에 반영되었다. 예컨대 OECD의 자료를 보면 2000년에서 2016년까지의 긴 기간 동안 G7 국가들 중 일본은 실질임금이 하락한 유일한 나라가 되었다. 같은 기간 5개 국가(캐나다, 프랑스, 미국, 영국, 독일)의 경우 10% 이상의 실질임금 상승을 보였다. 굳이 이런 통계치를 보지 않더라도 과거 한국과는 비교가 되지 않을 정도로 높았던 일본 노동자들의 임금이 지금은 한국과 크게 차이 나지 않을 정도가 되었다는 사실을 보면, 그동안 얼마나 일본 중산층의 소득이 소외되어왔는지를 간파할 수 있다.

교통비 등 높은 물가 수준 대비 쪼그라든 소득 수준은 다시 근검절약하며 집 밖으로 잘 나가지 않는 일본 국민들을 양성하였다. 당연히 소비는 살아나지 않았다. 아무리 기업들이 수출을 많이 하여 외화를 벌어와도 그 돈들이 노동자들이나 서민들에게 전달되지 않는다면 국부가 증가하기 어렵다는 사실을 우리는 이미 대항해 시대 스페인의 사례를 통해 알고 있다.

셋째, 가치와 배치되는 인위적인 가격이나 수치 위주의 정책을 펼치며 재정을 낭비하였다.

일본은 재정 정책뿐만 아니라 자산시장 정책에서도 성급했다. IMF 사태 직후의 한국, 대공황이나 금융위기 이후의 미국처럼 자산 가격이 충분히 하락해 있을 때 자금들이 시장에 풀리면 그 돈은 저렴해진 자산으로 이동하며 경제를 활성화시킬 수 있다. 하지만 일본은 주가나 부동산 가격이 충분히 투자 매력이 있는 가격이 되기 전부터 너무 성급하게 인위적인 가격 부양책을 사용하였다. 주식 담보대출 가능 비율을 더 늘려주어 일반인들에게 더 빚을 져서 주식을 사게 하거나, 보험사나 증권사 등 금융기관들에 주식을 팔지 못하게 하거나 매입하라고 명령하는 식이었다.

버블 당시 일본의 주가는 대공황 전이나 금융위기 전과 비교해도 너무 비쌌다. 주식시장의 평균 주가가 평균 이익의 90배가 되었고(일반적으로 10~15배 수준을 정상적으로 볼 수 있다) 평균 배당수익률은 주가의 0.5%에도 미치지 못했다. IMF 사태 이전에 고평가된 한국 주가나 금융위기 이전의 고평가된 미국 주가와 비교해봐도 적어도 4배 이상 더 비쌌다. 당시 일본의 주가는 적어도 4분의 1 수준인 1만 포인트 이하까지 하락해야 어느 정도 거품이 제거되었다고 볼 수 있는 상황이었다. 하지만 일본 정부는 주가가 불과 고점 대비 10% 정도 하락했을 때부터 인위적인 주가 부양을 시작했던 것이다.

너무 비쌌던 주가가 지속적으로 하락하자 가격 부양을 위해 인위적으로 사게 했던 주식들은 추가적인 부실화의 원인이 되었다. 이런 인위적인 부양책이 현재에는 있을 수 없는 오래된 과거의 일이라고 생각하는가? 놀랍게도 현재의 일본 정부는 지금도 중앙은행을 통해 직접 주식을 매수하는, 믿지 못할 가격 부양책을 쓰고 있다. 한편 인위적으로 부양된 주가나 부동산 가격으로 효용에 비해 가격이 싸지 않았기에 두 시장에서의 보이지 않는 손이 제대로 작동되지 않았다. 오랫동안 제로 금리를 유지해도 고평가된 주식이나 부동산보다는 차라리 현금이 싸다고 느꼈는지, 돈들이 주식이나 부동산 등 실물경제 시장으로 원활하게 이동하지 않았던 것이다.

# 오일쇼크 이후
# 대한민국의 주요 경제사

    1973년 발발한 1차 오일쇼크가 한국에 미친 영향은 다른 선진 국가들의 상황에 비하면 적은 편이었다. 물가 상승으로 서민들이 큰 고통을 겪었지만 산업이나 경제발전에 큰 충격은 없었다. 가장 큰 이유는 아직 산업화가 크게 진행되지 않았기 때문일 것이다. 아직 자동차가 많이 보급되지 않았고 대부분의 가정이 연탄으로 난방을 하던 시기였다. 산업화가 덜 된 농업과 경공업 위주의 산업 구조도 오일 가격 상승에 영향을 적게 받은 요인이 되었다. 베트남전쟁 특수로 어느 정도 경제 여력을 비축해두고 있던 것도 도움이 되었다. 유가가 오르기 전 만든 시멘트와 자재들을 이용하며 막 시작된 새마을운동의 활력도 보탬이 되었다.

하지만 전 세계 강국들의 불황으로 한국의 수출도 어려워졌고, 당시 경제의 큰 축이었던 건설·토목 경기도 꺾여버렸다. 높은 물가상승률도 서민들에게 큰 부담이 되었다. 이런 상황에서 아이러니하게도 세상을 어렵게 하며 중동으로 흘러들어간 막대한 오일달러는 1975년 이후부터 한동안 한국에 큰 수혜를 주었다. 현대건설 등 건설업체들과 수많은 건설 노동자들이 대규모 건설 붐이 진행되던 중동으로 건너가 이른바 오일 달러를 벌어오게 된 것이다.

하지만 전 세계적인 위기를 잘 극복해가던 상황에서 발발한 1978년부터의 2차 오일쇼크 시기의 충격은 1차 때보다 훨씬 컸다. 정부의 정책으로 1차 때와는 달리 산업화가 많이 진전되었으며 중화학공업의 비중이 훨씬 높았던 것이 큰 이유였다. 예컨대 1973년에 포항제철(포스코의 전신)이 준공되었고 1974년에는 울산에 현대중공업의 조선소가 준공되는 등 남동임해공업 지역이 개발되었다. 1976년에는 현대자동차의 국산 모델 자동차 '포니'가 등장하는 등 급격한 산업화가 진행된 이후 발생한 2차 오일쇼크였기에, 이번에는 우리나라도 그 충격에서 벗어날 수 없었다. 경제사관의 관점에서는 오래 지속된 인플레이션에 2차 오일쇼크로 인한 급격한 경제 불안이 국민들의 원성으로 이어졌고, 결국 유신정권이 막을 내리는 데 결정적인 역할을 하였다고 볼 수도 있을 것이다.

## 한국에 약 주고 병을 준, 플라자합의

플라자합의 후 일본 엔화의 초강세는 우리나라 경제에 큰 기회를 주었다. 오래전부터 수출을 부르짖었건만 사실 한국은 1985년 이전까지 무역수지 흑자를 기록한 적이 없었다. 한국은 플라자합의 후 엔화의 상대적 강세가 진행되어 일본의 수출경쟁력이 현저히 떨어진 1986년에 최초의 무역수지 흑자를 달성하게 된다. 기업이 어느 정도의 기술력만 가지게 된다면 그다음부터는 환율이 결정적인 역할을 하게 된다는 사실을 여실히 보여준 대목이다.

이후 한국은 역사상 처음으로 몇 년간의 무역수지 흑자를 통해 제대로 돈을 벌며 빠른 경제성장을 맛보게 된다. 하지만 이때의 호황은 한국의 경제에 좋은 약이 되기도 하였지만 다른 면에서는 독이 되기도 하였다. 이때의 호황기에 자신감

## 원화/엔화 환율과 한국의 무역수지

무역수지(백만 불)  ■ 무역수지(LHS)  KRW/JPY(100엔)

금융위기로
엔화가격 폭등

한국 IMF 사태로
엔화가격 폭등

플라자합의 후
엔화가격 폭등

자료: 산업통상지원부(1966.12~2018.12)

을 가졌던 한국의 기업들은 자동차, 철강, 전자, 화학 등 다양한 분야에서 상당한 부채를 얻으면서도 과감한 투자를 진행하기 시작하였다. 하지만 당시 달러당 700원대의 원/달러 환율은 지금 생각해봐도 지나친 원화 강세 시대였다. 우리 기업들의 기술력이 좋아지고 있다고 해도 당시의 환율 상황에서 무역수지 흑자를 지속하기는 어려운 상황이었다. 그리고 당시만 해도 그 정도의 환율 상황이 지속되면 한국에 큰 어려움이 올 것이라고 예측할 정도로 혜안을 가진 정책 당국자가 존재하지 않았던 모양이다.

반면 일본은 플라자합의 이후 엔고의 어려움 속에서도 상당한 기술력을 앞세워 경쟁력을 되찾아가고 있던 와중이었다. 1990년대 들어서며 미국 클린턴 정부의 일시적인 강한 달러 정책으로 달러 대비 엔화의 강세가 진정되자 일본 기업들은 빠르게 안정을 되찾았다. 안타깝게도 일본 기업들의 경쟁력 회복으로 인해 한보철강, 기아자동차, 대우 등 한국의 기업들은 그동안 막대한 부채를 지며 진행해왔던 대규모 투자들로 큰 어려움에 직면한다. 한국경제는 이들 기업들의 부채에 발목을 잡혀 결국 IMF에 구제금융을 신청하는 국면을 맞이하였다. IMF 외환위기로 국민들은 일시적으로 큰 고통을 겪어야 했으며 기업들과 국가경제 시스템은 뼈를 깎는 듯한 구조조정을 진행해야 했다.

### 원엔 환율에 연동하는 한국의 수출주도 경제, 금융위기를 기회로 한 단계 도약하다

IMF 외환위기 발발은 우리에게 큰 고통을 안겨주었지만 한편으로는 (앞에서의 그래프에서 보듯이) 원/엔화의 급격한 환율 상승으로 한국의 수출 기업들은 비로소 제대로 된 경쟁력을 가지고 세계 무대에 설 수 있게 되었다. IMF 외환위기 이후 김대중 정부 시절부터 큰 폭으로 도약한 무역수지 흑자 기조와 함께 한국은 수출이 경제의 큰 부분을 차지하는 명실상부한 수출 주도 경제국가가 되었다.

과도했던 IMF 외환위기 이전 기업들의 투자들은 뼈를 깎는 구조조정을 거친 후 이제는 막대한 무역수지 흑자를 창출해내는 자산이 되었다. 수출 의존 경제 구조는 곧 환율의 등락에 민감해지는 경제 구조이다. 플라자합의와 IMF 외환위기 때와 마찬가지로 세계경제가 불안해지고 한국의 수출 환경이 좋지 않을 때마다 원화가격이 하락하는 현상은 오히려 그때마다 세계 속 한국경제의 순위를 올려놓는 오아시스 역할을 하였다.

2008년 금융위기 당시에도 여지없이 원화가격은 급락했다. 금융위기는 IMF 이후 약 10년간 갖춰온 한국의 경제 시스템에 대한 시험 무대였는데 전 세계적인 금융 불안과 경제 악화 상황에서도 한국의 기업들과 은행들은 해외 투자 전문가들의 예상을 깨고 크게 흔들리지 않은 모습을 보였다. 오히려 당시 환율의 초약세는 반도체, 자동차, 화장품 기업 등 국내의 많은 수출 기업들이 도약할 수 있는 기회를 제공하며 세계 속 한국경제의 상대 순위를 올려놓았다.

무역흑자의 약진은 출산율 저하, 고령화 진행 등 2010년 들어 급격히 진행된 사회 구조의 변화로 인한 경제 문제들을 만회하는 데 큰 도움이 되었다. 2018년부터는 미국과 중국의 무역전쟁으로 전 세계 경제에 불안감이 감돌자 영락없이 원화의 가격이 평소보다 싼 1달러당 1,200원 내외로 하락하였다. 전 세계적으로 불안한 분위기 속에서 통화가치마저 올라간 일본에 비해 향후 한국의 상황이 한결 나을 수 있다는 것을 예상할 수 있는 대목이다.

2018년에 이미 한국은 1인당 국민소득이 3만 달러를 넘어섰다. 인구가 2,000만 명이 넘는 국가만 따져보면 우리나라를 앞서는 나라는 미국, 일본, 영국, 프랑스, 독일, 캐나다, 호주, 이탈리아로 10개국이 되지 않는다. 지금의 속도라면 곧 이탈리아(불과 15년 전 우리나라의 2배가 넘는 국민소득이었다)를, 앞으로 10년 안에 4만 달러 수준에서 정체된 일본도 한국이 따라잡을 기세다.

기적 같은 경제성장을 지속해온 한국이지만 앞으로 넘어야 할 산들은 더욱 높다. 향후 우리 경제는 불평등 문제 해소, 중산층 양산 등의 숙제를 풀어가며 고령화와 출산율 저하, 인구 감소 등의 문제와 싸워 나가야 할 것이다. 2010년대에 들어서며 비효율적 국가사업, 무분별한 부동산 부양책, 실물경제 효과와 거리가 먼 통화완화 정책 등 일본의 잃어버린 30년 동안 있었던 실책들의 상당 부분을 답습하는 모습은 다소 아쉬운 대목이다. 1,500조 원에 이르는 가계부채 문제,

70% 이상이 부동산으로 이루어져 있는 한국의 기형적인 가계 재산 구성 문제는 향후 유효수요를 잠식하고 국가 성장의 동력을 약화시키는 큰 문제가 되고 있다. 한국에서 혜안을 가진 정책 당국자들과 금융경제인들이 보다 많이 배출되기를 고대하는 이유이다.

## 케인스주의자의 눈에 한국의 부동산 열풍이 우려되는 까닭은?

2019년 3분기, 가계부채가 1,570조 원을 넘어섰다. 이 중 주택담보 대출은 830조 원이라 한다. 주택담보 대출 이외의 대출에도 부동산 구입용 대출이 많을 것으로 추정되어 실로 빚 내서 부동산에 투자하는 금액이 엄청나다고 보아야 한다. 문제는 가계대출 문제 자체와 그 대출 자금의 힘으로 큰 폭으로 상승한 부동산 가격 모두 유효수요에 악영향을 미쳐 한국의 미래 경제에 매우 나쁜 영향을 끼치는 데 있다.

첫째, 가계부채가 많다는 이야기는 가계들이 앞으로 벌어들이는 소득 중 상당 부문을 소비로 돌리지 못하고 대출금과 그 이자를 갚는 데 써야 한다는 이야기다. 이 말은 소비로 연결되는 돈, 즉 유효수요가 줄어든다는 뜻이다. 평균 대출금리를 4%로 가정하면 매년 이자만 60조 원을 넘어선다. 원금을 갚기 위해서는 더 많은 금액을 비축해둬야 한다. 이래서는 소비가 살아날 수가 없다.

둘째, 하필이면 대출로 얻은 자금의 상당 부분이 부동산시장으로 흘러들어가며 부동산 가격과 이에 연동되는 임대료를 크게 상승시켰다. 고전주의 경제학을 완성했다고 평가받는 경제학자 데이비드 리카도의 "토지의 이익은 모든 다른 경제주체들의 이익에 반한다"는 어록을 굳이 내세우지 않더라도 부동산 가격의 지나친 상승은 기업에도, 노동자들에게도 좋지 않다는 사실을 알 수 있다. 임대료의 상승은 유효수요를 저하시키는 역할을 한다. 예컨대 경기가 크게 좋아지지 않는 상황에서 어느 편의점이 입점하고 있는 상가의 임대료가 크게 상승하면 편의점 주인은 수익이 크게 준 편의점을 억지로 유지하든지, 아예 편의점 문을 닫든지, 아니면 고용하던 직원의 임금을 깎든지, 아예 해고하든지 하는 식의 의사결정을 해야 한다. 그 어떤 의사결정도 유효수요를 깎아내리는 작용을 할 것이다.

경기 순환을 위한 적정한 수준의 가계대출, 경기 호조에 따른 부동산 가격의 자연스러운 상승이라면 결코 경계할 필요가 없다. 집값이 너무 비싸냐 아니냐를 따지자는 것도 아니다. 문제는 너무 과도한 데에 있다. 전 세계 30~50클럽(1인당 국민소득 3만 달러, 인구 5,000만 명 이상 국가)에 포함된 7개 국가 중 한국의 가처분소득 대비 가계부채율은 186%로 1위인데 2위를 차지한 영국(149%)보다 37%나 높다고 한다 (2017년 OECD 기준). 한국 가계자산의 70% 이상이 부동산 자산인 것도 다른 나라들에 비하면 기형적이다. 이 정도면 한국 가계의 대부분이 집 빼고 나면 가진 재산이 없다는 표현이 가능하다. 전반적으로 가계자산의 40% 내외가 부동산 자산인 것이 적절하다고 판단한다.

한국이 30~50클럽 7개 국가 중 꼴찌를 기록하는 것이 있는데, 1.17명인 출산율이다. 가히 인구절벽을 우려할 만한 수준이다. 인구절벽을 걱정해야 하는 나라에서 부동산 가격 걱정을 해야 하는 것 또한 아이러니하기도 하다. 하지만 부동산 가격 문제가 출산율 저하의 주요 요인일 수 있다는 추리도 해볼 수 있다. 부채가 많은 가정도 아이의 출산을 두려워할 수 있다. 케인스주의자인 필자의 입장에서는 유효수요를 크게 잠식하는 이 두 문제의 해결이 현 정부의 가장 시급한 과제임을 주장할 수밖에 없다.

제4장

가치를 알면
보이는
성공 투자의 길

## 국부를 지키기 위해서는
## 국민들이 투자에 대해 알아야 한다

국내외 상품시장에서 우리나라 기업들이 해외 기업들과 치열한 경쟁을 벌이고 있다. 마찬가지로 국내외 자본시장 또는 금융상품시장에서 우리나라 금융기관들과 국민들은 조금이라도 더 많은 이익을 얻기 위해 치열하게 외국 자본들과 경쟁하고 있다고 보아야 한다. 예컨대 우리나라 개미 투자자들이 국내 주식시장에서 1,000억 원의 이익을 더 보았다는 것은 외국 투자자들을 통해 유출되는 주식시장의 돈을 1,000억 원 아꼈다는 말과 같을 수 있다.

하지만 세계에서 가장 명석한 두뇌를 지닌 것으로 인정받는 한국 국민들이 유독 금융 분야나 투자 분야에서는 관심과 노력이 부족한 것 같다. 필자는 수십 년 동안 많은 국부가 외국인 투자자들에 의해 유출되는 모습을 자본시장의 최전선에서 안타깝게 지켜보아야 했다. 피땀 흘려 반도체와 자동차 등을 생산하고 수출하여 벌어들인 돈들의 상당 부분이 국내 주식시장이나 채권시장에서, 그리고 각종 금융상품 시장에서 외국인들에게 빼앗기고 있는 양상이었다. 외국인 투자자들의 수익이 곧 개미 투자자들의 손실이기도 했다. 이러한 까닭에, 보다 많은 국민들이 어릴 때부터 금융에 대한 조기 교육을 받아야 하며 기본적으로 배워야 하는 인문학으로서 투자론을 제대로 공부할 필요가 있다는 입장이다.

이 책을 집필하는 동안에도 수조 원에 달하는 해외금리 연 계형 파생결합금융상품(DLS·DLF) 투자자들의 피해 논란이 있었다. 그릇된 투자로 대형사모펀드 운용사의 부실 운용이 발생, 수많은 고객들이 손실을 보게 되었다는 안타까운 소식도 있었다. 우리나라 국민들이 더 이상 이런 식의 손실을 보지 않으려면, 보다 많은 사람들이 올바른 투자론을 '전문 지식' 범주가 아닌 '상식적인 인문학'의 개념에서 습득하고 있어야 한다는 생각이다. 투자론은 모든 사람에게 인문학이 되기도 하며, 실제 사용할 수 있는 전문 지식이 되기도 한다.

이 장에서는 외환, 채권, 주식 등 투자 대상의 본질인 '가치'에 접근하는 시각을 소개하고자 한다. 필자가 오랜 기간 체득하여 주장하고 있는 가치투자론의 기본적인 아이디어들도 함께 소개한다. 적극적으로 투자하는 사람이 아니더라도, 투자에 대한 보편적 이해를 높이고 더 많은 국민들이 외환시장·금리시장·주식시장 등 투자 대상의 가치에 대한 기본 상식과 소양을 갖추고 있다면 좋을 것이다.

※ 이번 장에서 다루는 내용들 중 일부는 이미 필자의 지난 투자 관련 저서들, 또는 각종 언론을 통해 발표한 기고문 등과 내용이 유사할 수 있다. 이는 본 저서의 맥락과 성격에 맞추어 보다 원론적인 시각에서 다시 재구성한 것이니, 부득이 다소 중복되는 내용을 접하는 독자들에게 이해와 양해를 구한다.

# 알아두면 쓸데 있는
# 투자의 기본 상식들

## 투자라는 동전의 양면,
## 기대수익률과 위험

"투자란 미래의 부를 위해 현재의 부를 희생하는 행위이
다."

곳곳에 서술된 여러 가지 투자의 정의 중에서 가장 공감되
는 표현이다. 여기서 '현재의 부'가 투자 대상의 가격이라면
'미래의 부'는 투자 대상의 효용으로 볼 수 있다. 사람들은 가
격보다 효용이 충분히 높아야 상품을 구매한다. 마찬가지로
현재의 부보다 미래의 부가 충분히 높아야 투자 행위를 하게

된다. 그리고 사람들이 효용이 높을 것으로 예상하고 상품을 구매했지만 정작 효용이 높지 않아 낭패를 볼 수 있는 것처럼, 미래의 부가 높을 것으로 판단하고 투자를 했지만 정작 미래의 부가 높지 않아 낭패를 보는 경우가 있다.

일반적으로 수익률을 측정할 때 투자 기간의 기본 단위는 1년으로 본다. 때문에 1년 만기 국채나 1년 만기 정기예금(예금자보험이 적용되는)은 1년 단위의 투자를 할 때 확정된 수익률을 기대할 수 있는 무위험자산으로 분류한다. 하지만 무위험자산을 제외한 대부분 투자 자산의 1년 뒤 실현되는 수익은 확정되어 있지 않고 변동성 또는 불확실성이 존재한다는 특성을 지닌다. 경제이론상, 이 변동성이나 불확실성을 '위험'이라고 부르며, 불확실하기는 하지만 어느 정도 예상되는 평균적인 수익률을 기대수익률이라고 부른다. 1년 뒤 실현되는 수익률이 원래 기대했던 수익률을 벗어날 가능성, 범위, 또는 빈도나 확률을 경제학 이론에서는 위험이라 정의하는데 주식과 파생상품 등 위험이 큰 투자 자산일수록 기대수익률이 높고 채권과 예금처럼 위험이 낮은 투자 자산일수록 기대수익률이 낮은 것으로 본다. 위험과 기대수익률은 모든 투자 자산들이 지니는 동전의 양면적인 특성들이다.

투자 자산의　＝불확실한　미래의 부　＝투자의 효용
2가지 요소　　(위험)　(기대수익률)　(위험이 클수록 효용은
　　　　　　　　　　　　　　　　　　　낮아지고 기대수익률이
　　　　　　　　　　　　　　　　　　　높을수록 효용은 커진다)

한편 미래의 수익이나 이자가 확정되어 있어도 1년이 초과
되는 만기의 투자 상품인 경우, 투자 수익이 불확실해지기 때
문에 위험이 존재한다고 보아야 한다. 예컨대 매년 3%의 이
자를 꼬박꼬박 지급하는 5년 만기 국채에 1년간 투자할 경우,
1년 후 이 채권에서 몇 %의 수익률이 나올지 확실하지 않다.
시장금리의 변동에 따라 많게는 10%의 수익률이 나올 수도
있고 채권 약세장에서는 마이너스 수익률이 나올 가능성도
있다. 1년 동안 채권금리의 등락으로 발생하는 가격 변동과
3%의 이자 수익이 합쳐져 이 채권의 총 수익률이 결정되기
때문이다. 즉 모든 국채는 위험이 없다는 일반인들의 상식과
는 달리 이론적으로는 중장기 채권들도 1년 투자 기간 동안
수익률의 변동성이 있는, 즉 위험이 존재하는 투자 자산으로
보아야 한다.

# 금융상품의 위험, 주사위 방식으로 알기 쉽게 표기하자

최근 대규모 원금 손실로 문제가 된 해외금리 연계형 파생결합상품 (DLS·DLF) 논란이 크다. 오랜 기간 금융업에서 일해온 입장에서 고객들의 아픔이 생생하게 느껴져 가슴이 시렸다. 70대 이상 고령자의 비중이 높다는 언론보도에 더욱 그랬다. 수많은 시행착오를 겪으며 우리나라의 금융시장이 이제는 많이 성숙해졌다고 생각해왔는데 이런 일이 일어난 것은 무척 안타까운 일이다. 다시 이런 일이 재발하지 않으려면 어떤 노력과 변화가 필요할까 하는 짧은 생각을 해보게 된다.

해당 DLS들의 위험등급은 1등급으로 표기됐다. 하지만 불행히도 이 상품에 가입한 많은 고객들은 이 등급 표시가 실제 어느 정도의 위험을 나타내는지를 피부로 느끼지 못하고 대수롭지 않게 여겼을 터이다. 이런 식의 위험 표시로는 한계가 많다. 스스로 금융전문가라 평가하는 필자도 위험등급 3등급이 위험등급 4등급에 비해 도대체 어느 정도 더 위험한 것인지를 남들이 이해할 수 있게 설명하기 어렵다. 이런 식의 등급 표시로는 제대로 된 위험 정보를 고객에게 전달하기에 부족한 점이 많다는 것이 오래전부터 느껴왔던 문제였다.

필자가 오래전부터 주장해온 위험 분류 방식을 하나 소개해보고자 한다. 소위 '주사위 방식'으로 명명된 이 방식은, 어느 금융상품의 이론적인 기대수익률과 위험을 직관적으로 잘 파악할 수 있게 표기하고자 노력한다. 예컨대 어떤 일이 있어도 1년 후 2%의 이자를 지급해주는 정기예금의 경우, 주사위의 여섯 면에 모두 2%라는 숫자로 상품을 나타낼 수 있다. 이 경우 고객이 주사위를 어떻게 던져도 평균적인 기대수익률인 2%를 벗어날 가능성이 없기에 위험이 없다고 할 수 있다. 변동성, 즉 위험이 큰 주식 상품의 경우 시장의 약세·강세 여부에 따라

−20%, −10%, 0%, 10%, 20%, 30% 등으로 상품을 표기하는 방식이다. 채권 상품의 경우 −1%, 0%, 1%, 2%, 3%, 4%로 표기하는 것이다. 이렇게 한다면 평균 기대수익률은 1.5% 수준인데, 평소 안전하다고 인식되는 채권이라도 금리가 상승하는 약세장일 경우에는 마이너스 수익의 가능성이 있다는 사실을 투자자들이 한눈에 인식할 수 있을 것이다.

금번에 문제가 된 DLS의 경우도 마찬가지다. '위험등급 1등급'이라는 막막한 표기보다 '이 상품 주사위를 100번 던진다면 97번의 경우 5% 수익률이 나오겠지만, 딱 한 번의 경우 전액 손실, 또 약 두 번 정도의 경우 50%의 손실이 날 수 있습니다'라며 보다 구체적으로 표기해 두었다면 어땠을까? 이런 문제는 또 언제 재발할지 모른다. 최근 금리의 하락과 주식시장의 불황으로 갈 곳 잃은 투자 자금들이 혹시나 하는 마음에, 블랙스완의 위험을 잘 포장하면서도 예금보다 조금 높은 수익률로 유혹하는 상품들을 계속 기웃거리고 있는 상황이기 때문이다. 금융기관들은 고객들이 현명한 판단을 내릴 수 있도록 보다 이해하기 쉬운 위험 고지 방법을 찾아내야 할 것이다. 갈 곳 없는 부동 자금들이 큰 위험에 노출되지 않도록 고객들이 금융상품의 내면을 보다 쉽게 들여다볼 수 있도록 방안을 강구하는 것이 지금 우리 금융인들의 사명이라 생각한다.

(*본고는 《아주경제신문》 2019년 11월 4일자 칼럼에 기고된 내용.)

투자 철학의 양대 산맥,
'가격 전망 투자'와 '가치 분석 투자'

투자에도 철학이 있다. 투자 철학은 곧 'How to add

value', 즉 어떻게 수익을 내는가에 대한 가치관을 이야기한다. '다른 곳보다 손님이 많은 회사를 골라 투자한다' 또는 '난 다른 것은 안 보고 배당률 높은 주식에만 투자한다'라는 원칙이나 생각도 일종의 투자 철학이 될 수 있다.

조금 더 큰 틀에서 이 세상의 투자 철학은 ① 투자 자산의 가격을 예측·전망하여 가격이 상승할 것 같으면 매수하고 가격이 하락할 것 같으면 매도하는 가격 전망 투자('모멘텀 투자'라고도 한다)와 ② 투자 자산의 내재가치를 분석한 후 가치보다 가격이 많이 싸면 매수하고 가치보다 가격이 비싸면 매도하는 가치 분석 투자('가치투자'라고도 한다)로 나누어진다.

가격 전망 투자는 각종 뉴스나 정보, 차트를 통한 기술적 분석이나 투자 대상의 분석, 투자 심리, 수급 등의 각종 요소를 재료로 한다. 그리고 투자자의 직관이나 영감으로 이 모든 재료를 종합, 투자 자산의 가격을 전망하여 이에 따라 투자하는 것을 말한다. 올해 주가가 3,000포인트를 넘을 것이라든지, 상반기 금리가 4% 이상으로 상승할 것이라든지, 종목의 목표 주가가 2만 5,000원이라든지 금값이나 미국 달러 값이 앞으로 하락할 것이라는 식으로 가격이나 지수를 예상하여 자산을 매수하거나 매도하는 운용 방식이다. '투기'도 일종의 가격 전망 투자에 포함된다. 가격 전망 투자 중에서도 투자 대상에 대한 기본적 분석은 전혀 없이, 즉 투자 대상에 대한 지식은 전혀 없이 그냥 '이것 사 놓으면 가격이 오른다'는 이야기를 듣고 주식을 매수하는 행위 등 오로지 가격의 단기적인 등락만을 이용하여 이익을 취하고자 하는 행위는 투기로 분류된다. 워런 버핏은 조금은 극단적으로 '가치를 측정할 수 없는 자산을 매매하는 행위'를 투기로 정의하고 있다.

가격 전망 투자가 자산 가격의 상승이나 하락을 전망해 매수하거나 매도하는 방식이라면, '가치 분석 투자'는 자산의 가치를 분석하고 예측해 자산 가치 대비 현재 시장 가격이 충분히 낮을 경우 매수하고 가격이 높다고 판단될 경우 매도하는 방식이다. 가치투자자에게 '올해 연말 주가지수가 3,000포인트를 넘을 것인지 아닐지' 같은 가격이나 지수의 전망은 별 의미가 없다. 가치투자자에게는 투자 자산의 가치가 시간이 지나면서 어떻게 바뀔 것인지가 중요할 뿐이다. 저 PER주니, 저 PBR주니 하는 용어는 가치 분석 투자와 관련이 많다. 주식이나 채권, 심지어 외환의 경우에도 투자 자산의 가치를 측정하는 방식은 다양하게 존재하고 있다.

가치 분석 투자는 기업의 미래를 분석하기 위해 기업의 과거를 중요시한다. 아무리 인물 좋고 스펙 좋고 옷도 잘 차려입은 사람이 와서 장밋빛 미래를 이야기하며 자신에게 투자하라고 해도 그의 과거에 대해서 잘 모른다면 투자하지 않는다. 볼품없는 인물에 누추한 옷을 입은 사람이라도 그는 지금껏 거짓말한 적이 없으며 돈 거래도 깨끗했던, 그의 지난 행적을 오랫동안 옆에서 지켜보며 잘 알고 있다면 기꺼이 많은 자금을 빌려줄 수 있는 것이 가치 분석 투자이다. 가치 분석 투자를 위해서는 기업의 오랜 과거를 철저히 분석해야 하기에 아무리 미래가 창창해 보이는 기업이라도 과거가 없거나 과거를 모르는 기업에는 투자할 수 없다.

### 앙드레 코스톨라니의 주인과 강아지

20세기 유럽 최고의 개인 투자가로 추앙받았던 앙드레 코스톨라니는 한 나라의 경제성장을 '산책하는 주인'으로, 이에 따른 그 나라의 주가지수를 '주인과 함께 산책 다니는 강아지'로 비유하였다. 나라의 경제력과 실제 가치는 통상 조금 느려졌거나 빨라졌거나 할 수는 있지만 급격하게 바뀌는 경우가 대체로 없다. 하지만 작은 변수에도 민감하게 움직이는 주가지수의 변동은 주인을 앞서기도, 뒤로 처지기도 하여, 어느 순간 사라져 숲속에도 들어가 버리는 강아지처럼 변화 속도가 빠르고 예측하기가 어렵다는 뜻이다. 그리고 결국 주인과 강아지는 함께 집으로 돌아오듯이 경제와 주가도 결국은 만나게 된다는 뜻도 담겨 있다.

다음의 그래프에서 볼 수 있듯이 꾸준한 국가의 경제성장률에 비해 주가의 등락 폭이 과도하다. 1980년 이후 한국의 경제성장률은 평균 6%, 최대 13%, 최소 -5%의 모습을 보였지만 주가의 경우 평균 12.8%, 최대 92.6%, 최소 -51%의 움직임을 보였다. 경제성장률이 마이너스를 보였던 적은 오일쇼크 당시와 IMF 외환위기 당시의 단 두 차례였던 반면, 주가가 하락했던 해는 13회나 되었다.

반면 오랜 역사를 지녀 크게 성숙해진 미국 주식시장의 경우, 한국의 주가 움직임에 비해서는 상당히 안정된 모습의 등락을 보였지만 경제성장률의 등락에 비해 주가의 진폭이 큰 것은 여전하다. 1980년 이후 미국의 경제성장률은 평균 2.6%, 최대 +7.2%, 최소 -2.5%의 모습을 보였지만, 주가의 경우 평균 9.7%, 최대 34.1%, 최소 -38.5%의 움직임을 보였다. 경제성장률이 마이너스를 보였던 적은 총 4년인 반면, 주가가 하락했던 해는 9차례 있었다.

특기할 것은 금융위기 이후 미국 또한 한국과 비슷하거나 이에 못 미치는 저성장 국면을 겪고 있지만 주가의 움직임은

견고하다는 사실이다. 2019년 4사분기 현재 기준으로 미국의 주가는 사상 최고치를 경신하고 있다.

경제와 주가의 관계 외에도 대부분 투자 자산의 가치와 가

### GDP성장률에 비해 과도한 움직임의 주가등락률(한국)

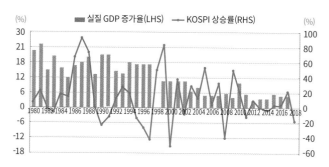

자료: 한국거래소(1980.01~2018.12), 한국은행(1980.1Q~2018.4Q)

### GDP성장률에 비해 과도한 움직임의 주가등락률(미국)

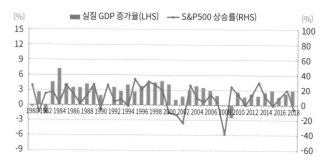

자료: OECD Economic Outlook, S&P

격을 주인과 강아지로 비유할 수 있다. 대다수 기업들의 실적 변화에 비해 주가는 변화무쌍하며 한동안 가치와 동떨어지게 움직이고 있는 경우도 있지만, 기다리다 보면 결국 가치와 가격은 만나게 된다는 것이다. 환율이나 채권의 경우도 측정되는 가치와 동떨어져 가격이 움직이다가 결국은 제자리를 찾아가는 경우가 많다. 대부분 자산들의 경우 서서히 움직이는 가치에 비해 가격은 움직임이 매우 빠르고 진폭이 크다.

금융위기 이후에도 약 10년간 우리가 느끼는 세계 정세는 너무 불안했다. 그리스 등 유로존 위기, 미국의 재정 절벽과 신용등급 하락, 북한 김정일 사망과 이후 핵 미사일 도발, 미국과 중국의 무역전쟁에 이르기까지 한국경제를 위협하는 수많은 뉴스가 있었고, 그때마다 주가는 큰 폭으로 출렁거렸다. 하지만 주가의 급등락과는 상관없이 한국의 실제 경제는 의외로 꾸준하게 증가하는 모습을 보였다. 2009년에서 2018년까지 1인당 국민소득은 2,441만 원에서 3,679만 원으로 매년 복리 5%에 가까운 속도로 꾸준히 증가해왔다. 매년 상장기업들은 순자산 대비 평균 10% 내외의 속도로 부를 꾸준히 증가시켜왔다. 여러 악재성 뉴스들로 강아지는 머뭇머뭇 앞으로 나아가지 못했지만, 그동안 주인은 또박또박 평소의 산책길을 걸어왔던 셈이다.

이런저런 이유로 워런 버핏이나 찰리 멍거와 같은 투자의 대가들, 특히 가치투자자들은 투자 자산의 가격을 전망하여 적중하는 일은 강아지가 어느 방향으로 뛰어갈 것인지를 알아 맞추는 일처럼 적중률이 떨어진다고 주장한다. 워런 버핏의 스승으로 잘 알려진 필립 피셔Philip Fisher는 "투자자들이 경기 전망이나 주가 예측을 해서 적중할 확률은 10%에도 미치지 못한다"며 극단적으로 얘기했을 정도다.

가치투자는 강아지의 움직임, 즉 투자 자산의 가격을 예측하는 것은 아예 포기하고 그냥 계속 주인의 동선을 분석하여 제대로 길을 가고 있는지를 체크하는 일이다. 강아지가 너무 뒤처지면 결국은 따라올 것을 믿으며 매수하고 강아지가 너무 앞서가면 결국은 다시 뒤로 올 것이라 생각하며 매도하는 식의 투자다. 결국은 주인과 강아지가 같이 집으로 돌아오는 것처럼, 가치와 가격은 결국은 만나게 된다는 믿음을 가지고 투자한다. 갑자기 돌발변수가 생겨 주인이 영원히 엉뚱한 곳으로 가버릴 가능성에 대해서만 항상 감시하고 주의를 기울이면 된다. 애초에 산책길의 동선이 유별나게 꾸준한 주인들만을 골라 투자해놓는 것도 가치투자의 한 방법이다.

# 투자의 이기론, 가치와 가격

성리학의 핵심 이론인 '이기론理氣論'은 수능시험 등 각종 평가의 단골 문제가 될 정도로 중요하게 다뤄지고 있지만 필자를 포함한 대부분의 사람들이 그 심오한 뜻을 제대로 숙지하고 있지는 못하는 듯하다. 서양철학가 헤겔Hegel의 '본질과 현상'이 이기론과 일맥상통한다는 생각을 한다. 즉 근본적이고 추상적인 개념인 '이理'는 모든 사물의 본질과 통하며, 구체적이고 형상적인 개념인 '기氣'는 모든 사물의 현상과 통하는 것이다.

퇴계 이황은 '이'를 중시하고 율곡 이이는 '기'를 중시하였다고 한다. 형식이야 어떻든 마음속으로 진심으로 부모를 귀하게 생각하는 그 자체가 '효孝'라는 노자의 사상이 '이'를 중시하는 것이라면, 효를 행하기 위해 문안 인사를 어떻게 하고 식사를 어떤 식으로 할 것인지 등 구체적인 방식과 형식을 지키는 것이 중요하다는 공자의 사상은 '기'를 중시하는 것이리라. 어떤 사람의 마음가짐이나 생각, 철학 등을 안다는 것은 그 사람의 '이', 즉 본질을 아는 것이며, 그의 외모와 몸무게·목소리 등을 안다는 것은 그 사람의 '기', 즉 현상을 안다는 뜻일 것이다. 경제학에서 이기론을 적용한다면 상품의 효용이 '이'와 통하며 상품의 가격은 '기'와 통한다고도 할 수 있다.

투자에서도 이기론 또는 본질과 현상의 개념이 존재한다. 모든 투자 대상에는 다소 불확실하고 추상적이지만 본질적인 개념인 가치가 존재하고, 이 가치를 다양한 방식으로 평가하여 결정되는 구체적인 수치인 가격이 존재하기 때문이다. 투자 대상의 본질과 현상, 즉 가치와 가격의 수치가 같아지는 효율적 시장 상황이 있을 수 있지만 상당한 경우, 가치와 가격의 괴리가 발생하는 비효율적인 상황이 발생한다. "사물의 본질과 현상이 항상 같다면 이 세상에 과학이 존재하지 않을 것이다"는 마르크스의 말을 대입해본다면 "투자 자산의 가치와 가격이 항상 같다면 이 세상에 투자론이 존재하지 않을 것이다"라는 말이 가능해질 것이다.

# 행동경제학이 말하는
# 돈을 잃는 투자자들의 심리

## 어째서 투자자의 뇌는 불리한 선택을 하는가

이스라엘의 한 대학에서 수많은 축구 경기의 승부차기 순간들을 연구했다고 한다. 키커kicker들은 왼쪽, 가운데, 오른쪽 중 어느 방향으로 공을 많이 찰까?

연구 결과에 따르면, 그들은 크게 차이 나지 않는 3분의 1 확률로 왼쪽·가운데·오른쪽을 향해 공을 찼다. 그런데 골키퍼들이 왼쪽 또는 오른쪽으로 움직일 때는 비록 공이 오는 방향을 제대로 예측했다 하더라도 공을 막을 수 있는 확률이 25~30%에 불과했다. 키커가 왼쪽으로 공을 찼을 때 다행히

골키퍼가 왼쪽으로 점프를 했다 해도 그 공을 막을 수 있는 확률은 30% 미만이라는 것이다. 반면 키커가 공을 가운데로 찼을 때 골키퍼가 가운데에 가만히 서 있었다면 공을 막을 수 있는 확률은 놀랍게도 60% 이상이었다.

독자들이 승부차기의 골키퍼 입장에 있다면 어디로 뛰는 선택을 할 것 같은가? 분명 가운데 서서 공을 노려보고 있는 것이 합리적이고 이성적인 판단일 것이다. 하지만 현실은 많이 다르다. 실제 승부차기에서는 프로 골키퍼들이 94%의 확률로 왼쪽 또는 오른쪽으로 열심히 점프한다. 더욱 놀라운 것은, 가운데 서 있으면 공을 막을 확률이 더 높다는 사실을 골키퍼들이 경험적으로 알고 있다는 것이 그들과의 인터뷰 과정에서 밝혀진 것이다. 막상 승부차기가 시작되면 왼쪽이나 오른쪽으로 움직이는 골키퍼들에게 그 이유를 묻자 그들은 다음 두 가지를 이유로 들었다. 일단 어느 쪽으로든 움직여야지 최소한 노력하고 있는 모습으로 보여 점수를 내주더라도 비난을 적게 받는다는 것이다. 그리고 가운데에 서 있을 때 공이 왼쪽이나 오른쪽으로 들어가 점수를 잃으면 기분이 더 나쁘다는 것이었다.

독자들도 어느 정도 이들의 심리에 공감할 것이다. 이들 골키퍼처럼 사람들이 무의식 중에 실리를 외면하고 자존심, 경쟁심, 정치성, 시기심, 동정심, 파벌의식 등 명분이나 기분을 선택하여 크고 작은 오류를 유발하는 심리를 행동경제학에서는 '선택행동편향 심리'라고 부른다. 골키퍼가 그냥 열심히 하는 것을 보여주려고 왼쪽이나 오른쪽으로 뛰어다니는 것처럼 알게 모르게 우리도 직장을 비롯한 여러 사회 생활에서 형식적인 회의 등 생산적이지 않은 업무에 몰입하는 경우가 많으며 투자에서도 마찬가지의 행동을 일삼는다.

다음은 투자와 관련된 행동경제학의 몇 가지 주요한 심리들에 대한 간단한 설명들이다. 독자들은 스스로 자신이 어떤 심리들에 취약한지 체크해볼 수도 있을 것이다.

### 확증편향(Confirmation Bias)

자신의 판단과 일치하는 의견이나 정보는 확대하여 받아들이고 자신의 판단과 반대되는 의견이나 정보는 축소하여 해석하는 심리다. 자신이 투자한 종목에 대해 반대하는 의견은 무시하거나 자신의 판단에 유리하게 해석하도록 만들어 돈을 잃게 하는 심리이다. 이 심리는 정치적인 판단에서 특히나 많이 작용하는 모습들을 주위에서 쉽게 관찰할 수 있다.

**소유 효과(Endowment Effet)**

일단 소유하게 되면 그렇지 않을 때보다 더 큰 가치를 부여하는 심리를 말한다. 자신이 소유한 주택의 가격을 제3자가 판단하는 가격보다 더 높게 책정하는 것 등인데, 주위에서 이러한 경우를 흔히 찾아볼 수 있다. 보유한 주식의 가격이 떨어지면 남들에게는 제 가격에 살 수 있는 수많은 주식 종목 중의 하나에 불과하지만 주식 보유자에게는 그 가격에 팔기 어려운 종목이 되어버린다. 소유 효과는 이처럼 자신이 소유한 자산의 가치를 객관적으로 평가하기 힘들게 하여 돈을 잃게 하는 심리이다.

**의인화의 함정**

확증편향이나 소유 효과가 더욱 심화되면 자신이 투자한 종목을 의인화하는 심리적 함정에 빠지게 된다. "내가 이만큼 공을 들인 종목인데 왜 이 가격밖에 안 돼?"라며 화를 내거나 '내 자식 같은 주식'으로 여겨 집착하는 등 객관적인 판단을 어렵게 하는 심리이다. "너를 버리지 않을 거야 하고 고집스레 보유했더니 그 주식이 알아서 떠났다(상장폐지)"는 우스갯소리가 있다.

### 처분 효과(Disposition Effect)

1980년대 행동경제학자 허쉬 세프린과 메이어 스태트먼이 명명한 심리 현상으로 보유한 주식의 가격이 매수 가격 아래로 떨어지면 매도를 꺼려하고 매수 가격 위로 올라가면 쉽게 매도 처분하는 심리이다. 원금 1만 원의 주식의 현재 가격이 9,900원일 경우와 1만 100원일 경우 가격 차이는 크지 않지만 투자자의 기분은 큰 차이가 나며, 이 기분에 따라 크게 다른 의사결정을 하게 되는 심리로 '기분 효과'라고도 부른다.

### 본전 찾기 효과(Trying-to-Break-Even Effect)

투자에서 손실을 볼 경우 손실을 만회하기 위해 더 큰 위험도 감수하는 심리이다. 100달러를 들고 카지노에서 매번 5달러씩 즐기며 게임을 하다 돈을 잃어 수중에 돈이 50달러가 되면 잃은 50달러를 되찾으려 마지막 한 방에 50달러를 베팅하는 식의 심리이다. 내기에서 돈을 잃으면 본전을 찾고자 하는 마음에 '배판'을 부르는 심리이기도 하다. 투자에서도 합리적인 가치 판단보다는 본전을 향한 집착이 의사결정에 영향을 주어 돈을 더 잃게 만든다. 1995년 200년 전통의 영국 베어링은행을 단시일에 파산시킨 닉 리슨Nicholas Leeson의 투자 행태도 결국 이 심리에 빠진 결과였다.

**공돈 효과(House-Money Effect)**

투자에서 이익이 발생하면 공돈으로 생각해 신중하지 못하게 재투자하여 좋은 결과로 연결시키지 못하는 심리를 말한다. 공돈 효과는 아마추어 도박꾼들이 큰돈을 딸 경우 그돈을 자신의 돈이 아닌 공짜로 얻은 '공돈'이라 생각하기 때문에 다시 거금을 베팅하게 된다는 사실에서 유래했다고 한다. 복권 당첨자들의 말로가 대체로 좋지 못한 사례, 큰 부를 상속받은 자식이 그 부를 잘 유지하기 어려운 사례들이 이 심리와 연관되어 있다. 필자 역시 의외의 행운으로 생긴 돈의 재투자는 이상하리만큼 실패로 끝나버리는 경험을 많이 맛보았다.


**위험 회피 효과(Snake-Bite Effect)**

뱀에 한 번 물린 사람은 평생 뱀뿐만 아니라 비슷하게 생긴 끈 같은 것만 봐도 무서워한다. "자라 보고 놀란 가슴 솥뚜껑 보고도 놀란다"는 속담으로 잘 표현되는 사람의 심리이다. 이러한 심리는 투자의 세계에도 적용된다. 바로 한 번 실패한 경험이 있는 투자 분야는 다시는 쳐다보지도 않아 기회 이익을 포기하게 만드는 심리이다. 주식이나 펀드 투자에 실패한 일부 경험으로 평생 안전하게 보이는 예금에만 투자하다 상대적인 부의 지위가 계속 하락하는 예가 비일비재하다.

### 최근성 편견(Recency Prejudice)

현재 또는 최근의 현상이 향후에도 계속 이어질 것이라고 예상하는 심리 상태이다. 이 심리 때문에 과거 성과가 미래 성과를 보장해주지 않음에도 불구하고 가입 펀드를 고를 때 장기 성과보다는 최근 단기간의 성과를 중요시한다. 그러나 2007~2008년 중국 주식 투자 펀드 열풍의 예처럼 유행 펀드로 갈아탔다가 이후 수익률이 꺾여 최악의 상황을 맞는 경우가 많다. 최근성 편견은 군중심리를 자극하는 심리 중 하나이다. 뉴턴Newton(1642~1727)이 남해회사 주식으로 큰돈을 잃었던 것도 이 최근성 편견 때문이었다.

### 행동 감염(Behavioral infection)

주위 사람들이 어떤 일정한 행동을 하면 무의식적으로 따라 하게 되는 심리이다. 횡단보도에서 여러 사람이 신호를 기다리다가도 어느 한 사람이 무단횡단을 하면 주위의 멀쩡한 다른 사람들도 같이 따라 하게 되는 심리가 그 예다. 이는 군중을 따라가면 모르기는 해도 중간은 가겠지 하는 위험 회피 본능과 관계가 깊으며 군중심리를 유발하는 여러 심리 가운데 하나이다.

## 손실 혐오(Loss Aversion)

2002년 노벨 경제학상 수상자인 행동경제학자 대니얼 카너먼이 소개한 심리이다. 예컨대, 회사에서 보너스를 주는 데 두 가지 옵션이 있다고 해보자. 1번 옵션을 선택하면 무조건 850만 원을 받게 된다. 2번 옵션을 선택하면 뺑뺑이를 돌려 90%의 확률로 1,000만 원을 받을 수 있지만 10%의 확률로 한 푼도 받지 못한다. 이럴 경우, 사람들은 1번 옵션을 선택하는 경향이 높게 나타난다. 반면 벌금이나 세금을 내야 한다고 해보자. 1번 옵션을 선택하면 무조건 85만 원을 납부해야 한다. 2번 옵션을 선택하면 뺑뺑이를 돌려 90%의 확률로 100만 원을 납부해야 하며, 10%의 확률은 한 푼도 내지 않아도 된다. 사람들의 선택을 보면, 이번에는 2번 옵션을 선택하는 경향이 높아진다. 이런 식으로 사람들은 이익을 얻을 때는 기대값이 낮더라도 덜 위험한 쪽을 선택하고, 손해를 볼 때는 손해에서 벗어나기 위해 또 다른 위험한 도박도 감수하는 심리를 보인다. 아이러니하게도 손실을 혐오하는 인간의 본성 때문에 사람들은 장기적으로 손실을 입게 된다.

# 투자 앞에선 '천재'란 없다!
# 천재들의 투자 실패

1. "천체의 움직임은 센티미터 단위까지 측정할 수 있지만 주식시장에서 보이는 인간의 광기는 도저히 예측할 수가 없다." 천재 물리학자 뉴턴이 남긴 말이다. 그는 당시 성행하던 주식 투자로 돈을 꽤 벌다 말년에 남해회사에 투자해 거의 전 재산을 잃었다고 한다.

2. 또 다른 천재 물리학자 아인슈타인Einstein(1879~1955)이 자신의 노벨상 상금으로 주식 투자를 해서 몽땅 잃어버렸다는 이야기도 유명하다. 아인슈타인은 한때 카지노 게임에서 승리하기 위해 많은 정성을 들였지만 결국 "카지노에서 돈을 딸 수 있는 유일한 방법은 딜러의 칩을 훔치는 것뿐이다"라는 말을 남겼다 한다.

3. 미국이 낳은 최고의 경제학자이며 계량경제학의 창시자인 어빙 피셔Irving Fisher(1867~1947)는 아이디어 사업에서 벌어들인 엄청난 돈을 주식 투자로 탕진했다. 예일대학교는 경매로 나온 그의 주택을 매입해 그를 위해 임대해주었다고 한다. 대공황의 시작과 함께 주가가 대폭락하기 불과 며칠 전, 그가 "내 계산으로는 주가가 고원의 경지에 이르러 떨어지지 않을 것이다"고 선언했다는 이야기는 사람들이 경제학자들을 조롱할 때 언급하는 단골 메뉴다.

4. 아직도 많은 주식 투자자들의 입문서 역할을 하는《주식 매매하는 법How to Trade in Stocks》,《주식 투자의 73법칙The 73 Laws of Investment in Stocks》의 저자이며 월스트리트 역사상 가장 영향력이 큰 개인 투자자로 칭송 받는 제시 리버모어Jesse Livermore는 큰 투자 손실 이후 가족에게 미미한 재산만 남긴 채 권총 자살로 생을 마감했다.

5. 노벨경제학상 수상자인 마이런 숄즈Myron Scholes 교수 등 수많은 석학과 천재들을 보유했던 헤지펀드 롱텀캐피털매니지먼트는 설립 후

성공세를 구가하다 러시아의 모라토리엄 선언으로 순식간에 천문학적인 금액의 빚을 남기고 파산하여 미국의 금융계를 한때 휘청거리게 만들었다.

6. 2001년 6월, 미국의 〈스마트 머니〉라는 잡지사는 천재들의 집단인 멘사의 투자 클럽의 주식 투자 성과를 발표하였다. 이들의 15년간 연평균 수익률은 2.5%였는데, 같은 기간 주가상승률은 15.3%였다. 일반 투자자들이 15년간 1억 원을 단순히 주가지수에 투자했을 때 7.5억 원의 수익을 얻는 동안 이 천재들의 수익은 5,000만 원도 되지 못한 것이다.

## 돈을 잃는 심리의 끝판왕, 군중심리

앙드레 코스톨라니는 군중심리를 이렇게 설명한다.

"100명의 이성적인 사람들이 한 공간에 모여 있으면, 이들은 자신들의 지적 수준과는 상관없이 비이성적으로 반응한다. 어두운 오페라 극장에서 누군가 '불이야!'라고 소리치면 실제로는 성냥개비 하나 켜지 않았는데도 아수라장이 되어 부상자가 속출하고 심지어 사망자가 생긴다."

투자의 귀재였던 그는 군중심리의 폐해를 항상 크게 강조하였다. 앞에서 설명한 확증편향이나 소유 효과 등은 투자자들이 자신의 이성이나 판단력을 너무 높게 평가하는 지나친 자신감이 원인이 되는 심리들이었다. 반면에 투자자들의 자신감이 지나치게 부족하여 생기는, 돈을 잃게 하는 심리가 있는데 바로 군중심리다.

자신의 이성이나 판단력에 자신감을 갖지 못하기 때문에 다수의 사람들과 다른 상태로 있으면 불안해지는 것이다. 이 때문에 다수가 매수하고 있는 과매수 국면에서는 덩달아 자산을 매수하고 다수가 매도하고 있는 과매도 국면에서는 자산을 덩달아 매도하는 투자 성향을 보인다. 결국 이런 성향은 자산을 비쌀 때 사고 쌀 때 팔게 하므로 저조한 투자 성과의 요인이 될 수밖에 없을 것이다. 군중심리는 돈을 잃게 하는 여러 심리와 복합적으로 작용하다 결국 큰 손실을 향한 방아쇠를 당기게 하므로 투자에 있어 가장 경계해야 할 심리라고 할 수 있다.

예를 들어, 확증편향 등 지나친 투자자의 자신감으로 신용매매 등으로 과도하게 매입한 자산을 최근성 편견이나 행동감염 등 자신감 결여로 생기는 군중심리로 헐값에 모두 매도해야 하는 경우가 그렇다. 한편 이런 군중심리가 공포와 탐욕이라는 마음 깊숙한(그래서 아주 강력한) 심리와 결합될 때에는 엄청난 파괴력을 가지고 시장 가격에 큰 왜곡 현상을 만들기도 한다. 남들과 다르게 행동할 때 고통을 느끼게 하는 호르몬 작용도 한몫 거든다. 군중심리가 시장의 거품 현상을 만들기도 하고 폭락장세를 만들기도 하는 모든 심리의 대표주자인 격이다.

군중심리로 인해 발생한 역사적인 버블 사건으로는 1630년대 네덜란드의 튤립 투기, 1690년대 주식회사 설립과 투기 붐, 1720년대 영국의 남해회사 투기, 1820년대 이머징마켓 투기, 1840년대 영국의 철도건설 투기, 1920년대 미국의 대공황 전 증시 버블, 1980년대 일본의 부동산 투기 붐, 1990년대 전 세계적인 IT 주식 버블, 2000년대의 금융위기 전 글로벌 부동산 버블 등이 있다. 이들을 포함한 모든 군중심리로 인한 버블 현상은 곧바로 폭락장으로 이어져 군중들

**군중심리를 경계하는 투자 대가들의 명언**

| | |
|---|---|
| 워런 버핏 | "군중들이 탐욕을 느낄 때 나는 공포심을 느끼고 군중들이 공포를 느낄 때 나는 탐욕을 가진다." |
| 피터 린치 | "사람이 몰려다니는 곳으로 같이 다니면 먹을 건 없고 발만 밟혀 아프다." |
| 템플턴 | "다수의 투자자보다 더 나은 수익률을 내려면 다수의 투자자와 다르게 생각하고 행동해야 한다." |
| 케인스 | "나의 핵심적인 투자 원칙은 일반적인 다수의 의견과 거꾸로 가는 것이다." |
| 앙드레 코스톨라니 | "주식시장에서는 군중심리가 결정적인 역할을 한다. 투자자가 군중심리에서 벗어나려면 수많은 훈련이 필요하다. 그리고 '나만 알고 있지'라는 식의 조금은 건방진 태도도 유익하다. |

을 피폐화시켰다. 인간 사회에 군중심리는 항상 잠재되어 있다. 이런 군중심리가 자금의 쏠림 현상으로 표출될 수 있는 구조를 지닌 자본주의 사회가 지속되는 한, 투기의 역사는 앞으로도 계속 반복될 것이다. 문제는 스스로 똑똑하다고 생각하는 소수와 자신 없이 군중심리를 따르는 다수가 만들어낸 이런 버블의 결과가 수많은 투자자에게 엄청난 고통을 주면서 끝난다는 데에 있다. 공공의 집단심리가 오히려 공공의 적이 되는 셈이다.

# '보이지 않는 손'이 작동하는
# 환율시장, 그 대처법

## 그리 역사가 길지 않은 변동환율제

각 나라 간 통화의 교환 비율을 '환율'이라고 한다. 환시장에서 환율이 시시각각 변화하며 환율이 결정되는 경우를 변동환율제라 부르고 정부 간의 약속 등으로 인위적으로 환율을 고정하는 경우를 고정환율제라고 한다. 과거 1944년부터 시작된 브레튼우즈 체제에서는 서구권 국가들의 환율을 미국 달러화에 고정시키는 고정환율제를 채택하였다. 환율이 너무 왔다 갔다 하면 외환으로 무역 등의 거래와 결제를 하기가 불안해지고 결국 거래들이 위축되기에 택한 제도였다.

1970년대 들어서며 미국의 닉슨 대통령이 금본위제를 포기하는 등 달러의 위상이 약해지며 서구권 나라들은 변동환율제로 전환했다. 그로부터 지금까지 현재 전 세계 대부분의 나라들이 변동환율제를 채택하고 있다.

변동환율제는 결국 환율의 자유시장 제도를 뜻한다. 통화의 수요와 공급, 국가 간 경제 경쟁력 등에 따라 가격이 변동되며 결정된다. 어느 국가의 경제가치, 즉 경제 경쟁력이 하락하면 그 나라의 환 가격도 하락하여 거래되어야 한다. 이는 어느 빵집에서 생산되는 빵의 경쟁력이 옆집보다 떨어지면 그 빵의 가격도 옆집보다 낮아야 계속 팔리는 것과 같은 이치다. 만약 빵의 경쟁력, 즉 효용이 떨어졌음에도 불구, 그 효용보다 가격이 높다면 빵이 팔리지 않아 그 빵집은 힘들게 될 것이다. 마찬가지로 어느 나라의 경제가치 또는 경제 경쟁력에 비해 환 가격이 높다면 그 나라의 상품들은 잘 팔리지 않는다. 변동환율제에서의 각국 통화들은 '보이지 않는 손'에 의해 수요와 공급이 형성되어 가격이 결정된다.

한편, 달러와 같은 기축통화에 자국의 화폐 교환비율을 말뚝(페그peg)처럼 고정시키는 일종의 고정환율제를 '페그제'라고 부른다. 멕시코, 태국, 인도네시아, 한국, 브라질 등 과거 많은 개발도상국들이 자국의 환율을 안정시켜 무역과 외환

결제, 외국인 투자 유치 등을 원활히 할 목적으로 페그제를 채택하였다. 하지만 페그제를 계속 유지하려면 기축통화에 연동된 가격만큼이나 그 나라의 경제 경쟁력도 유지해야 하는 것이 기본이다. 하지만 1990년대 들어 미국의 경제력이 크게 회복되어 상대적으로 개발도상국들의 경제가 불안해지며 경쟁력 유지가 힘들어졌다. 결국 가격이 가치에 비해 너무 비싸져 '보이지 않는 손'의 작동이 멈춰버리는 상황이 발생한다. 결국 대부분 나라들이 외환위기를 만나거나 헤지펀드의 외환 투기 공격 등을 견디지 못한 채 페그제를 포기하고 변동환율제를 채택하게 된다. 현재는 홍콩 등 극소수 나라만이 페그제를 유지하고 있다.

## 기축통화란?

전 세계적으로 안정성과 통용력이 인정되어 국제 간의 결제나 금융거래의 기본이 되는 통화를 말한다. 과거에는 영국 파운드화와 미국 달러화가 기축통화였다면, 지금은 미국의 달러화와 함께 유로화, 일본 엔화 정도가 광의의 기축통화로 인정되고 있다.

전 세계에서 통용되기 위해서는 해당 통화가 전 세계에 지속적으로 공급되어야 한다. 때문에 진정한 의미의 기축통화가 되기 위해서는 기축통화국이 상당한 규모의 무역적자국이 되어야 한다. 이 조건을 갖춘 진정한 기축통화는 미국 달러화뿐이다.

> ## 통화가치? 통화가격?
>
> '달러가치가 올라가고 엔화가치는 내려갔다'는 등의 표현처럼 일반적
> 으로 쓰이는 통화가치란 용어는 엄밀하게 표현하자면 '통화가격'이 맞
> 다. 예컨대 원화의 가격이 1달러당 1,000원에서 1,200원으로 떨어
> 졌을 때 통상 원화가치가 떨어졌다고 표현하는데, 여기서 '가치'란 교
> 환가치, 즉 '가격'으로 이해하면 된다.

## 환이 싸지면
## 돈이 몰려온다

다른 나라 통화들에 비해 우리나라 환이 싸진다는 것,
즉 원화 가격이 떨어진다는 것은 다른 나라들의 입장에서
는 우리나라에서 생산되는 상품 또는 주식, 부동산 등 국내
자산들의 가격이 떨어진다는 것과 같은 이야기다. 1달러당
1,000원의 환율일 때에, 국내에서 10만 원의 상품은 미국인
에게는 100달러가 된다. 만약 우리나라 환 가격이 갑자기 떨
어져 1달러당 2,000원의 환율이 된다면 미국인들에게 이 상
품은 50달러짜리로 가격이 하락되는 셈이다. 이 경우 당연히
이 국내 상품에 대한 다른 나라들의 수요가 급증할 것이며
상품을 매수하는 달러 자금이 그만큼 많이 유입되어 나라 경

## 원/엔 환율과 현대자동차 ROE(순자산이익률) 추이

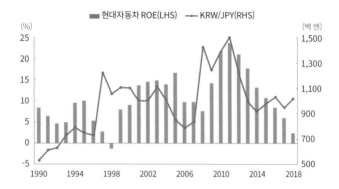

자료: 블룸버그(1990.12~2018.12)

제를 더욱 활발히 만들 것이다.

이런 이유로 수많은 국가들이 자국의 통화가치를 약하게 하여 외국 통화의 유입을 유도하는 물밑 정책을 펼치고 있다. 이른바 전 세계적으로 확산되어 있는 소리 없는 전쟁, 환율전쟁이 그것이다. 많은 국가들이 경쟁국들 간의 환율에 크게 신경 쓰고 있으며 미국의 경우 '종합무역법'과 '무역촉진법'이라는 법률에 근거해 자국의 통화가치를 인위적으로 낮추려는 나라를 환율조작국으로 지정하여 각종 제재 조치를 가하는 제도를 실행하고 있다. 최근 미국은 미중 무역전쟁의 한가운데에서 2019년 8월, 중국을 환율조작국으로 전격적으로 지정한 바 있다.

특히 한국과 일본처럼 국가경제의 상당한 비중을 무역에 의존하고 있는 나라들의 경우 환율에 더욱 민감하다. 예컨대 두 나라의 대표적인 자동차 기업인 현대자동차와 도요타자동차의 경우 기업의 흥망성쇠가 기술이나 경영의 차이보다는 환율의 등락에 따라 좌우될 정도이다. 현대자동차는 다소 경영 상황이 어렵던 상황에서 2008년 금융위기로 원화 약세가 대폭 진행되자 사상 최고치의 실적을 구가하며 전 세계 자동차 선두 그룹에 최초로 진입하게 되었다. 한국에서 만들어진 자동차가 외국에서 큰 가격경쟁력을 가질 수 있게 된 이유였다. 반면 당시 세계 최고의 도요타자동차그룹의 경우 금융위기 이후부터 엔화의 강세가 지속되자 점유율의 하락과 실적 악화로 한때 큰 위기에 처하기도 하였다. 도요타자동차그룹의 위기는 다시 엔화의 약세가 나타나자 함께 진정되었다.

## 외환위기, 다시 올 것인가?

"이러다가 한국에 외환위기 다시 오는 것 아닌가?"

최근 미국 달러 예금 등 해외 자산에 투자하는 사람들이 많아지고 있다. 그중 많은 사람들은 한국의 낮아진 경제성장률, 정치나 사회적 문제 등으로 한국의 미래를 비관적으로 보고 있다. 평소 재산 100%를 원화 재산으로 보유하고 있는 것 자체가 큰 위험이기 때문에 재산의 10~30% 수준을 외화 자산으로 보유해야 한다는 주장을 하고 있는 필자에게 한국의 위기설에 대해 자주 문의가 오고 있다. 하지만 외화 자산을 보유해야 한다는 주장은 결코 한국의 위기 가능성이 높아서가 아니라 자산 포트폴리오 차원에서 제기하는 것이었다. 결론적으로 이야기한다면, 한국의 외환위기 가능성은 지극히 낮다고 판단하는데, 이유는 수출 산업을 주력으로 하는 한국의 산업 구조와 변동환율 구조의 조합이 독특하게 작용하기 때문으로 보고 있다.

원화가 기축통화가 아닌 이유, 그리고 한국의 경제가 무역의존도가 높은 이유로 평소 세계 경제가 불안해지면 특이하게도 다른 나라들보다 민감하게(특히 일본에 비해서) 원화가치가 하락하는 현상이 나타난다. 필자는 이런 현상이 우리나라 경제의 오아시스가 되고 있다고 주장한다. 세계 경제가 불안해지면 원화가치는 대체로 하락하고, 이에 따라 수출 등을 통해 외국의 자금들이 한국으로 흘러들어오기 때문에 세계적인 어려움 속에서도 숨통을 틔울 여지가 높은 것이다. 2008년 세계 금융위기 당시에도 원화가치는 급락했다. 당시의 원화 약세로 오히려 수출 등을 통해 많은 외화 자금들이 흘러들어와 한국은 빠르게 안정을 찾을 수 있었다. 불안한 정국에서 급락하고 있던 주식시장에 다들 정신이 없었지만 당시 환율의 초약세가 국내의 많은 기업들에 큰 도움이 될 것을 간파한 투자자들은 큰돈을 벌 수 있었던 것이다. 필자는 당시의 원화 약세 덕분에 우리나라 반도체, 스마트폰, 자동차, 화장품 등 많은 산업들의 경쟁력이 전 세계 시장에서 한두 단계 상승할 수 있었다고 판단하고 있다.

그 이후에도 세계 정세가 불안할 때마다 원화 약세를 보이며 원/달러 환율은 올라갔지만 약 10년 동안 1,200원 내외에서 항상 고점을 형성한 것을 보면 아마도 1,200원 이상의 환율에서는 우리나라의 수출경쟁력이 급등하여 외화 자금 유입 속도가 빨라지는 것으로 충분히 추정해볼 수 있다. 실제로 환율 1,200원 이상이면 한국의 외환보유고도 급증하는 모습을 보였다. 2019년 1,200원 내외의 환율에서 계속 외환보유고는 사상 최고치를 경신해 10월에는 4,060억 달러를 돌파하기도 하였다. 환율이 오르면 기업들의 경쟁력이 올라가 외화 자금이 이렇게 잘 흘러들어오는 나라에서 외환위기가 일어날 가능성은 극히 낮다고 보아야 한다.

변동환율제의 채택은 한국뿐 아니라 다른 많은 나라들의

외환위기 가능성을 크게 낮춘다. 멕시코, 태국, 인도네시아, 한국, 브라질 등 과거 많은 개발도상국들이 어느 정도 국가경쟁력이 있었음에도 외환위기를 맞았던 이유는 당시 고정환율제인 페그제를 적용하였기 때문이었다. 수출이 저조해지는 등 나라의 경제가 좋아지지 않아도 환율이 여전히 비싸 외화자금이 들어오지 않으면 외환위기가 발생할 가능성이 높아진다. 지금의 변동환율제에서는 나라의 경제가 좋아지지 않으면 환율이 약해져 다시 자금들이 싸진 환으로 흘러들어올 수 있기에 외환위기의 가능성이 줄어든다.

다만 통일된 화폐인 유로화를 사용하는 유럽 국가들의 경우 상황이 복잡해진다. 자국 상품의 경쟁력이 약화되면 자국의 화폐가치가 약화되는 가격 하락 효과로 다시 경쟁력을 회복하는 매커니즘이 유럽 국가들의 경우 작동되지 않을 수 있다. 각 나라별로 본다면 유로화 구조는 일종의 강한 고정환율제를 채택하고 있는 셈이 된다. 이런 논리로 볼 때 어쩌면 그리스 위기는 예견된 위기일 수 있었다. 유로 시스템 안에서 독일처럼 자국의 경쟁력에 비해 약한 환율의 유로로 큰 덕을 보는 나라들도 있지만 자국의 경쟁력보다 강한 환율의 유로를 사용해야 하는 그리스의 경우, 시간이 지날수록 문제가 점차 쌓이다가 금융위기 같은 불안한 상황이 발생할 때 큰 위기가 왔던 것이다. 자국의 화폐가 없기 때문에 변동환율제의 자정 효과를 볼 수 없었고, 이 시스템으로 이익을 보고 있는 독일·프랑스 등의 지원으로 위기를 해결하는 방안이 최선이었을 뿐이다.

## 금리와 환율의 상관관계

이론적으로 자국의 통화가치를 상승시키려고 할 때 각국의 중앙은행은 자국의 금리 수준을 높이고 반대로 통화가치를 하락시키려고 할 때는 금리 수준을 내린다. 이것은 금리 수준이 높으면 다른 나라의 투자가들이 높은 이자수익률을 얻기 위해 많은 자금을 자국의 통화와 바꾸려고 할 것이기 때문이다. 최근 전 세계적으로 저금리 기조가 확산되고 있는 이유 중 하나가 모두들 자국의 통화가치를 낮추어 경상수지를 개선하고자 하는 경쟁이 심화되고 있기 때문이기도 하다.

과거 1997년 외환위기 직후 IMF 측에서 한국 정부에 가장 먼저 요구한 것은 기준금리의 대폭 인상이었고 이에 한국은행은 한때 20% 수준까지 기준금리를 인상한 적이 있다. 환란은 기본적으로 외화의 절대량 부족에서 기인한 것이기 때문이기에 추가적인 자본 이탈을 방지하고 해외 자본을 국내로 유입하려면 금리를 높여야 한다는 교과서 안의 이론 때문이었다. 하지만 이런 교과서적인 논리는 선진국 등 신용도가 어느 정도 인정되는 국가 간에는 효과가 있지만 신용도가 낮은 나라들의 경우에는 그렇지 못하다. 경제 기반이 약하고 신용도가 많이 낮은 일부 아프리카 후진국가들의 경우 금리를 아무리 높여도 타국의 자금들이 그 나라로 흘러들어가지는 않을 것이다. 오히려 금리의 인상으로 인해 경제가 더욱 어려워질 것으로 예상되어 주식이나 부동산 등에 투자된 해외 자금이 빠져나가는 위험한 상황이 생길 수도 있다.

한국의 경우도 금융위기 이전의 과거에는 해외 투자자들이 국내 채권보다는 국내 주식에 투자를 많이 했기 때문에 오히려 국내 주식시장에 대한 외국인들의 투자가 절대적으로 환율에 큰 영향을 주었다. 과거 2008년, 당시 매파적인 성향(금리 인상을 통해 시중 자금을 많이 흡수하려는 성향)의 한국은행은 원화가 적정 범위를 벗어나는 약세를 보이자 환율의 안정을 명분 삼아 추가로 금리를 인상한 적이 있었다. 하지만 당시 국내 채권시장에는 외국인 투자자들이 별로 없어 큰 자금 유입 효과를 볼 수 없었다. 오히려 금리 인상으로 인한 주식 가격 하락을 우려하게 된 외국인 투자자들의 한국주식 대량 매도로 대규모 자금들이 빠져나가며 원화 약세를 부추기는

"Sell Korea" 러시가 일어나게 되었다. 금리 인상으로 환율이 안정되기를 기대했던 한국은행은 큰 충격을 받았고 다행히 뒤늦게라도 자신들의 실책을 인지하고, 2008년 10월부터 2009년 2월까지 기준금리를 5.25%에서 2%로 전격 인하하였고, 이후 환율은 급속히 안정을 찾게 되었다.

한국은 2008년 금융위기 이후 오히려 국가 안정성과 신용도가 해외 투자자에게 인정되기 시작하고 있어 서서히 금리와 환율이 상호 관련성을 가지는 선진국 단계로 진입하고 있다. 현재에는 각국 중앙은행 등 해외 투자자들의 국내 채권 투자 양도 상당하여 교과서적인 효과와 그 반대의 효과들이 혼재되어 있다는 생각이다. 이러한 이유로 앞으로는 한국은행이 통화정책을 펼칠 때 환율시장과의 관계와 해외 선진국 금리와의 관계, 그리고 해외 국내물 채권 신용 스프레드와의 관계 등을 간과해서는 안 될 것이다.

한편, 반드시 그렇게 움직이는 것은 아니지만 이론적으로 원화의 강세는 수입 물가의 하락, 그리고 한국은행 통화 확대 가능성을 높이므로 채권시장에는 강세 요인으로 작용한다. 반면 원화의 약세는 수입 물가 상승 및 한국은행 통화 긴축 가능성을 높이기에 채권시장 약세 요인으로 일반적으로 인식되고 있다.

# 외환 투자도 가치투자 방식으로!

필자는 당시 많은 전문가들의 의견과 달리 아베 집권 초기에 아베의 정책으로 엔화가 추가로 더 싸진다면 그때는 적극적으로 엔화를 매수해야 한다고 주장하였다. 다음은 2013년 당시 로이터통신에 게재된 필자의 인터뷰(로이터, "돈은 비싼 곳에서 싼 곳으로 흐른다", 2013년 2월 27일) 내용 중 일부다.

(전략)

▲ 외환도 가치투자로 접근한다… 일본이 싸지면 일본을 산다

2013년, 일본의 아베 정부는 엔저 드라이브 정책을 강하게 펼쳤다. 엔화 가치를 낮춰 물가를 자극하고 경기를 끌어올리기 위해 용을 쓰고 있다.

서준식 매니저에겐 여가 생활도 상대가치 투자의 일부가 된다. 그의 기억에 2006~2007년 당시 오사카의 커피 한 잔이 서울의 커피 한 잔보다 훨씬 쌌던 것으로 각인이 돼 있다. 국내에서 숙식을 해결하는 비용보다 일본에서 해결하는 비용이 덜 들었다. 일본의 백화점에서 명품을 구입한 후 꽤 많은 이윤을 붙여서 국내 인터넷에 올리면 절찬리에 판매될 정도의 가격 괴리가 있었다. 서 매니저에겐 같은 효용의 상품이나 서비스의 가격이 싸다는 것은 그 나라의 환이 싸다는 것을 의미한다. 그 당시엔 일본 돈을 사야 했다.

반대로 2009~2010년엔 일본 사람들이 한국으로 모여들었다. 많은 일본 사람들이 서울 명동에서 '야쓰이데쓰네!(싸네요!)'를 외칠 때는 원화가 저평가돼 있는 것을 의미한다. 원화가 싸니, 엔이 원 쪽으로 몰려들었던 것이다. 일본 돈을 팔고 원화를 매입해야 할 때였다.

**엔화 그래프**

이렇듯 돈은 비싼 데서 싼 곳으로 흐른다. 투자도 흐름에 맡겨야 한다. 일본이 쌀 때는 일본을 사고 한국이 쌀 때는 한국을 사면 된다. 싼 것을 사고 비싼 것을 파는 행위. 이것이 서준식 매니저가 말하는 투자 방정식의 A부터 Z까지다.

2013년 상반기의 한국. 일본인 여행자들의 근거지였던 명동 일대가 스산해지고 있다. 대신 일본 여행지들이 서서히 구미에 당긴다. 서준식 매니저도 노부모님을 모시고 연초 일본 여행을 다녀왔다. 최근 꽤 많이 싸진 일본을 조금 산 것이다. 남들이 모두 엔화의 추가 절하를 예상하고 있을 때 서 매니저는 엔화의 가격이 효용보다 조금씩 낮아지고 있음을 주시하고 있다.

(후략)

## 스타벅스 커피 가격으로 후려치는 환의 가치투자

한 나라의 경제뿐 아니라 다른 나라와의 보다 복잡한 상호 경제 관계를 분석해내어야 하기 때문인지 다른 어떤 자산보다도 가격 전망의 적중률이 떨어지는 분야가 환율 부문인 것 같다.

전문가들의 전망과 다른 방향으로 환율이 큰 폭으로 움직이는 경우가 허다했다. 2006~2007년만 하더라도 우리나라로 밀려들어오는 달러 자금으로 원화가격이 치솟아 올랐고 많은 개인이나 기업들이 앞다투어 달러를 미리 팔아 대었지만 곧바로 금융위기가 닥치며 달러나 엔화가 폭등하였다. 그러자 이번엔 원화의 추가 약세를 전망하며 많은 사람들이 공포에 떨며 외화 자금을 확보했지만 이후부터는 오히려 원화 가치가 급격히 안정되었다. 2012년 일본에서 아베 정권이 탄생, 아베노믹스로 불리는 강력한 엔화 약세 정책을 펼치자 이번엔 많은 전문가들이 결국 엔화 약세가 심화되리라 점치고 엔화 매도를 실행했다. 하지만 이후 어떤 강력한 정책에도 엔화는 약해지지 않고 오히려 강해지는 모습을 보였다.

반면, 필자를 포함한 가치투자자들은 다른 자산에 대한

투자 방식과 마찬가지로 통화가격의 전망을 배제하고 통화의 가치를 측정한 후 가치보다 가격이 쌀 경우 해당 통화를 매수하고 가격이 비쌀 경우 통화를 매도하는 방식을 택한다.

'구매력평가설'이라는 경제용어가 있다. 환율의 결정이론 중 하나로, 국가 간 환율은 상품들에 대한 해당 국가들의 구매력이 비슷한 방향으로 형성된다는 가설이다. 같은 상품의 가격은 어느 나라에서나 같거나 비슷해야 한다는 '일물일가의 법칙'이 이와 통하는데, 전 세계 어디서나 존재하는 맥도널드의 햄버거 가격을 비교하는 '빅맥지수'가 구매력평가설의 대표적인 지표이다. 만약 A나라의 빅맥 가격은 5달러인데 B나라의 빅맥 가격이 10달러라면, B나라의 통화가치가 A나라의 것보다 2배 비싸기 때문에 앞으로는 더 싸지는 방향으로 움직일 것이라 판단하는 방식이다.

하지만 필자는 빅맥지수로 통화가치를 판단하는 것은 옳지 않다 생각하게 되었다. 햄버거는 어느 나라에서는 주요 주식이 될 수 있지만 어느 나라에서는 그렇지 않기도 하며, 나라마다 빅맥의 맛이나 품질이 큰 차이가 나기도 한다. '구매력평가설' 또는 '일물일가의 법칙'이 통하려면 최대한 어느 나라든 비슷한 희소성에 비슷한 효용을 가진 상품끼리 가격을 비교해보아야 한다. 때문에 필자는 스타벅스 커피 가격을

비교하는 것으로 구매력평가설을 적용하고 있다(실제 스타벅스 본사는 내부적으로 각국의 커피가격지수를 산정하고 있다).

2006년 일본에서의 스타벅스 커피 가격은 한국에서의 가격보다 약 30% 이상 쌌던 것으로 기억한다. '일물일가의 법칙'을 위해서는 일본의 스타벅스 가격이 30% 오르거나 엔화의 가치가 30% 상승해야 할 것이다. 스타벅스가 일본에서만 커피 가격을 갑자기 30%가량 올리는 일은 없을 것이기에 가치투자자들은 엔화가 30% 정도 상승하여 두 나라의 커피 가격이 비슷해질 것이라 기대한다. 2006년 당시 원화 가격은 달러에 비해서도 많이 비쌌던 것으로 기억한다. 어느 나라보다도 한국의 스타벅스 커피 가격이 많이 비쌌다. 이럴 때는 싸게 느껴지는 외화의 보유액을 증가시키는 것이 환 투자 성공 가능성을 높이는 길이다.

2008년 금융위기가 발생하자 갑자기 모든 상황이 180도 바뀌었다. 엔화의 폭등으로 2009~2013년까지는 이제 일본의 스타벅스 커피 가격이 한국의 것보다 약 30% 이상 비싸진 것이다. 명동 거리는 값싼 한국의 스타벅스 커피를 마시고 값싼 한국의 상품을 사려는 일본인들로 장사진을 이뤘다. 원화 가격이 가치보다 많이 싸졌기에 발생하는 일이었다. 가치투자자의 입장에서는 이럴 때 비싸진 엔화를 매도하고 싸진 원화를 매수하는 것이 정답이다.

불과 몇 년 전, 2017년에는 스타벅스 카페라테(Tall Size) 커피 가격을 비교해보면 한국에서의 가격(3.76달러)이 일본에서의 가격(3.26달러)에 비해 15%가량, 미국에서의 가격(3.45$)에 비해 약 10% 비쌌다. 2017년 말 당시 100엔당 949원, 1달러당 1068원의 환율을 형성하고 있었는데, 이럴 경우 싸면 산다는 가치투자자들은 당시 엔화 또는 달러화의 매수를 검토할 수 있다.

이후 엔화가격은 15% 이상 상승하여 2019년 9월 현재 100엔당 1,100원 수준을 넘어서서 등락하고 있고, 달러가격 또한 10% 이상 상승하여 1달러당 1,200원 내외에서 등락하고 있다. 아마도 지금은 한국의 스타벅스 가격이 일본이나 미국의 가격과 비슷하거나 살짝 비싼 수준일 것이다. 이럴 경우 필자는 보유하던 엔화 또는 달러화의 매도를 검토하게 된다.

다만 이런 환 투자 시 주의해야 하는 한 가지는 일본 엔화나 유로화처럼 금리가 매우 낮은 경우, 예금이나 채권 대신 현금으로 들고 가야 하기에 장기적으로 투자하기에 불리한 점이 많다. 때문에 유로화나 엔화에 투자할 때는 그 돈을 묻어둘 수 있는 좋은 배당주식 같은 것이 있을지 여부를 함께 알아보는 것이 좋다. 반면 한국 금리보다 높은 금리를 가진 이머징마켓 국가들의 외환에는 예금이나 채권을 통하여 장기 투자하기에 유리하다. 한때 13% 수준이었던 브라질 국채 10년물은 비록 환 가치가 큰 폭으로 떨어져도 양호한 수익을 낼 수 있는 좋은 투자처였다.

# 금리를 이해하는 자가
# 재테크에 강하다

금리는 금융시장에서
신호등도 되고 저울도 된다

'금융 분야에서 금리는 물리학에서 중력과 마찬가지이다'
는 워런 버핏의 말에서 알 수 있는 것처럼 제대로 된 투자는
제대로 된 금리 이해를 통해서만 가능하다. 하지만 복잡한 채
권 관련 공식을 암기하거나 채권을 단기적으로 사고팔아서
이익을 남기는 방법 같은 것을 알아야 하는 것은 결코 아니
다. 단지 '모든 투자 자산의 가치를 잴 수 있는 저울'로서, 그리
고 '자금의 이동 방향을 제시하는 신호등'으로서 금리를 이

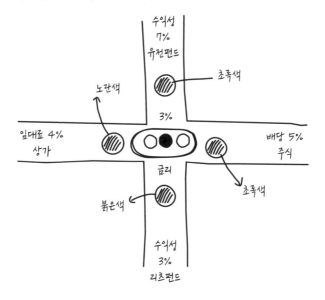

〈신호등으로서의 금리〉

수익성
7%
유전펀드

초록색

노란색

임대료 4%
상가

3%

배당 5%
주식

금리

초록색

붉은색

수익성
3%
리츠펀드

해할 수 있으면 충분하다.

평소 예금금리 정도에만 관심을 갖던 사람들의 입장에서는 예금이나 대출 또는 국채금리 등 시장금리 수준이 1% 정도 떨어졌다는 사실을 단순히 자신이 투자하는 예금 자산에서 나오는 이자가 좀 적어지는 정도로 해석할지도 모른다. 하지만 이 정도의 금리 변화는 실물 경제와 금융시장에 엄청난 물리적인 힘을 가할 수 있다. 대출금리가 6%에서 4%로 떨어진다면 사람들이 5% 이상의 수익성을 가진 사업의 개시나 확장에 관심을 가지기 시작할 것이며, 멈춰 있던 수익성 5.8%짜리 유전으로 다시 자금이 유입되어 이 유전이 다시 돌아가게 될지도 모른다. 예컨대 2008년 금융위기 이후 미국의 기준금리가 제로까지 내려가자 텍사스나 중동 지역의 유전에 비해 수익성이 크게 낮았던 셰일가스 유전이 개발되기 시작하여 엄청난 양의 오일을 생산해내기 시작, 전 세계 유가의 하락을 부추겼다.

만약 은행후순위채의 금리가 9%로 치솟는다면 7% 임대수익률이 나오는 상가는 매수하고자 하는 수요가 사라져 상가의 가격이 크게 하락할 수 있다. 꾸준히 10%의 수익을 내어 배당할 수 있는 어느 사업은 시중 금리 수준이 7%대에서 3%대로 내려온다면 사업 내용에 전혀 변화가 없더라도 수익가치가 상승하게 될 것이며, 이 사업권을 매수하려는 자가 많아져 사업권의 가격이 상승할 것이다. 이처럼 일정 수익률을 내는 자산들의 수익가치는 시중 금리 수준이 떨어지면 상대적으로 올라가는 셈이 된다. 반대로 시중 금리 수준이 올라가면 상대적으로 내려가는 셈이 된다.

매년 5%의 이자를 지급하는 채권, 매년 8% 정도의 수익을 내는 사업권, 매년 꾸준히 약 6%의 배당을 주는 주식, 들쑥날쑥하기는 하지만 매년 평균 9% 정도 수익을 내는 과수

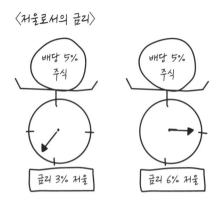

〈저울로서의 금리〉

원 등 수많은 투자 자산들은 주변의 금리 수준 변동에 따라 그 가치가 바뀌어간다. 이들의 가치는 일반 예금 금리가 9% 일 때보다는 6%일 때 더욱 클 것이며, 6%일 때보다는 3%일 때 더욱 클 것이다. 이처럼 일정 기대수익률을 지닌 모든 자산의 가치는 금리의 변화에 따라 시시각각 달라지며 그 가치의 변화에 따라 시중 자금은 이리저리 이동하게 된다. 금리가 모든 자산의 가치를 재는 저울이자, 자금의 이동을 유도하는 신호등이 되는 셈이다. 시중의 자금들은 장기적으로 시중 금리와 비교하여 기대수익률이 충분히 높은 자산으로 이동하려는 경향을 보인다.

## 부자들의 마법, 복리를 이해하자

100만 원을 10년간 10%에 투자하면 수익금이 10만 원 ×10년=100만 원이라고 생각하면 오산이다. 첫해의 수익은 10만 원이지만 둘째 해의 수익금은 110만 원의 10%인 11만 원, 셋째 해의 수익금은 총 121만 원의 10%인 12.1만 원이 되어야 한다. 이런 식으로 매년 발생하는 수익을 재투자하는 것을 기본 가정으로 하는 수익률을 복리수익률이라고 한다. 모든 수익률은 복리로 계산되는 것이 정석이자 기본이다. 따라서 100만 원을 10년간 10%에 투자하면 100만 원× $(1+10\%)^{10}$ = 259만 원의 원리금이 발생하며 원금 100만 원을 제외한 159만 원의 수익이 생기는 것으로 인지하여야 한다. 10%의 10년은 100만 원이라는 단리 계산법에서 벗어나 10%의 10년은 159만 원이라는 부자들의 본능, 복리 계산법에 익숙해지자.

복리수익률 투자 미래가치 = 투자원금 × (1 + 수익률)$^{투자기간}$

(예) 1억 원 20년 10% 투자 시 1억 원 × $(1 + 0.1)^{20}$ = 6.73억 원
→ 원금 1억 원 수익금 5.73억 원으로 총수익률(기간수익률)은 573%이다

## 간단한 복리수익률표

| | 3% | 5% | 7% | 10% | 15% | 20% |
|---|---|---|---|---|---|---|
| 5년 | 16% | 28% | 40% | 61% | 101% | 149% |
| 10년 | 34% | 63% | 97% | 159% | 305% | 519% |
| 15년 | 56% | 108% | 176% | 318% | 714% | 1,441% |
| 20년 | 81% | 165% | 287% | 573% | 1,537% | 3,734% |
| 30년 | 143% | 332% | 661% | 1,645% | 6,521% | 23,638% |
| 50년 | 338% | 1,047% | 2,846% | 11,639% | 108,266% | 909,944% |

　우리가 이해해야 할 복리의 가장 중요한 특성은 시간이 지날수록 그리고 수익률이 높을수록 수익금이 눈덩이처럼 기하급수적으로 쌓인다는 점이다. 위의 표는 표시된 년 수익률의 복리에 해당되는 기간수익률을 보여준다. 예컨대 1억 원을 매년 10%의 복리수익률로 20년간 투자하면 그 총수익은 573%, 즉 5.73억 원으로 자산이 6.73억 원으로 불어난다는 이야기다. 매년 10%의 단리수익률로 투자된다면 총수익은 10%의 20년치인 2억 원에 불과할 것이다. 이처럼 기간이 경과할수록 단리와 복리의 차이는 크게 벌어진다.

　위 표를 보고 있노라면 워런 버핏이 세계 최고의 부자가 된 것이 당연하다는 생각이 든다. 버핏이 처음 주식 투자를 시작한 나이가 11세였고, 2019년 기준으로 그의 나이가

89세라고 하니, 그는 78년간 적극적인 투자 활동을 해온 셈이다. 만약 11세부터 78년간 15%만(금융위기 전 40년간 버핏의 평균수익률은 27%이다)의 복리수익률을 적용시켜본다 해도 78년 동안 원리금은 원금의 5만 4,254배에 달해 총 수익률은 5,425,300%가 되는 셈이다.

### 알아두면 쓸모 있는 경제상식

## 복리의 마법을 설명했던
## 전설의 투자자들의 말말말

"1626년 인디언들은 24달러에 해당되는 장신구를 받고 네덜란드 이민자에게 맨해튼을 팔았다. 363년이 지난 1989년까지 그 24달러를 8%의 수익률로 복리 투자하였을 경우, 약 32조 달러의 원리금이 발생했을 것이다. 1989년 당시 실제 맨해튼의 토지 가격은 약 600억 달러로 추산되므로 만약에 인디언들이 처음의 24달러를 가지고 꾸준히 8%의 수익률이 나는 채권 투자를 지속했다면, 맨해튼의 토지 가치보다 500배 이상 되는 자산을 보유하고 있을 것이다."

– 피터 린치

"스페인의 이사벨 여왕은 콜럼버스의 탐험에 3만 달러를 투자했다. 만일 여왕이 이 돈을 콜럼버스가 아닌 연간 4%의 복리수익률을 제공하는 투자 자산에 투자했다고 가정해보자. 2000년 무렵이면 이사벨 여왕은 약 9조 달러의 원리금을 소유하게 되는데, 이는 콜럼버스가 발견한 미국에서 상장 거래 되는 주식 가치의 총계에 가까운 액수이다."

– 워런 버핏

"1540년 프랑스의 프랑수아 1세는 다빈치의 그림을 2만 달러에 매입했다. 만일 그가 같은 금액을 6%의 복리수익률로 투자했다면 1964년 무렵에 그의 투자 자산은 1,000조 달러가 되어 있을 것이다."

– 워런 버핏

## 쉽게 이해하는 채권, 예금과 다른 점은?

채권이란 발행자가 자금을 조달하기 위해 발행하는 채무 증서의 성격을 지닌 유가증권을 말한다. 정부, 공공기관, 특수법인(공기업) 및 상법상의 주식회사만이 발행할 수 있다는 점, 증권 거래 관련 법이 정하는 바에 따라 유가증권시장에서 거래된다는 점, 다수의 투자자에 의해 자금이 조달된다는 점 등에서 개인들의 차용증과 구별된다. 채권이 주식과 구별되는 주요한 특징은 원금과 이자의 지급일이 미리 정해진다는 점, 만기가 도래하면 증권이 소멸된다는 점이다. 이러한 특징 때문에 영어로는 'bond' 외에 'fixed income securities(확정금리부증권)'라고도 한다.

채권을 쉽게 이해하기 위해서는 채권을 은행의 정기예금

으로 간주해버리는 것도 좋은 방법이다. 예컨대 투자자 입장에서 신한은행 정기예금 2년 만기물과 신한은행 채권 2년 만기물의 성격과 투자 효과는 상당히 비슷하다. 다만 예금의 경우 만기까지 보유해야 하거나 이자의 손해를 감수하고 중도 해지해야 하는 것에 비해 채권의 경우 만기까지 보유할 수도 있지만 언제든 그때의 시장 가격으로 자유로이 중도 매각할 수 있다는 점이 크게 다르다. 채권처럼 그때그때의 시장 가격으로 매매할 수 있는 예금도 존재하는데 이를 CD(Certificate of Deposit)라고 하며, 우리말로는 '양도성예금증권'이라고 부른다.

### ▨ 채권이 예금과 다른 점
① 매입 후 만기 전 언제든지 시장에서 사고팔 수 있다.
② 사고팔 수 있다는 것은 매일매일의 가격이 존재한다는 뜻이다.
③ 은행뿐 아니라 정부, 공기업, 주식회사 등 발행처가 다양하다.
④ 만기가 다양하다(우리나라 국채의 경우 50년물까지 있다).
⑤ 중간중간 이자를 지급하는 이표채와 이자를 복리로 모아서 한꺼번에 지급하는 복리채가 있다.

초단기물에서 50년물에 이르기까지 다양한 만기가 존재하고 발행자도 다양하여 10년 만기 국채, 30년 만기 국채, 5년 만기 현대자동차 채권, 7년 만기 도로 공사채, 2년 만기 신한카드 채권 등 수많은 종류가 존재한다는 것이 채권이 예금과 다른 점이 될 수 있다. 채권의 존재를 막연히 어렵게 생각할 필요는 전혀 없다. 그냥 그때그때의 가격으로 시장에서 사고팔 수 있는 은행 예금인데, 다만 잔존 만기가 하루 남은 초단기물에서 초장기물까지 다양한 만기물이 존재하고 수많은 발행자들이 존재한다는 점이 다르다 생각하고 있으면 될 것이다.

## 수익률과 가격의 관계, 왜 채권 금리가 오르면 채권 가격은 떨어질까?

채권 금리가 오르면 채권 가격이 떨어지는 것은 앞서 설명처럼 8%의 수익을 꾸준히 내는 사업권이나 예금이 주변 금리 수준이 올라갈 때 그 가치가 하락하는 것과 같은 이치이다.

어느 날 손오공 씨가 가지고 있던 현금 1억 원으로 5%의 금리를 지급하는 S은행의 1년 만기 정기예금에 가입했다고 하자. 1년 뒤 만기일이 오면 원금 1억 원과 이자 500만 원을 수령하는 간단한 거래였다. 하지만 그다음 날 우연히 S은행을 방문한 손오공 씨는 본인이 가입한 것과 똑같은 정기예금의 금리가 6%로 오른 사실을 알게 되었다. 이 사실을 알게 된 손오공 씨의 기분은? 당연히 나쁠 것이다. 여기서 손오공 씨는 기분 나쁜 정도만큼 사실상 이 정기예금에서 손해를 보았다고 보아야 한다. 그 손해를 대략 계산해보면, 투자금액 1억 원의 오른 금리 1%만큼의 1년치(예금 만기가 하루 줄어들었기에 정확하게는 '1년-1일')로, '1억×1%×1년=약 100만 원'이 된다. 정기예금의 경우, 이럴 때에는(가입한 지 얼마 되지 않아 금리가 급등한 때) 만기까지 들고 가는 것보다 하루치 이자를 손해 보고 중도 환매를 한 후 6%짜리 정기예금에 다시 가입하는 것이 유리할 것이다.

만약 손오공 씨가 S은행의 정기예금이 아닌 S은행의 채권을 매입했다면 어떤 점이 달라질까? 채권은 중도 환매가 불가능하다. 5%에 1년 만기 은행 채권을 1억 원치 매입한 다음 날 시장에서 이 채권의 금리 또는 이 채권과 유사한 채권들의 금리가 6%로 상승했다면 손오공 씨의 기분은 정기예금 때와 마찬가지로 기분이 나쁠 것이다. 또한 이미 투자한 이 채권의 가격은 약 100만 원이 하락한 약 9,900만 원이 되어 채권시장에서 거래가 될 것이다. 손오공 씨가 이 채권에 대한 투자를 중단하고 싶다면 약 9,900만 원에 매도, 약 100만 원의 손해를 보아야 한다.

채권 금리가 6%로 상승한 이때, 만약 또 다른 투자자 사오정 씨가 1년 만기 채권에 투자할 경우, 다음의 두 가지 채권 중 한 가지를 선택하여 투자할 수 있을 것이다. 첫째는 새로 발행되는 6%짜리 채권을 1억 원에 매입하여 1년 뒤 총 1억 600만 원을 수령하는 것이다. 둘째는 손오공 씨가 매도하는 원래 5%짜리 채권을 약 9,900만 원에 매입한 후(거래 금리는 약 6%가 된다) 1년 뒤 1억 500만 원을 수령, 약 600만 원의 수익을 얻는 것이다.

반면 손오공 씨가 오늘 매입한 5%짜리 1억 원치 1년 만기 채권의 금리가 다음 날 0.2% 하락하여 4.8%가 되었다면 손오공 씨의 기분은 '1억 원×0.2%×1년=약 20만 원'어치 좋을 것이다. 이 채권을 매도하면 약 1억 20만 원을 받을 수 있기 때문이다. 사오정 씨가 4.8%에 이 채권을 1억 20만 원에 매입한다면, 1년 뒤 1억 500만 원을 수령하여 이자 수익은 약 480만 원이 된다. 이미 채권을 보유하고 있는 투자자의 기분을 이해하면 채권 금리와 채권 가격의 원리를 이해하게 될 것이다.

만기가 길수록 기분의 변동성,
즉 채권 가격의 변동 폭은 커진다.

한편 손오공 씨가 매입했던 채권이나 예금이 1년짜리가 아
닌 3년짜리였다면 어떨까? 5%에 매입한 바로 다음 날, 금리
가 6%까지 올라 있다면 아마 손오공 씨의 기분은 1년짜리를
매입했을 때보다 3배 더 기분 나쁠 것이다. 실제 손오공 씨의
손해를 대략 계산해보면, 투자 금액 1억 원의 오른 금리 1%
만큼의 3년치(예금 만기가 하루 줄어들었기에 정확하게는 '3년-1일')
로 '1억×1%×3년=약 300만 원'이 된다. 만약 이 3년물의 금
리가 5%에서 4.8%로 0.2% 하락한다면 손오공 씨의 기분은

**경제성장률과 채권금리의 관계**

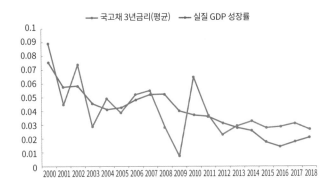

'1억 원×0.2%×3년=약 60만 원'어치 좋을 것이다. 이 채권을 매도하면 약 1억 60만 원을 받을 수 있기 때문이다.

이처럼 채권의 잔존 만기는(정확히는 '평균 잔존 만기'의 개념이다. 예컨대 같은 3년 만기 채권이라도 중간중간에 5%의 이자를 지급하는 이표채의 경우, 이자와 원금의 평균 잔존 만기는 약 2.7년이 되며, 3년 뒤 모든 원리금을 지급하는 복리채의 평균 잔존 만기는 3년이 된다) 수익률의 변동에 따른 채권 가격의 변동성을 의미하게 된다. 3년 평균 잔존 만기 채권은 금리가 1% 변화할 때 가격은 약 3% 변동하게 되며 (기분이 1%의 3년치 좋거나 나쁘다로 유추하면 된다) 10년 평균 잔존 만기 채권은 금리가 1% 변화할 때 가격은 약 10%, 즉 1%의 10년치가 변동하게 된다. 이 평균 잔존 만기를 전문가들은 '듀레이션'이라 부르며 금리의 변화에 따른 가격의 변동성을 측정하는 데 사용하고 있다.

듀레이션의 개념은 채권뿐 아니라 사업권 등 모든 투자 자산에 응용할 수 있다. 예를 들어, 사오정 씨와 저팔계 씨가 매년 8%의 수익을 보장해주는 똑같은 사업권을 보유하고 있다고 하자. 다만 사오정 씨의 사업권은 10년 뒤 계약 해지되며 저팔계 씨의 것은 20년 뒤에 해지된다. 만약 주변에서 비슷한 사업권이 새로 분양되는데 새 사업권은 10%의 수익을 보장해주는 것이라면 사오정 씨와 저팔계 씨 모두 상당히 기분 나쁠 것이며 사업권을 중도 매도하려면 그 기분 나쁜 만큼 손해를 보아야 할 것이다. 그리고 그 손해 금액은 사오정 씨의 것보다 저팔계 씨의 것이 약 두 배 더 클 것이다.

### ▨ 채권 수익률(금리)과 채권 가격의 관계
① 보유 중인 채권의 가격은 그 채권과 같거나 유사한 채권의 시장 금리가 올라가면 하락하고 반대의 경우 상승한다.
② 시장 금리의 변화에 따른 채권 가격의 변동 폭은 보유 중인 채권의 평균 잔존 만기(듀레이션)에 비례한다.

## 중장기 채권은 경제가 나쁠 때
## 가격이 오르는 거의 유일한 자산이다

경제 상황이 좋지 않으면 예금금리, 대출금리, 채권금리 등 시중 금리가 낮아지는 방향으로 영향을 받게 된다. 돈을 빌려 투자하려는 수요가 줄기 때문이며 경기 부양을 위해 한국은행이 기준금리를 인하하며 시중 자금량을 확대할 가능성이 높기 때문이다. 반대로 경제 상황이 좋아지면 금리를 높여서라도 돈을 빌려 투자하려는 수요가 많아진다. 경기 활황으로 인한 물가 상승을 경계하는 한국은행이 기준금리를 인상할 가능성이 높기 때문에 시중 금리들은 높아지는 방향으로 영향을 받는다.

나라 경제가 마냥 좋아지기만 한다면 주가, 토지 가격, 임대수익률, 예금 등 대부분의 자산 수익률은 상승하는 쪽으로 작용할 것이다. 사업도 건재할 것이며 직장인은 월급도 오르고 승진도 잘 될 것이며, 자녀들의 취직 문제도 쉽게 해결되는 등 대부분의 사람들이 행복해할 것이다. 하지만 반대의 경우는 어떠한가. 주가나 부동산 가격이 하락하고, 예금금리도 하락하여 수익률이 낮아질 것이다. 경제 상황이 나빠질 때 거의 유일하게 가격이 많이 상승하는 자산이 있으니 바로 '중장기 채권'이다. 이미 앞에서 우리는 만기가 긴 채권을 보유하고 있을 때 금리가 하락하면 '투자 금액×금리 하락분×평균 잔존 만기'만큼 기분이 좋을 것이며 실상은 그만큼 가격이 상승하는 것이라 알게 되었다.

3개월, 6개월, 1년 등 만기가 길지 않은 예금이나 채권을 보유한 투자자들은 시중 금리가 하락하면 오히려 수익률에 타격을 받게 된다. 만기가 도래해 재투자해야 할 시기에 금리가 낮아질 것이기 때문이다. 따라서 단기 예금이나 단기 채권을 많이 보유한 투자자들은 오히려 시중 금리가 상승하기를 원한다. 반면 장기 채권을 많이 보유한 투자자들은 시중 금리가 하락하면 이익이 많이 발생한다. 예컨대 7% 금리에 매입한 10년 만기 채권을 보유한 투자자는 이 채권의 거래 금리가

4%로 하락할 경우 매년 3% 차이(7%-4%)의 10년치 이자만큼의 이익이 생기는 것이며, 이 이익을 한꺼번에 받으며 채권을 매도할 수 있다. 때문에 장기 채권은 경기가 하락할 때 가격이 상승하면서 투자자가 함께 보유한 주식 자산의 손실을 상쇄시켜주는 효과를 지닌다. 향후 경기가 호전될 것으로 기대될 경우에는 보유하고 있는 중장기 채권을 매도하고 단기 채권이나 예금으로 교체하며, 반대로 경기가 하락할 것을 예상하는 경우에는 보다 만기가 긴 장기 채권을 매입하는 것이 유리하다.

경제 불황 → 중장기 채권 금리 하락 → 중장기 채권 가격 상승
경제 호황 → 중장기 채권 금리 상승 → 중장기 채권 가격 하락

## 1%대의 채권, 지금 사도 수익이 날까?

2019년 11월 현재 기준 우리나라에서 발행된 모든 채권의 평균 듀레이션(잔존 만기)는 약 5년인데 이를 대표하는 5년물 국채의 금리 수준은 1.5% 수준에 불과하다. 5년간 매년 1.5%에 불과한 이자가 나오는 채권인 것이다. 하지만 우리는

채권의 경우 금리가 하락하면 수익이 더 나온다고 배웠다. 그런 이유로 최근 금리 하락으로 채권형 펀드의 성과가 좋은 모습도 보았다. 앞으로도 이런 채권 또는 채권형 펀드에 투자하면 계속 좋은 수익률이 나올까? 어느 정도의 수익률을 기대할 수 있을까? 위험은 어느 정도일까? 원금 손실이 발생할 가능성은 없을까?

2018년 9월 말 듀레이션이 5년인 국채금리는 2.3% 수준이었다. 1년이 지난 후 현재 이 채권은 4년물 국채가 되어 있을 것이고 이 채권의 2019년 9월 말 금리는 1.4% 수준이다. 2018년 당시 손오공 씨가 이 채권에 투자했다면 손오공 씨의 1년간 수익률은 얼마일까? 투자 수익은 ① 지금까지 얻은 이자 수익과 ② 지금 채권을 팔 때 얻게 되는 손익(자본손익이라 부른다)의 합산이다. 손오공 씨는 1년간 ① 2.3%의 이자수익(매입금리만큼이다)과 ② 약 3.6%의 자본손익을 얻어(2.3%에 매입하여 1.4%에 팔면 0.9% 금리 차이의 4년치만큼 이익 0.9%×4년=3.6%으로 계산된다) 총 5.9%의 수익을 얻게 되어 2.3%짜리 채권 투자 성과에 비해서 꽤 높은 수익을 거두었다. 금리가 하락하는 채권 강세장의 수혜를 받은 것이다.

2019년 9월 말 현재 기준 1.5%짜리 듀레이션 5년 국채를 매입할 경우 향후 1년간 예상되는 수익률은 얼마일까? 필자의 예상으로는 금리가 추가로 많이 하락해도 4년 국채금리가 1% 이하로 떨어지기는 힘들 듯하다 생각하고 있다. 만약 1% 수준으로 금리가 하락한다면 이 채권에서 발생하는 총수익은 1년간 ① 1.5%의 이자수익(매입금리만큼이다)과 ② 약 2.0%의 자본손익을 얻어(1.5%에 매입하여 1.0%에 팔면 0.5% 금리 차이의 4년치만큼 이익 0.5%×4년=2.0%으로 계산된다) 3.5%에 불과할 것이다.

반면, 만약 금리가 다시 2.0% 수준으로 상승하는 약세장이 온다면 이 채권의 수익률은 얼마가 될까? 총수익은 1년간 ① 1.5%의 이자수익(매입금리만큼이다)과 ② 약 -2.0%의 자본손익을 얻어(1.5%에 매입하여 2.0%에 팔면 0.5% 금리 차이의 4년치만큼 손실 -0.5%×4년=-2.0%으로 계산된다) -0.5%가 될 것이다. 그렇다면 대략 이 채권에서 기대되는 수익률은 -0.5%~3.5% 정도인데 만약 예상 범위 외로 금리가 1년 동안 급등하여 2.5%까지 간다면 이 채권의 총수익률은 -2.5%(① 1.5%의 이자수익 ② 약 -1%×4년=-4%의 자본손실)로 꽤 큰 손실을 입을 위험도 있다.

금리 수준이 0%에 가까울수록 ① 이자수익이 낮아지며 ② 더 이상 금리가 하락할 여유는 없는 반면, 상승할 금리 범위는 많이 존재하는 셈이므로 채권에서 기대할 수 있는 수익률이 크게 낮아지게 된다.

참고로 이런 이유로 필자는 한국의 채권 금리가 3% 이하일 때부터 개인적으로 투자하고 있는 채권의 비중을 급격히 줄이고 있으며, 2% 이하에서는 매도할 수 없는 연금성 자산을 제외하고는 국내 채권을 일절 보유하고 있지 않다. 대신 해외 채권이나 예금, 배당 주식(기대배당률 5% 이상) 등의 비중을 늘린 바 있다. 예컨대 브라질 국채의 10년물 금리가 13%일 때 이를 매입했다면 10년 후 이 채권의 원리금은 $(1+0.13)^{10} =$ 약 3.4배가 되어 10년 후 브라질 환 가치가 반토막 나는 최악의 가정을 해도 약 1.7배가 된다. 1.7배를 복리로 환산해보면 연 수익 5.4%가 되므로 2% 미만 금리의 한국 국채보다 훨씬 매력적이었던 것이다.

# 독이 될 수도
# 약이 될 수도 있는 주식,
# 투기가 아닌 투자를 하자

## 주식의 이해,
## 회사의 재무상태 이해부터

손오공 씨가 어떤 사업을 할 목적으로 회사를 설립하게 되었다. 한데 이 사업을 하기 위해서는 총 100억 원의 자금이 필요한데 손 씨에게는 20억 원의 자금만 있다. 수익성은 높지만 다소 위험한 사업이라 부족한 80억 원의 자금을 모두 빌려줄 은행은 없을 것이다. 때문에 손 씨는 이 사업에 투자할 다른 사람들이 있을지 알아본다. 다행히 10억 원씩의 자금을 투자해줄 6명의 투자자를 구하게 되었다. 결국 투자가들의

60억 원과 자신의 20억 원을 합한 80억 원으로 '주식회사 손오공'을 설립하고 은행에서는 20억 원의 자금을 대출받아 총 100억 원으로 사업을 시작하게 되었다.

이 경우 투자자들의 출자자금 80억 원을 '자본' 또는 '자본총계'라고 부르고 은행에서 빌린 돈 20억 원을 '부채' 또는 '부채총계'라고 부른다. '자본'과 '부채'는 회사가 어디서 어떻게 자금을 조달했는지를 알려준다. 한편 이 회사가 자본과 부채로 조달한 100억 원의 자금으로 땅을 사서 공장을 지은 후 여기서 상품을 생산하고 있다고 하자. 현재 토지 30억 원, 공장시설 20억 원, 상품재고 20억 원, 원자재 20억 원, 현금 10억 원을 재산으로 보유하고 있다면 이들의 합계 100억 원을 '자산' 혹은 '자산총계'라고 부른다. 자산은 회사가 조달한 자금을 이용하여 어떤 재산들을 보유하고 있는지를 보여준다. 때문에 자금을 조달한 자본과 부채의 금액 합계는 항상 자산 금액 합계와 같다. 자본과 부채, 그리고 자산의 구성은 회사 영업보고서의 주요 항목인 재무상태표에 상세히 기재된다.

## ▨ 기업의 재무상태표 구성

자산총계 ＝ 자본총계 ＋ 부채총계

회사의 재산이          회사의 자금은
무엇으로             어디서 어떻게
구성되어 있는가?        조달되었나?

어느 개인의 재산은 그의 총재산에서 총부채를 제외한 순재산으로 계산되듯이 회사의 순자산도 회사의 총자산에서 총부채를 차감하여 계산된다. 회사의 순자산은 자본 또는 자본총계라고도 부르며 회사를 정리할 때 남는 '청산가치' 또는 장부가치(Book-value)라고도 불린다.

회사 설립 당시 주주들이 출자한 자본을 자본금 또는 납입자본금이라 하는데 이 납입자본금에 회사의 이익이 계속 쌓이며 순자산, 즉 자본총계는 증가하게 된다. 예컨대 앞에서 예시한 '주식회사 손오공'의 납입자본금으로 만들어진 순자산은 총 80억 원인데 회사의 순자산은 이후 이 회사가 벌어들인 돈에서 배당금을 지급하고 남은 돈, 즉 이익유보금 또는 이익잉여금만큼 계속 증가하게 된다.

자산 – 부채 = 자본 = 순자산 = 청산가치
= 주주납입자본금 + 기업이익유보금

한편 회사의 영업보고서에는 재무상태표와 함께 기업의 중요한 재무 상황을 보여주는 손익계산서가 기재된다. 손익계산서에는 기업이 한 해 동안 판매한 모든 상품의 가격과 비용의 차이인 손익이 계산되어 보인다. 손익계산서는 매출액에서 원가를 뺀 영업이익과 영업이익에서 여러 기타 비용을 차감한 당기순이익을 구하는 표이다.

### ▨ 기업의 손익계산서 구성(콩국수집이라면)

| | |
|---|---|
| 매출액 | (콩국수 판매액) |
| - 매출원가 | (콩국수 재료비) |
| - 판매비와 관리비 | (임대료, 종업원 월급) |
| = 영업이익 | (콩국수 마진) |
| - 금융손익, 기타손익, 법인세 | (기타 여러 비용) |
| = 당기순이익 | (콩국수집 최종 이익) |

## 주식 투자는 회사의 일부를 보유하는 행위다

주주들은 순자산, 이익, 배당 등 회사의 모든 재산과 관련된 가치를 보유주식의 비중만큼 가지게 된다. 앞에서 예시한 '주식회사 손오공'의 자본금 80억 원의 주당 액면가가 5,000원이라면 이 회사의 발행 주식 수는 총 160만 주가 될 것이다. 발행 주식 수가 160만 주라는 것은 주식 1주는 회사의 160만 분의 1만큼의 가치를 지니게 된다는 얘기이며 주식 1주를 소유한 주주는 회사의 160만 분의 1만큼의 권리를 가지게 된다는 뜻이다. 주주의 권리는 크게 ① 주총 등에서 자신의 지분만큼 경영의사결정에 참여할 수 있는 권리와 ② 기업의 이익과 재산을 지분만큼 나눠 가지는 경제적 권리, 이 두 가지로 나뉜다.

기업의 가치지표를 발행 주식 수로 나누면 주식의 가치지표가 된다. 1주가 가지는 가치는 주당순자산, 주당순이익, 주당매출 등과 같이 부른다. 만약 어느 해 이 회사의 순이익이 16억 원이 실현되어 이 중 8억 원을 배당하였고 순자산이 160억 원으로 증가하게 되었다면 이 회사 주식의 주당순이익(EPS, Earning per Share)은 16억 원 ÷ 1,600,000 = 1,000원, 주당배당금(DPS, Dividend per Share)은 8억 원 ÷ 1,600,000 = 500원, 주당순자산(BPS, Book-value per Share)은 160억 ÷ 1,600,000 = 10,000원이 된다.

> ▨ **BPS(Book-value per Share, 주당순자산)**
> **= 자본총계 ÷ 총 발행 주식 수**
> : 1주당 자본, 1주당 순자산가치, 1주당 청산가치, 1주당 장부가치

▨ **EPS(Earning per Share, 주당순이익)**
  **= 연간 순이익 ÷ 총 발행 주식 수**
  : 1년간 1주당 순이익.

▨ **DPS(Dividend per Share, 주당배당금)**
  **= 연간 배당금액 ÷ 총 발행 주식 수**
  : 1년간 1주당 배당액

한편 이런 주당 가치지표들은 주가와 비교하여 가치를 측정하는 가치/가격지표들의 기준이 되기도 한다. 만약 이 회사 주식 가격이 1주당 8,000원이라면 이 주식의 주가순자산비율, 즉 PBR(Price/Book-value Ratio)은 주가/BPS = 8,000/10,000 = 0.8배로 계산되며 주가순이익비율, 즉 PER(Price/Earning Ratio)은 주가/EPS = 8,000/1,000 = 8배로 계산된다.

주가가 이 회사 순자산가치의 0.8배 수준이며 이 회사 순이익의 8배 수준에 형성되어 있다는 의미다. PER과 PBR은 기업의 주가 대비 수익가치와 자산가치를 표현하는 가장 기본적인 가치지표이다. 일반적으로 PBR 또는 PER이 낮을수록 자산가치와 수익가치에 비해 주가가 낮은 것이므로 주가가 저평가되어 있다고 본다.

▨ **PBR(Price/Book-value Ratio, 주가순자산비율) = 주가/BPS**

: 시가총액(주가)이 자본총계(주당순자산)의 몇 배에 해당하는지 보는 지표. PBR이 2라는 것은 주가가 BPS의 2배라는 뜻이다. PBR이 낮을수록 주가가 저평가되어 있을 가능성이 높다. PBR이 1 이하이면 주가가 청산가치에도 못 미친다는 말이다.

▨ **PER(Price/Earning Ratio, 주가순이익비율) = 주가/EPS**

: 주가가 주당순이익의 몇 배에 해당하는지 보는 지표. 만약 PER이 10이라면 주식의 가격이 주식이 내는 연 수익의 10배라는 뜻이며 결국 1/PER은 0.1이 되어 현재의 주가 대비 기대하는 수익률이 10%에 이른다는 뜻이 된다. 일반적으로 PER이 낮을수록 주가가 저평가되어 있다고 본다.

▨ **ROE(Return on Equity, 자본수익률) = 주당순이익/주당순자산**

: 매년 기업의 순자산에 대비해서 몇 %의 이익이 났는지를 보여주는 지표. ROE가 10%라는 것은 순자산가치의 10%만큼의 순이익이 발생하여 그만큼 순자산가치가 증가했다는 뜻이다. 때문에 ROE가 높은 회사일수록 순자산가치의 성장 속도가 높다.

PER, PBR 두 지표와 함께 ROE(Return on Equity)도 중요한 지표로 인식되고 있는데 ROE는 자본, 즉 순자산 대비 이익률을 나타낸다. 때문에 앞에 예시한 주식회사 손오공의 ROE는 1,000원 / 10,000원 = 10%가 될 것이다. ROE는 순자산가치가 증가하는 속도라 볼 수 있으며 수익에 수익을 더하는 복리의 개념을 가지고 있다. 장기간 적정 수준 이상의 ROE가 꾸준히 유지되거나 증가하는 주식은 복리 효과가 크기 때문에 예전부터 워런 버핏이 가장 중요시하는 가치지표로 알려져 있다.

## 미래 EPS 추정을 통한
## 기대수익률 투자 방식의 예시

PER은 '주가/순이익'으로 계산되기에 '1/PER'은 '순이익/주가'가 되어 수익률의 개념이 된다. 예컨대 PER이 8배라면 '1/PER'은 1/8, 즉 12.5%가 주가대비수익률이 되는 것이다. 하지만 EPS나 PER 개념은 어느 한 해의 일회성 수치이기에 단기간 순이익만 따져 기업의 장기적인 수익가치를 평가할 때는 오류 가능성이 높으며 특히 수익 편차가 심한 기업일수록 오류의 가능성과 크기는 더욱 커질 것이다. 과거 10년 전부터의 이익이 –10, 20, 5, –5, 30, 0, 0, –15, –5, 20의 모습을 보이는 기업의 경우 한 시점에서 측정되는 EPS나 PER로 미래의 수익을 예측하기는 어렵다. 반면 과거의 이익이 5, 6, 5, 6, 4, 6, 7, 6, 8, 7과 같은 꾸준한 모습을 보여주는 기업의 경우 미래 EPS를 추정하기는 비교적 쉽다.

투자를 위해 어느 주식의 미래 수익이나 가치를 측정할 때 명심해야 할 일은 측정된 수익이 향후 지속성이 있을 것으로 판단되어야 의미가 있다는 것이다. 따라서 ① 이익 추이가 꾸준한 기업을 선택한 후 ② 이 기업을 잘 이해하는 투자자가 ③ 기업의 과거 상당 기간 수치를 면밀히 분석하는 과정을 거친 후 이를 토대로 미래의 장기적인 이익(기대 EPS)을 추정하는 경우, '기대 EPS/주가'로 계산될 수 있는 기대수익률은 어떤 다른 복잡한 정량적 계산보다 더 정확한 가치 판단이 될 수도 있을 것이다.

예컨대 어느 투자자가 주가가 1만 원인 어느 주식의 장기적인 평균 수익을 1,000원으로 예측할 때 1,000원/10,000원=10%로, 장기적인 평균 수익을 1,500원으로 예측할 때 1,500원/10,000원=15%로 기대수익률을 계산할 수 있다. 기대수익률 10%의 주식을 매도하고 기대수익률 15%의 주식을 매수하는 등 측정한 기대수익률로 투자자는 가치투자를 실행할 수 있다. 기대수익률이 높은 주식을 매수하고 기대수익률이 낮은 주식을 매도하는 가치투자법은 A은행의 예금 금리가 4%이고 B은행의 예금 금리가 5%일 때 당연히 기대수익률이 더 높은 5%짜리 B은행 예금에 가입하는 것과 같은 이치다.

### ▨ 기대 EPS/주가 = 1/기대 PER = 주식의 기대수익률

'과거 이익의 면밀한 분석'과 더불어 '기업에 대한 깊은 이해'와 함께 미래의 이익을 추정할 경우 주식의 대략적인 기대수익률을 계산할 수 있다.

## 주식의 자산가치와 수익가치 vs. 신랑감의 현재 재산과 향후 연봉

조금 각박한 얘기이긴 하지만 어느 결혼 정보 회사가 어느 신랑감의 경제력 등급을 매길 때 그 신랑감의 현재 재산과 능력, 즉 향후 그 사람이 벌어들일 재산이 얼마인지를 평가한다고 하자. 그때 신랑감이 보유한 집이 5억 원이고 금융자산이 2억 원인데 주택담보대출이 3억 원이라면 그의 총자산은 5+2=7억 원이며, 여기서 부채 3억 원을 제외한 4억 원이 그의 진정한 재산, 즉 순자산이 된다. 아무리 재산이 많아도 그가 직업이 없거나 연봉 수준이 너무 낮다면 경제력 등급은 많이 낮아질 것이다. 반대로 현재 재산은 보잘것없어도 연봉 수준이 높은 좋은 직업을 가지고 있다면 그의 등급은 매우 높을 수 있다. 현재 보유한 재산은 아직 없지만 연봉이 1억 원이고 매년 10% 연봉 인상이 예상되는 앞길 창창한 청년의 경제적

가치는 얼마일까?

주식의 가치를 측정할 때도 같은 것을 고려한다. 주식의 가치는 현재 보유한 순자산, 즉 자산가치와 향후 그 기업이 벌어들일 이익, 즉 수익가치로 나누어 측정될 수 있다. 주식의 자산가치는 앞에서 설명한 BPS(주당순자산) 가치를 쉽게 구하거나 조회하면 된다. 수익가치의 경우, 일반적으로 장기적인 미래에 예상되는 EPS(주당순이익)의 평균을 일정한 할인율로 나누어 구한다. 투자자에 따라 수익률의 기준으로 삼는 할인율을 다르게 적용할 수 있는데 필자의 경우 주식시장의 대략적인 평균 기대수익률인 10%를 주로 사용한다. 예컨대, 향후 평균 4,000원의 주당순이익을 꾸준히 낼 것으로 예상되는 주식의 수익가치는 필자의 경우 4,000 / 10% = 40,000원으로 계산하지만 할인율을 8%로 적용하는 투자자의 경우 이 주식의 수익가치를 4,000 / 8% = 50,000원으로 계산할 것이다.

결혼 정보 회사의 신랑감 연봉과 마찬가지로 기업(주식)의 향후 이익도 중요한 가치 측정 기준이다. 현재 순자산은 얼마되지 않아도 향후 기업의 이익이 좋을 것으로 예상된다면 그 기업의 가치는 높게 평가될 수 있다는 것이다. 하지만 기업가치 또는 주식의 가치는 단순히 합계되지 않는 자산가치와 수익가치로 나누어지기 때문에 사람의 몸무게를 측정하는 것처럼 누가 보아도 명확하게 측정되는 것이 아니다. 예를 위해 다음 4개 기업의 주식들을 살펴보자.

> A주식: 현재 주당순자산 10,000원,
>         매년 주당순이익 1,000원 예상
> B주식: 현재 주당순자산 10,000원,
>         매년 주당순이익 2,000원 예상
> C주식: 현재 주당순자산 20,000원,
>         매년 주당순이익 1,000원 예상
> D주식: 현재 주당순자산 2,000원,
>         매년 주당순이익 3,000원 예상

10%를 할인율로 적용할 때 위 주식들 중 A주식과 C주식의 수익가치는 1,000/10% = 10,000원으로 계산되며 B주식의 수익가치는 2,000/10% = 20,000원, D주식의 수익가치는 3,000/10% = 30,000원으로 계산된다.

> A주식: 주당 자산가치 10,000원,
>         주당 수익가치 10,000원
> B주식: 주당 자산가치 10,000원,
>         주당 수익가치 20,000원
> C주식: 주당 자산가치 20,000원,
>         주당 수익가치 10,000원
> D주식: 주당 자산가치 2,000원,
>         주당 수익가치 30,000원

이제 앞의 네 가지 주식 중 어느 주식에 높은 가격을 지불할 의사가 있는가? A주식보다는 B주식이나 C주식의 가치가 높은 것은 분명하다. 하지만 B주식과 C주식 중 어느 주식의 가치가 높을지에 대해서는 의견이 다를 수 있다. D주식의 경우 더욱 감을 잡기 어려울 것이다. 특히 수익가치의 경우 예상 값과 실제 값이 다르게 나올 수 있는 불확실한 수치이기 때문에 불확실성에 대한 선호도 등 투자자의 성향에 따라 가치 판단이 많이 달라질 수 있다. 때문에 투자자가 주식의 자산가치와 수익가치를 동시에 고려하는 제대로 된 가치 판단을 하기 위해서는 이 두 가지 가치를 투자자의 성향에 맞게 조율한 명확한 가치 측정 기준을 세워야 할 것이다.

한편 같은 연봉이라도 공무원처럼 미래 연봉을 꽤 쉽게 평가할 수 있는 신랑감도 있으며 한방 터트릴 가능성도 있지만 미래 수입의 변동성이나 불확실성이 높은 꿈과 야망이 큰 사업자 유형의 신랑감도 있다. 이처럼 주식의 경우도 안정적인 이익 형태를 보이는 유형과 큰 수익을 내는 편이지만 이익의 편차가 큰 유형들이 있다. 필자의 경우 사윗감을 고르라면 너무 안전에 치중하는 이들보다 꿈과 야망이 큰 젊은이를 선호하겠지만 투자에 있어서만큼은 전자를 선택하는 성향을 지니고 있다. 가치투자의 핵심은 미래가치를 측정하는 것인데 꿈과 야망의 미래가치를 측정하기는 너무 난해하기 때문이다. 같은 맥락에서 유명 투자가이자 저자인 폴 오팔라Paul Orfalea는 "나는 애플 기업을 너무 좋아하지만 애플 기업에 투자할 용기는 없다"라는 말을 남겼을 것이다.

## 본질가치를 응용한
## 간단한 투자 방식의 예시

자산가치와 수익가치를 모두 반영한 주식의 내재가치를 본질가치라고 한다. 본질가치의 측정은 각기 다른 가치의 선호도로 투자자마다 달라질 수 있다. 상속증여세법이나 금융감독원의 '유가증권 인수업무에 관한 규정'에서는 주식의 본질가치를 계산하는 산식을 제시하고 있는데 위의 방법으로 구해진 주식의 자산가치와 수익가치를 2:3으로 가중평균하는 방식이다.

세법 등에서의 본질가치 = (자산가치 × 2 + 수익가치 × 3) ÷ 5

이 산식의 경우 자산가치보다도 수익가치의 비중을 더 높게 두어 자산가치가 매우 낮지만 수익가치가 높은 기업의 가치를 꽤 좋게 하는 경향이 있다. 이 산식으로 계산된 앞의 세 기업이 가진 본질가치는 얼마일지 계산해보자.

세법이나 금융감독 규정에서는 상장주식처럼 시장가격이 존재하는 경우에는 시장가격을 주식의 현재가치로 적용하되 비상장주식처럼 시장가격이 존재하지 않는 경우 위의 방식 으로 주식의 가치를 구하도록 하고 있다.

하지만 필자의 경우 이 방식으로 주식의 적정가치를 간단 히 구할 때 자산가치와 수익가치의 비중을 조금 다르게 적용 하고 있다. 불확실한 미래수익가치의 비중을 조금 줄이고 보 수적인 투자자들이 보다 중시하는 자산가치의 비중을 조금 늘리는 입장이기에 자산가치와 수익가치의 비중을 50:50으 로 두고 있다. 따라서 필자의 경우 위 네 주식의 본질가치를 다음과 같이 구한다.

### ▨ 필자가 구하는 본질가치

A주식 본질가치 = (10,000원+10,000)÷2 = 10,000원
B주식 본질가치 = (10,000원+20,000)÷2 = 15,000원
C주식 본질가치 = (20,000원+10,000)÷2 = 15,000원
D주식 본질가치 = (2,000원+30,000)÷2 = 16,000원

주식 가치투자자들의 경우 이렇게 구한 본질가치를 활용하여 대략적인 투자 의사결정을 할 수 있다. 필자의 경우 이렇게 간단히 도출해낸 본질가치를 주식의 적정 가격으로 보고 주가가 이보다 30% 더 쌀 경우 매수 검토, 40% 더 쌀 경우 매수 적극 검토하는 식으로 투자 의사결정에 응용하고 있다. 예컨대 A주식의 경우 주가가 7,000원으로 하락하면 매수하기 시작하다 6,000원까지 하락한다면 매우 적극적으로 매수하는 식이다.

본질가치 평가는 자산가치와 수익가치의 상호 약점을 보완하여 이들을 종합한다는 점에서 상당히 현실적이고 합리적인 가치 평가법이 될 수 있다. 하지만 이익 변동성이 큰 기업의 경우 수익가치의 산정에서 오류 가능성이 높다는 등의 약점은 여전히 존재한다. 이 방식을 적용하여 실전 투자에 임할 때 미래 이익의 예상을 보다 정확히 하기 위해서는 ① 최대한 미래 이익의 변동성, 즉 불확실성이 낮은 기업을 투자 대상으

로 선택하고 ② 투자 대상 기업에 대한 많은 연구와 분석을 통해 그 기업을 잘 이해하고 있어야 하며 ③ 충분히 보수적인 수치를 적용하여 예상 외 상황에 어느 정도 대비하는 자세가 필요하다.

## 주식시장의 기대수익률 구하는 법

대략적인 주식시장 전체의 기대수익률을 구하기 위해서는 '1/시장 PER'을 주로 사용한다. 1/시장PER은 결국 주식시장 전체의 시가총액 대비 이익 총계이므로 예상수익률 또는 기대수익률이 될 수 있다. 한 특정 종목의 경우 이익의 불확실성이 크므로 기대수익률을 단순한 1년치의 1/PER로 추정하기에는 부족한 점이 있다고 앞에서 언급하였지만 '1/시장PER'의 경우 수많은 종목들의 평균치이기에 변동성 내지는 불확실성이 훨씬 낮아져 주식시장 전체의 기대수익률을 산출하기에 제격이다.

'1/시장PER'로 시장의 기대수익률을 구하는 방식은 오랫동안 미국의 중앙은행에서 사용해왔다. 특히 의장이었던 그린스펀이 매우 중요하게 여긴 방식이라 이 방식을 'FED의 법칙' 또는 '그린스펀의 법칙'이라고 부르기도 한다.

시장PER은 어느 개인 투자자의 입장에서 주식 한 종목의 PER을 계산하거나 조회하기는 간단한 반면, 시장PER을 계산해내거나 조회하기는 쉽지 않다. 한국거래소나 몇몇 기관에서 KOSPI 시장PER 수치를 제공하고 있기는 하지만 필자의 경우 전문가들이 주로 사용하는 모건스탠리캐피털인터내셔널(MSCI)에서 산정하는 시장PER을 주로 사용한다. 개인 투자가가 MSCI 시장PER을 알기 위해서는

'MSCI PER'로 기사를 검색하는 것이 가장 좋은 방법일 것이다. 예를 들어 2019년 10월 초 현재 기사를 검색해보면 최근의 'MSCI PER'이 11배 수준임을 알 수 있어 시장의 기대수익률이 1/11=약 9.1%임을 계산해낼 수 있다.

## 주식 투자를 잘하는 원칙, 장기 투자와 기대수익률 투자

필자는 금융자산의 기대수익률과 위험을 다면체 주사위 방식으로 자주 표현한다. 2019년 현재 기준으로 변동성이 큰 주식 자산의 경우를 주사위로 표현하자면 -20%, -10%, 0%, 5%, 10%, 20%, 30%, 40% 정도로 간단히 표현할 수 있다. 한 번 잘 던지면 대박이지만 잘못 던지면 낭패를 본다. 지금까지 모아온 전 재산을 걸고 딱 한 번 주사위를 던져 나오는 수익률을 가지라면 -1%, 0%, 1%, 2%, 3%, 4%, 5%의 '채권 주사위'나 모든 면에 1.5%가 쓰여진 '예금 주사위'를 차라리 던지지 '주식 주사위'를 던지겠다고 할 사람은 찾기 힘들 것이다.

하지만 이 주사위들을 30번 던져서 그 평균 수익률을 가져가라고 한다면, 어떤 주사위를 선택할 것인가? 필자는 기대수익률이 9%를 넘는 주식 주사위를 선택해서 던질 것이다. 30번을 던진다는 얘기는 30년을 투자한다는 말과 같다. 주식을 장기 투자해야 하는 중요한 이유이다. 변동성이라는 경제학 이론상의 위험은 장기 투자를 통하여 상쇄시킬 수 있다. 연기금 등 장기 투자기관일수록 주식과 같은 변동성 높은 자산의 비중을 높게 할 수 있는 이유이다.

단 주의해야 할 일이 있다. 위의 주사위처럼 주식의 기대수익률이 충분히 높을 때 주사위를 잡고 던지기 시작해야 한다. 기대수익률이 높으면 높을수록 좋다. 장기 투자하면 그만큼의 수익률이 나올 가능성이 높기 때문이다. 하지만 IMF 외환위기 전이나 세계 금융위기 전처럼 기대수익률이 낮은 -40%, -20%, -5%, 0%, 5%, 20%, 30%, 40% 주식 주사위를 잡고 던지기 시작하면 장기 투자를 해도 낮은 수준의 수익률밖에 나오지 않을 것이다. 특히 두 시점에서는 위험한 주식의 기대수익률이 채권의 기대수익률보다도 낮을 정도였다. IMF 외환위기 전 채권시장의 기대수익률은 14% 내외를 기록하기까지 하였다. 불확실성이 큰 주식보다 불확실성이 작은 채권의 기대수익률이 높았다면 주식 주사위는 쳐다보지도 말고 당연히 '채권 주사위'를 잡고 계속 던졌어야 했을 것이다.

주식의 기대수익률이 낮다는 것은 그만큼 주식의 가격이 가치에 비해 많이 비싸져 있다는 이야기이며, 기대수익률이 높다는 것은 그만큼 싸다는 이야기다. 채권이나 다른 자산들의 기대수익률에 비해 충분히 기대수익률이 높을 때 주사위를 잡고 장기 투자한다면 좋은 수익률을 누릴 수 있을 것이다.

## 기술적 분석 투자(차트 투자)를 바라보는 가치투자자의 눈

기술적 분석 투자란 가격 또는 거래량 등을 계량화·차트화 등으로 단순화한 후, 이로부터 과거의 일정한 패턴이나 추이를 발견하여 이러한 패턴이나 추이의 연결선상에 있는 미래 주가를 예측하는 방식이다. 이에 따라 발생하는 매수 신호나 매도 신호에 따라서 매매하는 투자를 한다. 이를 '차트 투자'라고도 부른다. 한편 100% 철저하게 기술적 분석에서 나온 신호에 따라 즉시 매매하기 위해 가격 차트나 패턴을 전산 시스템과 연결한 운용 방식을 시스템 트레이딩이라고 한다.

기술적 분석 투자도 돈을 잃게 하는 투자자의 자의적인 판단을 배제하기 위해 미리 정해진 약속이나 공식 또는 원칙에 따라 투자 의사결정을 한다는 데에 있어서는 가치투자와 마찬가지다. 가치투자의 경우 투자자의 기분보다는 분석으로 계산되는 내재가치를 의사결정의 변수로 삼는 반면, 기술적 분석 투자의 경우 투자자의 판단보다는 패턴에서 나오는 매매 신호를 의사결정의 변수로 삼는 것이다. 다만 가격을 전망하며 투자하는 방식이기에 기술적 분석 투자 역시 가격전망 투자 즉, 모멘텀 투자의 일종이다.

사람의 본성을 이기기 위한 방법으로 기술적 분석 투자와 가치투자 중 무엇이 더 효과적일까? 멀리서 들리는 소문으로 판단한다면 기술적 분석이 단연 우세할 것이다. 특수하게 개발된 기술적 분석을 통해 단기간에 수백%, 수천% 수익률을 올렸다는 전설의 투자자들 소문이 무성하다. 하지만 신기한 일은 필자 주위의 수많은 투자자들 중에서 기술적 분석을 사용해 큰 수익률을 얻었다는 이를 거의 보지 못했다는 점이다. 필자의 주위에선 오히려 어떤 자산의 가격이 분석된 가치 대비 폭락했을 때를 기회 삼아 투자해 큰 이익을 얻은 투자자들을 쉽게 볼 수 있다.

기술적 분석법은 그 패턴이나 원칙을 숙지한다면 누구나 쉽게 따라 할 수 있는 방법으로 여겨진다. 때문에 정말로 이것이 성공 투자의 비법이라면 지금보다 훨씬 많은 개인 투자자들이 주식으로 돈을 벌고 있어야 한다. 아니면 분명히 성공적인 기술적 분석법이 존재하지만 이 비법은 정말로 아주 소수의 사람들에게만 비밀리에 전해지는 것이라 보통 사람들은 도저히 알지 못하는 것일까?

필자도 오래전 기술적 분석에 심취해 이를 통해 운용하는 펀드의 수익률을 높이려던 때가 있었다. 2000년엔 아마 국내 최초로 '시스템 트레이딩' 펀드를 출시하기도 하였다. 하지만 어김없이 실패했다. 기술적 분석법이 잘못되었다기보다는 발생하는 매매 신호를 철저히 따르지 못하고 결정적인 순간에 발현되는 사람의 본성이 원인이었다. 이후 필자는 기술적 분석을 멀리하고 가치투자를 펀드 운용의 철학으로 삼기 시작했고 이후 오늘에 이르고 있다.

개미 투자자들의 눈물,
이제 가격을 보지 말고 가치를 보자

"이 종목을 어떻게 생각하세요?"라는 질문을 많이 받는다. 그러면 반드시 "그 종목의 주당 순자산가치(BPS)랑 ROE

가 얼만데요?"라고 되물어본다. 역시나 그 수치들을 대략이라도 알고 있는 사람이 드물다. 많은 투자자들이 자신들은 주식에 투자하고 있다고 생각하지만 실제로는 그냥 가격을 알아 맞히는 게임을 하고 있을 뿐이었다. 가격은 우리 같은 사람들이 따라가기에 너무 빠르고 예측 불허이며 비이성적인 심리를 자극시킨다. 필자는 주식 전문가라고 할 수 있지만 가격전문가는 결코 되지 못한다. 안타깝게도 자신이 투자하고 있는 주식 종목의 BPS나 ROE가 얼마 정도인지 모르는 분에게 드릴 수 있는 조언은 없었다.

수많은 사람들이 주식 투자를 해왔지만 다수가 실패했거나 실패하고 있다는 사실은 너무 안타까운 일이다. 사람들이 주식 투자에서 실패하는 이유는 크게 두 가지로 볼 수 있다. 첫째는 수많은 행동경제학 연구가 밝히고 있듯이 사람의 뇌 구조는 투자를 할 때 결코 합리적이지 못하며 돈을 잃기 좋도록 되어 있다는 데에 있다. 둘째는 주인의 동선과 같이 예측하기 좋은 가치를 측정하지 않은 채 주인을 따라다니는 강아지처럼 어디로 뛸지 모르는 가격을 전망하는 데 사람들이 매달리고 있기 때문이다.

본인이 하늘에서 선택받은 0.1%의 뛰어난 영감의 소유자가 아니라면 가격 전망 투자에서 벗어나 가치 분석 투자를 해야 한다. 가치 분석 투자를 해야 하는 이유들은 다음과 같다.

1. 주인의 동선이 강아지의 동선보다 예측하기 쉬운 것처럼 주식의 가치 전망은 가격 전망보다 쉽다. 주인이 잘 다니는 길만 확인하고 집에서 기다리고 있으면 결국 주인과 강아지는 함께 집으로 돌아온다는 믿음을 가지고 투자하는 것이 가치투자이다.

2. 가치투자는 미리 원칙을 정해놓고 이에 따라 투자하는 원칙 투자이다. 때문에 돈을 잃게 하는 사람의 뇌 구조에서 벗어나 독립적인 의사결정을 할 수 있다. 예컨대 어느 투자 대상의 매수 가격이 규칙이나 공식으로 미리 정해져 있기에 그 가격이 오기 전까지는 투자하지 않다가 그 가격이 오면 어김없이 매수를 시작해야 하는 식이다.

일반적인 주식 가치투자 방식이란?
같이 해요, 가치투자!

가치분석 투자의 방법론은 수없이 많으며 이를 소개하는 서적도 여러 가지이다. 필자의 《채권쟁이 서준식의 다시 쓰는 주식 투자 교과서》도 이들 중 하나다. 군이 서적을 접하지 않고도 가치투자 노하우를 전수받을 수 있는 길은 많다. 인터넷에서 검색해보면 수많은 블로그나 카페, 뉴스 등에서 필자가 주장하는 주식 가치투자 방식을 요약하거나 해석하고 있어 이들을 통해서도 상세한 가치투자 방식을 충분히 이해할 수 있을 것이다.

여러 가지 가치투자 방식들을 종합해보면 대부분 다음의 공통적인 절차를 걸친다.

① 내가 잘 이해할 수 있고 가치의 예측이 비교적 쉬운 기업들을 투자 대상으로 삼는다.
  - 단순하고 이해하기 쉬운 기업, 경기에 크게 연동되지 않는 기업, 설비투자비나 연구개발비가 많이 들지 않는 회사, 혁신 기업보다는 모방 기업, 오히려 침체되어 있는 업종의 기업, 새로 시작하는 기업보다는 오래된 기업 등
  - 예컨대 복잡한 시장의 IT 기업보다는 단순한 가전이나 전자부품 제조사가 가치를 측정하기 용이하다.
② 자신들만의 원칙과 방식으로 가치를 측정한 후 가치와 비교하여 충분히 싼 매수 가격을 미리 정한다.
  - 앞에서 언급했던 본질가치 투자법은 가치투자법의 기본이다.

- PER, PBR, ROE뿐 아니라 수많은 가치지표를 이용한 투자법이 존재한다.
- 미래가치를 예측하고 이를 할인하여 적정가를 구하는 미래가치할인법도 중요한 가치투자법이다. 필자의 '채권성 주식 투자법'이 이에 속한다.

③ 원칙을 지키며 실행하고 실행한다.

- 가치투자 성공은 얼만큼 원칙을 잘 지키느냐에 달려 있다.
- "떨어지는 칼날을 잡고 물타기 하고 물타기 하라." 원칙으로 계산된 매수해야 할 주식의 가격이 1만 원이라면 일단 1만 원에 매수를 시작하라. 기대수익률이 15%라면 매수한다는 원칙을 세웠다면, 기대수익률 15%인 가격에서 일단 매수하라. 1만 원에 매수하지 못한 자는 9,000원에도 8,000원에도 매수하지 못할 것이다. 매수를 시작한 후 가격이 더 하락하면 계속 분할 매수하라.


언제부터인가 필자는 스스로 가치투자 전도사를 자처하며 보다 많은 사람들에게 제대로 된 주식 투자를 하는 방법을 알리려 노력해왔다. 주식을 투기하는 사람은 주식에 화내게 되고, 주식을 모르는 사람은 주식을 욕하게 되지만 주식을 제대로 투자하는 사람은 주식을 진정 고마워하게 될 것이다. 가치투자의 힘은 케인스, 벤자민 그레이엄, 필립 피셔, 워런 버핏, 찰리 멍거, 존 템플턴John Templeton, 피터 린치, 앤서니 볼턴Anthony Bolton, 존 네프John Neff, 모니시 파브라이Mohnish Pabrai, 랠프 웬저Ralph Wanger, 세스 클라만Seth Klarman, 저스틴 월시Justyn Walsh, 데이비드 드레먼David Dreman 등 수많은 투자 대가들을 통해 증명되어왔다. 보다 많은 우리나라 국민들이 제대로 된 가치투자를 통해 부를 증가시키기를 바란다.

## 채권쟁이 서준식의
## 후려치는 주식 가치투자법

필자는 저서나 강연을 통하여 평소 '채권형 주식 투자법'을 주창하고 있다. 워런 버핏의 "내가 지불하는 것은 가격이지만 내가 얻는 것은 가치이다"라는 말에 힌트를 얻은 이 방식은 주식을 일종의 채권인 것처럼 가정하여 현재의 가격과 10년간의 ROE 추정을 통해 예측되는 미래가치로 기대수익률을 구하거나 이 미래가치를 목표기대수익률로 할인하여 매수 가능 주가를 산정하는 투자법이다. 이 방식은 어떤 가치

투자법보다도 간단히 실행할 수 있는 방식이라 자평하고 있지만 주식 투자에 크게 관심 없는 일반인들에게는 다소 어려운 면도 있을 수 있다고 생각한다.

때문에 10년간의 ROE 추정을 통해 미래가치를 추정하고 이를 목표수익률로 할인하는 식의 매수 가능 주가 산정 방식을 최대한 단순화시켜 암산으로도 대략 계산해낼 수 있는 주먹구구 투자법을 안내하려 한다. 제대로 된 건전한 주식 투자를 위해서는 적어도 이 정도의 계산은 거친 후 주식에 투자한다면 좋겠다는 바람이다.

### 간단한 사례로 계산해보는 채권형 주식 투자법

① 주식의 현재 순자산가치를 확인한다.

(예로 들어, 10,000원일 때)

이는 네이버, 아이투자, 팍스넷 등 여러 주식 관련 사이트에서 확인할 수 있다. BPS(주당순자산가치) 기업의 자본총계를 총 발행 주식 수로 나눈 값이다.

② 미래에 장기적으로 이 주식에서 나오는 순이익이 매년 평균 얼마일 것인지를 추정한다.

(예를 들어, 매년 1,500원일 때) 이 추정이 결국은 기업의 미래가치를 제대로 측정하는지에 대한 핵심적인 변수가

된다. 보다 정확한 추정을 위해 가치의 사업 구조가 복잡하거나 어렵지 않은 기업, 과거의 성과가 꾸준한 기업, 내가 잘 이해하는 기업들을 투자 대상으로 삼는 것을 원칙으로 하고 보수적으로 추정한다.

③ 주식의 현재 순자산가치에다 10년치의 이익(1,500원×10년=15,000원)을 더하여 10년 뒤 미래가치를 대략적으로 추정한다(10,000원+15,000원=25,000원).

④ ③의 값, 즉 추정된 미래가치를 4로 나눈다(25,000원 / 4 = 6,250원).

10년 15% 복리수익률 값이 4.05이기 때문이다. 필자의 경우, 대부분 주식이 15%의 기대수익률을 충족할 때 비로소 투자를 시작하기 때문에 그 값인 4를 사용하지만 그 기준은 투자자에 따라 다를 수 있다. 만약 어느 투자자가 14%의 기대수익률을 충족하면 매수하겠다는 원칙을 세웠다면 3.7을, 13%의 기대수익률을 충족하면 매수하겠다는 원칙을 세웠다면 3.4의 값을 4 대신에 사용하면 된다. 필자는 삼성전자나 SK텔레콤 같은 초우량주에 대한 투자 판단을 할 때는 12%의 기대수익률을 필요로 하기에 3.1의 수치로 추정된 미래가치를 나눈다.

⑤ 주식의 현재가가 ④의 값보다 낮은 가격이면 주식을 매수하기 시작한다.

(예를 들어, 6,250원보다 낮은 가격이면 매수)

이 방식에서 ④의 값은 앞서 얘기한 워런 버핏의 "내가 지불하는 것은 가격이고 내가 얻는 것은 가치이다"에서 표현하는 '가격'이 되며 ③의 값은 '가치'가 되는 셈이다. 이 두 값의 차이를 곧 10년 복리수익률로 환산하면 기대수익률이 된다.

$$(6{,}250 \times (1 + 0.15)^{10} \cong 25{,}000)$$

이 방식은 15%의 기대수익률이 계산되었기에 향후 연 15%의 수익이 나올 것이라는 예측을 하는 것이 아니라 충분히 저평가되어 있는 주식을 찾아내고 구체적인 투자 실행 원칙을 세운다는 데에 그 본질이 있다. 때문에 보다 보수적인 투자자는 원하는 기대수익률을 15% 또는 그 이상으로 높일 수 있고(너무 많이 높이면 영원히 투자할 수 있는 주식을 찾지 못할 수도 있다) 보다 적극적인 투자자는 기대수익률을 조금 더 낮추어 이 방식을 적용할 수 있을 것이다.

※ '채권형 주식 투자법'을 보다 상세히 알고 싶다면 인터넷에서 '채

권형 주식 투자법'을 검색하거나 필자의 저서《채권쟁이 서준식의 다시 쓰는 주식 투자 교과서》를 참조하면 될 것이다.

# 분산 투자,
# 자산들과의 상관계수를
# 고려하자

## 마이너스 상관계수,
## 투자의 위험을 경감시키는 마법

비가 많이 올 때 장사가 잘되는 우산 장수와 비가 안 올 때 장사가 잘되는 소금 장수가 동업을 하면, 비가 오든 안 오든 수익을 얻을 수 있어 사업의 위험이 경감된다. 마찬가지로 경제가 좋을 때 수익률이 높은 주식과 경제가 나쁠 때 수익률이 좋아지는 채권을 동시에 보유하면, 경제와 관련된 위험이 감소되며 안정된 수익을 얻을 수 있다. 이런 위험 감소 효과는 우산과 소금의 수익성이 날씨라는 환경하에서, 그리고 주식과 채권의 수익성이 경제라는 환경하에서 반대의 방향성을 보이기 때문에 가능한 것이다. 경제학에서는 이런 상황을 '상관계수가 마이너스(-)다'라고 표현한다. 우산과 소금은 날씨라는 위험 변수에 대하여, 그리고 주식과 채권은 경제라는 위험변수에 대하여 상관계수가 마이너스인 것이다.

상관계수가 마이너스인 자산 또는 상품끼리의 위험 감소 효과는 일상에서도 많이 볼 수 있다. 냉면집에서 만둣국이나 온면을 메뉴에 넣고, 리조트가 스키장과 수영장 또는 골프장을 동시에 사업하는 것과 같은 이치다. 빙과류와 호빵을 동시에 판매하는 편의점의 판매 상품들을 자세히 살펴보면 사업자가 상품들끼리의 상관계수에 크게 신경 쓰고 있음을 알 수 있다. 투자 대상인 어느 기업이 어떤 특정한 사업의 위험을 상쇄시킬 수 있는, 상관계수가 마이너스인 사업을 사업 포트폴리오로 함께 구성하고 있다면, 그 기업의 이익 변동성 또는 불확실성은 현저히 낮아질 수 있다.

예를 들어, 유가의 급등 위험을 항상 안고 있는 어느 항공사가 유가가 급등하면 이익이 높아지는 정유회사를 함께 보유하거나, 밀가루 가격이 올라가면 이익률이 떨어지는 제과제빵 기업이 밀가루 회사를 인수하는 일은 해당 위험을 많이 상쇄시켜주며 안정적인 수익을 내는 데 크게 기여할 것이다.

**우산과 소금, 주식과 채권의 위험 상쇄 효과 예시**

| | 기대수익률 | 위험 (이익의 변동성) |
|---|---|---|
| 우산(주식) | 10% | 10 |
| 소금(채권) | 4% | 4 |
| 우산(주식) 반<br>소금(채권) 반 | 7%<br>(평균수익률) | 5<br>(평균치 7보다 낮다) |
| 우산(주식) 30%<br>소금(채권) 70% | 5.8<br>(평균수익률) | 3<br>(소금 100%의 위험보다 낮다) |

일종의 IT 기업임에도 불구하고 삼성전자를 이익 예측성이 높은 채권성 주식으로 필자가 인정하고 있는 이유 중 하나도, 삼성전자의 위험 요인을 상쇄시키는 마이너스 상관계수 사업 구조에 있다. 삼성전자가 가지고 있는 가장 큰 위험 요인이 메모리 반도체 가격이 하락하는 것인데, 삼성전자는 메모리 반도체 가격이 하락하면 비용의 감소로 수익성이 올라가는 휴대폰과 가전 사업을 함께 영위하고 있다. 이런 이유가 크게 작동되어 삼성전자는 수십 년간 적자는커녕 한 번도 ROE가 10% 이하로 내려가지 않은, 믿지 못할 실적을 내고 있는 것으로 보인다.

이런 연유로 주식과 채권을 함께 보유하는 자산 배분 외에도 상관계수가 마이너스인 투자 종목들로 자산 포트폴리오를 구성하는 일은 위험을 최소화하며 수익성을 높이는 데 매우 중요하다. 예를 들어, 어느 투자자가 수출 기업에 많은 금액을 투자하고 있다면, 원화 강세가 올 때 그 기업의 이익이 떨어질 위험이 있으므로, 원화 강세가 오면 유리한 수입 업체나 외환 부채 비중이 높은 기업 중에 좋은 종목을 선정하여 함께 보유하는 편이 좋을 것이다. 세계경제가 불안할 때 수익률이 하락하는 이머징마켓 주식을 보유하고 있다면, 미국 국채처럼 세계경제가 불안해지면 가격 상승할 가능성이 높은 자산을 함께 보유하는 것이 좋다.

우산 장수가 우비와 더불어 장화도 함께 파는 것은 제대로 된 분산 투자가 아니다. 우리가 흔히 하는 '계란을 여러 바구니에 담아라'는 이야기는 단순히 여러 종목, 여러 자산군에 나누어 투자하라는 이야기가 절대 아니다. 서로서로 수많은 위험 요소에 대한 상관관계가 다른 종목과 자산들로 나누어 투자하여 이익은 챙기되, 위험은 현저히 낮추라는 이야기임을 명심하자.

## 우산과 소금,
## 분산 투자에도 예외가 있다

두 자식이 우산과 소금을 함께 동업하던 어느 날, 소금의 이윤이 급격히 떨어졌다고 치자. 전에는 비가 적게 오면 7%, 비가 많이 와도 적어도 4% 정도는 수익을 내어주던 소금 사업이 이제는 날씨가 아무리 좋아도 2~3%의 수익을 겨우 내고 날씨가 좋지 않으면 마이너스 수익도 감수해야 하는 상황이 되었다. 이런 때는 어떻게 해야 할까? 이럴 경우 소금 사업은 접고 대신 된장 사업, 조미료 사업 같은 다른 수익성 있는 사업을 모색하는 것이 옳다. 분산 투자는 우산도, 소금도, 위험 대비 적절한 수익을 기대할 수 있을 때 하라는 말이지, 어느 한쪽에서 수익을 기대하기 어려운 상황에서도 무조건 해야 하는 것은 아니다. 그럴 땐 분산이고 뭐고 아예 한쪽 사업을 접는 게 낫다.

2019년 현재 기준으로 한국의 기준금리는 1.25%로 하향되었다. 예금금리뿐 아니라 시장에서 거래되는 대부분의 채권금리들이 1%대이다. 50년 만기 국채의 금리도 1% 중반대를 기록하고 있을 정도이다. 전년도에 비해 채권의 기대수익률이 현저히 낮아진 것이다. 일본과 일부 유럽 국가들도 오랫동안 초저금리를 지속해왔다. 이런 초저금리의 상황에서는 채권 투자의 기대수익률이 매우 낮아진다.

이럴 경우에까지 주식과 채권 포트폴리오를 고집할 이유가 없다. 이럴 경우 채권의 비중을 급격히 낮추고 주식의 비중을 높이거나 다른 투자 자산으로 채권을 대체할 필요가 있다. 금리 수준이 한국보다 높은 해외 채권 투자도 좋은 대안이 될 수 있다. 반대로 주식의 기대수익률이 급격히 낮아졌을 때에는 주식의 비중을 급격히 낮출 필요가 있다. IMF 외환위기 이전 또는 세계 금융위기 이전 한국 주식시장의 기대수익률은 5% 내외에 불과해 당시 채권의 기대수익률보다도 낮은 상황이었다. 그만큼 주식시장의 고평가 현상이 심해 주식이 비싼 상황이었던 것이다. 가치투자자들의 입장에서는 비싸다는 것 이상으로 위험한 것은 없다. 고평가 상황 후 여지없이 주가는 이후 위기들을 맞으며 급락하였다.

## 국민연금의 우산과 소금

필자는 평소 국민연금 운용자산의 비중이 우산 장수와 소금 장수가 동업하는 자산 포트폴리오의 교과서와 같다고 생각하고 있다. 2019년 기준으로 700조 원에 육박하는 국민연금의 자산은 약 37%의 주식

자산, 약 51%의 채권 자산, 그리고 약 12%의 대체 자산으로 구성되어 있다고 한다. 우산이 팔리지 않을 때에는, 대신 소금에서 돈을 버는 식이다.

하지만 필자는 주식의 위험은 장기 투자로 상쇄할 수 있기에 국민연금 같은 장기 투자기관은 보다 더 많은 주식, 특히 저평가가 심한 국내 주식의 비중을 단기간의 부침에 흔들리지 말고 주가가 싸질 때마다 계속 높여나가야 된다고 생각한다. 그러다 나중에 한국거래소 주식 가격들이 다른 나라들만큼이라도 제대로 평가받는다면 국민연금 고갈 문제는 상당 부분 해소될 것이다.

최근 국민연금의 운용 수익률에 대한 논란이 많다. 2017년에는 비가 많이 와서 우산 장사가 잘 되었는데, 2018년에는 비가 너무 안 와서 적자가 났기 때문이다. 하지만 이론적으로나 경험적으로 보면, 단기적으로 이런 일이 반복되는 것이 당연하다. 오히려 우려되는 것은 주위의 비난이 두려워 나중에 비싸게 팔 수 있는 우산을 미리 만들지 않는 일이다. 지금부터 정확히 10년 전, 금융위기로 코스피지수가 1,000포인트 내외로 하락한 중요한 매수 시점에서 있었던 단기적인 주식 손실을 놓고 주위의 많은 비난과 우려가 팽배한 적이 있었다. 그 비난의 영향으로 국민연금이 더 많은 우산을 만들지 못한 것은 지금 생각하여도 안타까운 일이다.

어떤 날씨도 문제없는 '우산 겸 양산',
고배당주식

비가 많이 오지 않으면 적자를 면치 못하는 우산 장수가 어느 날 양산을 겸할 수 있는 우산을 판매한다면 햇볕이 쨍

쨍한 날씨에도 매상이 있어 수익을 올릴 수 있을 것이다. 우산 겸 양산은 한 가지 아이템으로도 날씨라는 환경에서의 위험을 회피할 수 있는 위험 대비 수익이 좋은 상품이 될 수 있다. 이처럼 경제가 좋든 나쁘든 간에 꾸준히 좋은 수익을 낼 수 있는 투자 자산은 없을까?

경제가 좋을 때도 좋은 수익이 나오지만, 경제가 좋지 못할 때도 투자가격 대비 최소 5% 이상의 높은 배당이 나올 수 있다고 확신할 수 있는 주식이 있다면 어떨까? 이런 주식의 가치는 예금금리가 5%일 때와 예금금리가 1%일 때 크게 달라질 것이다. 경제가 나빠져 예금이나 채권금리들이 하락할수록 5% 이상의 배당이 나올 수 있는 주식의 가치는 재평가 받아야 한다. 경제의 등락에 크게 흔들리지 않고 꾸준히 수익을 낼 수 있는 고배당주는 확실히 비가 오나 햇볕이 쨍쨍할 때나 상관없이 수익을 낼 수 있는 우산 겸 양산 장수와 같은 사업이다.

초저금리 시대에 들어서, 너무 낮은 금리의 채권으로서는 더 이상 포트폴리오 위험을 상쇄시키는 '우산과 소금' 효과를 거두기 힘들 때, 고배당주에 크게 관심을 가져야 한다. 중요한 것은 고배당주를 선택할 때 앞으로도 장기간 꾸준히 좋은 배당 수익을 줄 수 있는 주식을 고르는 일이다. 좋은 고배당

주식을 고르는 일도 일종의 '가치분석 투자'이다. 때문에 화려한 미래를 추구하는 기업보다는 믿을 수 있는 과거의 기업을 선택해야 한다.

예를 들어 필자의 경우, 고배당주를 선택할 때 아래 세 가지 조건을 충족시킬 것을 원칙으로 정하여 배당주에 투자하고 있다. ① 과거 9년간 한 번도 빠짐없이 배당을 지급해왔는가? ② 과거 6년간 평균 배당 수익이 현재 주가에 비해 충분한 배당수익률(정기예금금리 2배 이상)을 충족시켰는가? ③ 경제 사이클 등 외부 요인에 크게 영향 받지 않으며 미래 장기적인 기업 이익과 배당도 지금까지처럼 꾸준하게 지속될 수 있는지 확신하는가?

| 투자자의 경제학 파노라마 |

## '김씨 부인'의 투자에 우리나라의 미래가 달려 있다?

고령화, 인구 감소 등 사회 구조가 변하고 경제 시스템도 선진국화되면서 향후 우리나라 채권과 예금금리 수준은 저금리 현상이 지속될 가능성이 높아졌다. 국가 경제가 선진화되고 성숙해지면 경제성장률이 낮아지는 것은 자연스러운 일이며 경제성장률이 낮아지면 금리 수준이 낮아지는 것도 자연스러운 일이다. 이에 따라 이제 우리나라에서도 '김씨 부인'들이 크게 증가될 것으로 점쳐진다.

'김씨 부인'이란 이름은 일본의 '와타나베 부인'을 빗댄 말이다. 일본의 초저금리 투자처에서 벗어나 고금리, 고수익률 자산을 해외에서 찾아 투자하는 이들을 '와타나베 부인'이라 속칭한다. 1990년대부터 지속된 일본의 초저금리 현상으로 생겨나 세력을 키우던 이들은 2007년 외환 거래로 4억 엔을 벌고도 세금 신고를 누락, 탈세 혐의로 입건된 어느 50대 가정주부의 사건을 외신 등 각종 언론에서 다루며 널리 알려졌다. 일반적으로 알려진 것과는 달리 이들은 가정주부라기보다는 30대에서 50대에 이르는 남성들이 70% 이상을 차지하는 것으로 최근 밝혀지기도 하였다.

금융위기 이후 프랑스·독일 등 유럽 강대국들의 초저금리 현상이 심화되자 유럽에서는 소위 '소피아 부인'들이, 미국에서는 '스미스 부인'들이 생겨나기도 했다. 이들의 특징은 높은 위험을 감수하면서까지 높은 수익을 추구하는 데에 있다. 브라질, 멕시코, 터키, 여러 동남아 국가들과 뉴질랜드나 남아프리카공화국에 이르기까지 평소 제도권 금융기관에서 다루는 투자 범위를 넘어서 환 위험을 무릅쓰고 수익률이나 금리가 높은 대상을 공략하는 식이다. 등급이 낮은 해외의 하이일드 채권 투자도 마다하지 않는다. 투자금의 유출입에 따라 어느 몇몇 나라의 환율이 휘청거릴 정도로 이들 '환 캐리' 투자자들의 규모는 어마어마하다.

'와타나베 부인'들의 활약으로 2018년 한 해 동안 일본이 해외에서 벌어들인 배당 이자 수지는 약 230조 원 흑자였다. 한 해 경상수지 흑자 총계가 210여 조 원이었으니, 해외에서 벌어들인 배당과 이자가 아니었으면 일본의 경상수지는 적자를 기록했을 것이다. 이제 우리나라의 투자가들도 해외 투자를 점진적으로 늘려가는 것이 중요하며 이는 미래 국부를 위해서도 필요하다. 개인들이 노후를 대비해 평소 월급을 모아 이자나 연금 등을 얻을 수 있는 '인컴 자산'을 미리 마련하듯이 많은 국민들이 좋은 해외 자산들에 충분히 투자해놓아 미래에는 투자소득수지로 국부를 유지할 수 있도록 하는 것이 필요하다. 경제학이나 투자론에 대한 투자자들의 공부가 더욱 필요한 이유다.

## 자산 배분,
## 원칙을 세우고 지키자

보유하는 자금으로 최적의 수익률과 안전성을 얻기 위해 다양한 투자 자산에 분산하여 재산의 포트폴리오를 구성하고 이들 자산의 가격 전망이나 가치 분석을 통하여 각각 자산의 매매를 통해 비중을 조절하는 것을 두고 자산 배분 또는 자산 배분 운용이라고 한다. 자산 배분을 위해 분류하는 투자 자산군은 크게 주식 자산, 금리 상품(채권, 예금, 연금보험 등), 기타 대체 자산(투자용 부동산, 리츠REITs, 원자재, 유가물 등)으로 나누어지며 이는 다시 국내 자산, 미국이나 유럽 국가 등의 선진국 자산, 중국, 동남아시아, 중남미 등의 이머징마켓(신흥시장) 자산으로 분류할 수 있다.

자산 배분도 크게 각 자산군의 가격 등락을 전망하여 비중을 조절하는 '가격 전망 투자'와 각 자산군 기대수익률 등 가치를 측정하여 비중을 조절하는 '가치 분석 투자'를 통해 운용된다. 복잡한 주식시장, 채권시장 등 자산군의 가격이나 지수를 전망하는 것은 개별 종목의 가격전망보다도 적중 가능성이 떨어진다고 생각하는 필자의 경우, 투자 종목 선정뿐 아니라 자산 배분을 할 때도 각 자산군의 가치를 측정한 후, 고평가 자산군의 비중을 줄이고 저평가 자산군의 비중을 늘리는 '가치 분석 투자'를 해야 한다고 주장한다. 다음은 가치 분석을 통해 실행하는 자산 배분 운용 예시이다.

가치투자자 손오공 씨는 변경 전의 모습처럼 국내 채권에

## 자산 배분 가치투자 운용의 예시

### (변경 전)

|  | 주식 | 금리상품 | 대체자산 | 계 |
|---|---|---|---|---|
| 우리나라 | 20% | 40% | 5% | 65% |
| 선진국 | 10% | 10% | 5% | 25% |
| 이머징마켓 | 5% | 5% | – | 10% |
| 계 | 35% | 55% | 10% | 100% |

### (변경 후) 국내 금리 1%대 초반으로 초저금리화 진행 후

|  | 주식 등 | 금리상품 | 대체자산 | 계 |
|---|---|---|---|---|
| 우리나라 | 30% | 10% | 10% | 50% |
| 선진국 | 10% | 15% | 5% | 30% |
| 이머징마켓 | 5% | 15% | – | 20% |
| 계 | 45% | 40% | 15% | 100% |

제4장 가치를 알면 보이는 성공 투자의 길

서 어느 정도 수익률을 기대할 수 있을 때에는 '우산과 소금' 효과를 기대하며 국내 금리 상품의 비중이 높은 포트폴리오를 구성하고 있었다. 하지만 급격한 금리 인하로 더 이상 1% 초반의 채권금리로는 향후 좋은 수익률을 기대할 수 없게 되자 국내 채권의 비중을 줄이고 투자 자금을 상대적으로 저평가된 곳으로 이동시키기로 결정하였다.

우선 '우산 겸 양산'의 효과를 보유한 고배당주의 비중을 많이 높였고 국내 채권금리보다 높은 금리의 일부 선진국 채권과 고이자의 동남아 국가 채권 비중도 높였다. 적절한 수익률은 제공하는 리츠 펀드(부동산 전문 뮤추얼펀드)에도 일부 가입하여 대체 상품의 비중도 높였다. 고평가된 자산 비중을 줄이고 상대적으로 저평가된 자산의 비중을 높이는 원칙을 따라 포트폴리오가 '변경 후' 모습으로 결정된 것이다.

### 마치는 글

# 삶을 바꾸는
# 가치에 대한 사유

"자기는 어떤 때 '소확행'을 느껴?"

"나? 난 과일을 박스로 살 때마다 행복감을 느껴."

"과일 박스? 왜?"

"예전에 우리가 아주 힘들었을 때…… 아파트 정문 앞에 매주 과일 장수 아저씨가 왔거든. 그때 생활비가 너무 부족했으니까 항상 과일을 한두 알씩만 샀지. 옆에서 과일을 한 상자씩 사는 아주머니를 보면 얼마나 부러웠는지 몰라. '우리에게도 과일을 저렇게 살 수 있는 날이 올까'라고 생각했거든. 그래서 지금 아무렇지 않게 과일을 박스채로 살 때마다 뭉클뭉클 행복한 느낌이 있어."

나는 아내와의 대화를 멈췄다. 어떤 마음인지 알 수 있었기에 가슴이 먹먹해졌고 많은 생각을 가졌다. 소확행이라는 것이 만만한 것이 아니었다. 그때부터 나는 소확행을 많이 누리는 사람들은 그렇지 못한 사람들보다 훨씬 풍요로운 삶을 살 수 있을 거라 믿게 되었다. 다들 알겠지만 '소소하지만 확실한 행복'을 뜻하는 소확행은 일본 소설가 무라까미 하루키가 처음 사용한 용어로 '일상에서 느낄 수 있는, 작지만 확실히 가질 수 있는 소중한 행복'을 뜻한다.

큰맘 먹고 선물한 명품 가방보다도 아내에겐 한 박스의 과일이나 꽃꽂이 강습을 마치고 들고 오는 꽃 한 다발이 훨씬 소중하고 귀한 가치가 될 수 있음을 알게 되면서 점점 비용, 가격, 효용 세 종류의 가치 중 '효용'이라는 가치에 더욱 관심을 가지고 사고하게 되었다. 우리가 살아가면서 더 많은 효용을 얻고자 한다면, 굳이 더 많은 비용을 들이거나 더 많은 가격을 지불하지 않아도 된다는 사실도 자연스럽게 깨닫게 되었다.

'이렇게 한 가지 일만 하다가 내 소중한 시간을 다 보내게 되는 건 아닐까?'

그런데, 언젠가부터 효용이란 가치에 대한 사유는 오히려 나를 점점 더 초조하게 만든 것 같다. 이제는 연봉을 위해서

일하기보다 내가 진정으로 행복해할 수 있는 일을 하며 살아갈 때가 된 것 같았기 때문이다. 이 책이 발간될 무렵, 드디어 나는 25년간 수행해온 펀드매니저 업을 접고 그동안 내가 하고 싶었던 수많은 일들을 시작하게 될 것이다. 물론 그 수많은 일들 중 투자와 관련한 나의 생각들을 보다 많은 분들께 알려드리는 일은 제외되지 않을 것이다.

이 책을 통해 얻은 인문학적 소양으로 보다 많은 독자 분들이 조금이라도 더 투자에 대한 영감을 얻기를 간절히 바라고 있다. 독자 분들에게 조금이라도 보탬이 된다는 사실이 진정 나의 소중한 소확행이기 때문이다.

나에게 항상 소중한 것을 깨닫게 해주는 아내에게 감사한다.

2020년 겨울
여의도에서
서준식

investor's the study of humanities

## 서준식

2020년 1월까지 40조 원에 육박하는 운용자산을 책임지며 신한BNP파리바 자산운용의 국내 운용 부문 총괄부사장(CIO)을 역임했다. 국내 최고의 채권·금리 전문가로 알려져 있으며, 워런 버핏식 '채권형 주식 투자'를 전파하고 있는 대한민국 대표 가치투자자이기도 하다.《채권쟁이 서준식의 다시 쓰는 주식 투자 교과서》,《눈덩이주식 투자법》등의 저작을 통해 '성공하는 재테크의 기본은 가치투자'라는 투자 철학을 정립·전파해오며 투자자들의 합리적이고 이성적인 선택을 이끌어왔다. 또한 주요 언론과 강연을 통해 가치투자자로서의 경제 전망과 시장 분석을 내놓으며 투자자들이 지표로 삼을 수 있는 묵직한 메시지를 전달해왔다.

'투자론은 모든 이들이 알아야 하는 상식 범위의 인문학이 되어야 한다'는 지론을 바탕으로 평소 투자시장 밖에 있는 사람들에게도 올바른 투자론에 대해 널리 전파해오고 있다. 또한 숭실대학교에서 경제학과 겸임교수로 활동하며 학생들에게 '경제'의 철학과 역사, 수학 없이 자본시장에서 승리하는 법을 강의하고 있다.《투자자의 인문학 서재》는 유구한 세월 동안 '돈'을 둘러싸고 흥망성쇠를 거듭해온 인류사의 중요한 순간들을 되짚으며, 다시금 올바른 투자란 무엇인지에 대한 답을 찾아가는 과정을 담았다.

항상 '가치투자 전도사'라 자칭하는 저자는 이 책의 발간과 함께 25년간의 펀드매니저 생활을 마무리한다. 이제부터는 '연봉을 위한 일'보다 '하고 싶은 일'로 살아갈 포부로 들떠 있다. 강의와 저술 활동을 통해 자신만의 투자론과 지식을 더 자유롭고 활발하게 전파할 계획이다.

## 투자자의 인문학 서재

1판 1쇄 발행 | 2020년 2월 17일
1판 6쇄 발행 | 2022년 9월 13일

지은이 서준식
펴낸이 김기옥

경제경영팀장 모민원   기획 편집 변호이, 박지선
마케팅 박진모
경영지원 고광현, 임민진
제작 김형식

디자인 제이알컴
인쇄 · 제본 민언프린텍

펴낸곳 한스미디어(한즈미디어(주))
주소 121-839 서울특별시 마포구 양화로 11길 13(서교동, 강원빌딩 5층)
전화 02-707-0337 | 팩스 02-707-0198 | 홈페이지 www.hansmedia.com
출판신고번호 제 313-2003-227호 | 신고일자 2003년 6월 25일

ISBN 979-11-6007-467-3 03320